做有思想的新闻

人民日报社地方部编

人民日报出版社

时代呼唤有思想的新闻

张研农

这是一本人民日报社国内分社记者的新闻业务研讨文集。业务研讨是人民日报社的优良传统，和其他采编部门一样，从原先的记者部到机构职能调整改革后的地方部一直都很重视。各地分社（原为各地记者站）的记者在做好新闻报道的同时，将各自的采写心得传回报社，编成业务研讨快讯，供大家学习交流，已形成常态机制。一篇篇业务研讨文章，汇成丰富多彩的新闻实践教材，成为人民日报社一笔宝贵的精神财富。

这本书精选了部分业务研讨文章，内容涉及对重大主题报道、典型报道、调查性报道、舆论监督报道、突发事件报道等不同类型新闻报道的广泛思考，并对如何抓住新闻、如何做深做透、如何打磨精品等问题进行了深入探讨。书中既有老记者的经验之谈，也有年轻人的新鲜感悟。岁月的历练让人感动，青春的成长令人欣慰。更发人深思的，是书的主题"做有思想的新闻"，虽是老话题，却是当代新闻人需要面对的历久弥新的课题。

有思想的新闻，是顺应时代迅猛发展的需要。随着信息技术的进步，网络、手机、微博等新兴信息载体不断出现，我们已身处"人人都有麦克风"的时代。获取新闻的手段日益丰富，发布新闻的主体也日益多样，每个人都可能不仅是信息的接受者，而且是信息的发布者。"人人都能成为媒体，还需要专业媒体吗？"有人提出了疑问。实践证明，回答是肯定的。面对信息鱼龙混杂、舆论多元多样的复杂环境，人们比以往更加需要有权威性和公信力的媒体甄别真假、判断是非。时代实际上对专业新闻人提出了更高要求，不仅报道新闻，更重要的是传播对新闻有思想的"解读"。

有思想的新闻，是适应媒体激烈竞争的需要。如今，一家媒体独家占有信息越来越难，但没有独家新闻不等于没有竞争优势。"独家报道"的内涵已经发生变化。同样的新闻事实，如何判断新闻价值，从什么样的坐标或背景、用什么样的角度考察新闻现象，以什么样的表达方式报道并呈现给受众……无不考量着新闻人的独家视角、独家分析、独家解读。面对激烈的媒体竞争，有思想的新闻应成为人民日报报道高出一筹的基本途径。从共享的新闻资源中寻找独家视角，用有思想的深刻解读帮助国内外读者观察世界大势、关注中国发展，人民日报大有作为。

有思想的新闻，是发挥报纸独特作用的需要。人民日报作为中国共产党中央机关报，发挥着党治国理政重要资源和重要手段的作用。全面建设小康社会，中华民族走向复兴，在大有可为的时代应当更加奋发有为。人民日报这张报纸不仅要做"新闻纸"，更要做"思想纸"。通过有思想的新闻，正确引导国内舆论，积极影响国际舆论，见证时代发展，推动社会进步。

"我思故我在"，人民日报新闻人当以共勉。

（作者系人民日报社社长）

从大地汲取思想的力量

吴恒权

为本书作序落笔时，正值党的十七届六中全会闭幕。按照编委会部署，报社上下掀起学习宣传贯彻全会精神的热潮，在振奋中升华思想境界，在引领下谋划改革创新，在激荡中自生澎湃动力。

作为党中央机关报，作为党和国家治国理政的重要资源和重要手段，这种光荣与使命，流淌在每一个人民日报人的血液中，灵动于每一篇人民日报的报道里，烙印在每一块人民日报的版面上。《做有思想的新闻》收录的是自2004年以来，百余名人民日报编辑记者新闻报道背后的深思、感悟乃至曲折和艰辛。作者中有的已光荣退休，有的恰风华正茂，有的刚脱颖而出。读每一段文字，大家的音容笑貌跃然于纸上，观每一幅图片，大家的职业风采卓然于方寸。虽然身处不同的年代，身居不同的地域，每个人又都有独特的风格和传奇，笔底千花中，闪烁的是共同的思想光芒；文中百思里，划刻的是相通的追求轨迹。

无论是当初的记者站，还是现在的国内分社，几十年来数百名人民日报派驻记者，远离故乡热土，割舍儿女亲情，面对陌生寂寥，将人民日报的神圣事业化作永恒的担当，薪火相传，义无反顾。大家须抵御种种诱惑，面对纷繁的利誉依然冰清玉洁；大家须披沙拣金，见微知著，面对繁杂的信息坚持以正视听。正因为对职业的深爱和对事业的追求，大家扑下身心，以火热的激情投身各地经济社会发展的大循环中，总是在第一时间、第一现场深度介入国家的发展进程，发出人民日报的最强音；大家双脚当笔，大地作纸，心灵为墨，融入到社会生活的方方面面，角角落落，把国家意识、社会关注、百姓情怀凝聚在铁肩大任之下，一笔笔都是心的唱响，一章章皆为情的律动。

当今世界正处在大发展大变革大调整时期，这种发展、变革、调整的深度和程度远远超出了人们的预料。当代中国进入了全面建设小康社会的关键时期和深化改革开放、加快转变经济发展方式的攻坚时期，这一时期的显著特点是，战略机遇与矛盾突显并存，机遇与挑战同在。作为反映现实和记录历史的新闻工作者，参与、见证这段历史是幸运的，也是大有作为的。

与此同时，我们所处的时代，也是一个传媒业大变革、大发展的时代。新媒体、新技术的不断涌现，互联网的普及和应用，移动媒体的快速发展，这些都使得我们所处的信息环境和面对的媒体格局发生了空前变化。许多人认为这是对传统媒体的挑战，我赞成这样的看法。挑战不是坏事。越是面对新兴媒体的挑战，传统媒体的改革创新就越有紧迫感，也就越有动力。人民日报能不能在新的媒体竞争中，继续保持排头兵和主阵地的地位，关键在人，关键在我们这支有光荣传统的编辑记者队伍。

翻阅《做有思想的新闻》，我颇感欣慰。其中许多我平时已经拜读过了，今天重新阅读，有了更深一层的收获：有了这样一支勇于实践、敢打硬仗、善于思考的采编队伍，我们就能迎接挑战，改革创新，创造未来。

分社记者长年在一线，需要把地方工作放在全局工作中去观察和思考，他们的心得体会是值得阅读、分享的。当前，新闻战线"走基层、转作风、改文风"活动正向更为深入和广泛的层面推进。本书当是对深入基层的一种肯定，也是对促进工作的一种助力。

基层是社会的基础，驻守基层的记者们也是我们报社重要的根基。分社记者有着良好的业务素质，保持着优良的作风，历次突发事件、重大报道一再证明，这是一支能打硬仗、善打胜仗的队伍。书中的业务研讨文章从另一个方面说明了，大家也是一支善于思考勤于总结、注重自身建设的团队。

这些传统应该不断巩固和发扬。借助"走转改"的清新之风,带头走基层,率先改作风,主动改文风。满怀着对群众的深厚感情去走基层,真正站在群众的视角去观察,设身处地为群众的利益着想,同时将情感与思考紧密结合起来,带着任务和责任,发扬特别能战斗的精神,将作风的转变、文风的改变,作为既往业务研讨的延伸和深化。

深入研究和思考,有助于业务提高,也有助于对社会问题的分析把握,加上深入一线、实地采访人和事,就能写出高出一筹的作品。从这个意义上来说,"做有思想的新闻"既是业务研讨的主题,也是大家对事业的追求。

在此,我还有几句话与大家交流:

坚持正确导向与坚持改革创新的紧密结合,是增强传播力、扩大影响力的根本遵循。牢牢把握正确舆论导向,这是做好采编工作的根本遵循,须臾不能动摇。增强传播力、扩大影响力,同样离不开清醒的政治头脑、过硬的业务素质。导向正确与改革创新都应当同时坚持,不能割裂开,更不能对立起来。我们发出什么声音?怎样发出声音?怎样让我们的声音更有影响力?没有服务全局的政治意识,没有对形势的正确认识,没有对中央精神的准确理解,没有对实际工作的深入了解,没有一流的业务水平,一切都无从谈起。

我平时常讲两句话:"我们既要始终坚持正确的舆论导向,我们也要始终坚持改革创新。"在改革创新的问题上我们既要慎重,也要积极。在坚持正确舆论导向的前提下,我们的思想还要再解放一些,有时我们的胆子也还要再大一些。没有思想的进一步解放和对党和人民高度负责的精神,改革创新可能只能停留在口头上,难以落实到行动上。在改革创新的问题上,看准了的事情就要大胆地干,该打破的惯例就要大胆地打破。否则,一切墨守成规,哪来的活力?怎能出新出彩?

围绕大局和服务人民的有机统一,是真正做到让党放心、让人民满意的关键所在。我们的主题报道,没有深刻的思想,远离老百姓的感受就成了"自说自话";个案报道,脱离对大局的考量,偏离了人民群众的根本利益，就会陷于"就事论事"。在人民日报工作，一定要识大体、顾大局，察大势、明大理，一定要吃透中央的精神，一定要了解社情民意，反映群众的呼声，维护群众的根本利益。

精诚合作的团队意识，是做大做强的坚实基础。细品近些年来本报涌现出的精品力作，会发现真正有社会影响的报道大多是团队合作的结晶。今天，新闻生产已经告别了"独行侠"的时代，进入强调分工合作的阶段。不会合作的人，就很难胜任工作；不创新促进合作的体制机制，就很难赢得先机。应该看到，受固有生产关系和思维方式影响，不愿合作、不会合作的现象仍然存在。今后，我们要进一步树立"全社一盘棋"的意识，深化采编协作，加强报网融合，使传统媒体跟上数字化、网络化的脚步，加快向新兴媒体延伸的步伐，从新兴媒体中寻找亮点；而新兴媒体要充分依靠和发掘传统媒体强大的新闻生产能力所形成的资源。

再过几天，以党的十七届六中全会精神为指导的人民日报社分社工作会议就要召开，派驻记者将回到总社家中，济济一堂，风云际会。十七届六中全会吹响了文化大发展、大繁荣的号角，这座里程碑的脚下，展现的必将是一幅百舸争流，万马奔腾的宏大画卷。作为党中央机关报，人民日报必须进一步解放思想，更新观念，抢抓机遇，乘势而上，以神圣的使命感和责任感，全力做好文化事业繁荣发展、文化体制改革的宣传报道和自身的改革发展工作，高出一筹，永立潮头，无愧于党中央的信任，无愧于时代和人民的重托。

掩卷而思，心中升腾的是重新出发的激情与豪迈。以上阅读全书的感想，愿与同事战友共勉，谨供读者朋友参酌。

（作者系人民日报社总编辑）

做有思想的新闻 | 目录

序一　时代呼唤有思想的新闻 / 001
　　张研农

序二　从大地汲取思想的力量 / 003
　　吴恒权

第一篇
把握宏观揽全局　贴近基层抓"活鱼"
——如何抓住新闻

1. 注重头条选题的新闻性 / 002
　　胡跃平（2004年2月4日）

2. 记者要多到群众中去发现问题 / 004
　　——《罗家铺村村民的困惑》采写体会
　　吴兴华（2004年4月27日）

3. 学好才能写好 / 006
　　——从《新疆生产建设兵团实现历史性跨越》的采写说起
　　王慧敏（2004年7月12日）

4. "软硬兼施"抓新闻 / 008
　　刘杰（2004年8月25日）

5. 围绕时代主题捕捉典型事件 / 010
　　何勇（2005年4月18日）

6. 这次"我抓住了" / 012
　　阎晓明（2005年6月21日）

7. 到现场，并感动自己 / 014
　　——《大山里的爱心班车》背后的故事
　　任江华（2006年5月19日）

8. 珍惜新闻资源　用好重点新闻 / 016
　　郅振璞（2008年1月18日）

9. 回归新闻　发现新闻 / 018
　　庞革平（2008年3月24日）

10. 着眼全局抓新闻 / 020
　　顾兆农（2008年7月7日）

11. 从新闻发布会上挖出的"新闻" / 022
　　——采写《低碳生活——哈尔滨市民新时尚》的体会
　　袁泉（2008年12月29日）

12. 为受访者乐和忧 / 024
　　——两篇新闻特写的采写经历
　　戴岚（2010年2月26日）

13. 抓到一条独家"活鱼" / 027
　　陈伟光（2010年6月23日）

第二篇
精耕细作文风新　不甘平庸争一流
——如何做深做透

1. 思想的张力 / 030
   ——驻站山西一年的思考
   罗盘（2004年2月6日）

2. 写头条就是"赶考" / 033
   汪波（2004年3月15日）

3. 提炼主题的"三级跳" / 035
   张帆（2004年8月30日）

4. 软新闻求深　硬新闻求新 / 037
   宋光茂（2004年9月7日）

5. 厚实些　扎实些　平实些 / 039
   ——"唠唠农家嗑"随想
   郑有义（2005年8月23日）

6. "硬新闻"的一份试卷 / 042
   ——《来自辽宁阜新的报道》采写体会
   徐元锋（2005年12月22日）

7. 用镜头丰富报道 / 045
   陈娟（2006年9月15日）

8. "百宝匣"里有乾坤 / 047
   ——"喜看西藏新变化"系列报道写作体会
   徐锦庚（2006年9月20日）

9. 立体化与历史感 / 049
   ——《农民日记见证乡村变迁》采写体会
   马跃峰（2008年12月8日）

10. 报网互动，打赢一场新闻时效争夺战 / 052
    ——首发报道"邓玉娇案"庭审的经过
    田豆豆（2009年6月19日）

11. 深入，有许多意想不到的收获 / 055
    孟海鹰（2011年2月23日）

12. 走基层的苦与乐 / 057
    侯琳良（2011年2月23日）

第三篇
胸有大局握椽笔　见微知著谱华章
——如何高屋建瓴

1. 要善于在田埂上找感觉 / 062
   阎晓明（2004年3月9日）

2. 头条还是要说事 / 064
   张帆（2004 年 8 月 16 日）

3. 喜看小村上头条 / 066
   陈伟光（2004 年 8 月 20 日）

4. "政策零距离"是头条的第一要素 / 068
   ——兼谈《浙江有保有压破解发展瓶颈》的采编
   鲍洪俊（2004 年 10 月 15 日）

5. 有"异质"才有新意 / 071
   ——兼谈《油气开发给南疆少数民族送来"福气"》采写体会
   王慧敏（2007 年 3 月 21 日）

6. 关键是事实过硬 / 074
   ——读《从"大粮仓"到"大厨房"》
   张忠（2007 年 4 月 28 日）

7. 大局观的聚焦 / 076
   李忱（2007 年 7 月 25 日）

8. 信息公开　激情报道　震撼世界 / 078
   ——汶川抗震救灾报道之我见
   王彧（2008 年 7 月 30 日）

9. 找准定位树立党报影响力 / 082
   宣宇才（2009 年 1 月 19 日）

第四篇
深思提炼抓要害　求真求新塑精品
——如何打磨精品

1. 巨龙巨龙，你擦亮眼 / 086
   龚永泉（2004 年 7 月 14 日）

2. 我学会了写出心中的感动 / 088
   ——采写《"生命禁区"的守护者》有感
   朱虹（2004 年 11 月 23 日）

3. 三推敲推出"三重唱" / 090
   刘杰（2005 年 4 月 21 日）

4. 在"挤劲"和"钻劲"交织的时候 / 092
   钱江（2006 年 4 月 20 日）

5. 跟踪一个好故事 / 094
   徐元锋（2007 年 3 月 16 日）

6. 得益于形式创新 / 096
   ——《一个法援人的日记》采写体会
   何聪（2007 年 4 月 18 日）

7. 不拘一格攻头条 / 098
   ——《深圳 15 万注册义工服务社会》采写后记
   张忠　胡谋（2007 年 11 月 30 日）

8. 汇聚"三响"成"一响" / 100
——浅说"叫得响"的报道
李战吉（2008年3月31日）

9. 何为"叫得响"的新闻 / 104
朱竞若（2008年4月1日）

10. 追求和劲头 / 106
龚永泉（2008年4月2日）

11. 48小时的携手苦战 / 108
——《在一起，人民有了主心骨》采写经过
禹伟良　李波（2010年4月21日）

12. "大手笔"先得脚板勤 / 111
费伟伟（2011年5月24日）

13. 尝试"有思想的新闻" / 113
——谈《天津迈向新高地》的理念及写法创新
陈杰（2011年6月13日）

14. 咬不透的文　嚼不烂的字 / 115
刘波（2011年8月11日）

第五篇
深入挖掘重细节　可信可学最动人
——如何报道典型

1. 对增强典型报道可读性的一点感悟 / 118
刘裕国（2004年5月28日）

2. 投入的"快"一次 / 120
——《人民的好卫士任长霞》采写体会
王明浩（2004年7月13日）

3. 泪飞最是感人处 / 122
——《百姓心中的丰碑——追记公安局长的楷模任长霞》采访札记
戴鹏（2004年9月11日）

4. 逼近事物本质的进程 / 128
——三写诸暨"枫桥经验"感悟
袁亚平（2004年10月27日）

5. 以充分事实和充沛感情支起重大典型 / 132
——采写曾呈奎的体会
宋学春（2005年7月28日）

6. 版面上的"吉祥三宝" / 135
——从龚永泉的《擦鞋者说》说开去
顾兆农（2006年3月22日）

7. 持平常之心 让细节生辉 / 137

——《申纪兰的根与本》采写体会

安洋（2007年5月9日）

8. 只有感动作者，才能打动读者 / 140

——《章金媛：79岁的我还有两个梦》

采写后记

邓建胜（2007年10月10日）

9. 寻找郭明义，寻找闪耀人性光辉的细节 / 142

孔祥武（2010年10月11日）

10. 好稿是磨出来的 / 146

李波（2010年10月11日）

11. 我登上了珠峰大本营 / 149

孙海涛（2010年11月9日）

第六篇

冷静深入求真相 客观准确正视听
——如何做好调查性报道

1. 不敢忘记自己的身份 / 152

——《如此调水为哪般》采写后记

张志峰（2007年5月31日）

2. 新闻生产力是这样产生的 / 154

——从无锡水危机报道看编采互动

汪晓东（2007年7月17日）

3. 当考验来临的时候 / 157

——"黑砖窑"事件报道亲历记

鲍丹（2007年8月6日）

4. 让调查更有深度 / 160

——《三江源：不考核GDP，考什么？》

采写体会

刘鑫焱（2007年12月27日）

5. 面对敏感的舆情，保持大报的清醒 / 162

——洛阳烈士陵园"被毁事件"采访始末

曲昌荣（2008年1月28日）

6. 深入调查，还事实真相！/ 166

曹树林 曲昌荣（2008年11月11日）

7. 在追寻中逼近事实真相 / 168

——《一栋大楼的变身之谜》的采写体会

申琳（2009年4月30日）

8. 用客观与公正赢得尊重 / 172

——南京"徐宝宝事件"采写体会

申琳（2009年11月19日）

第七篇
有理有据平众议　善破善立促改进
——如何开展舆论监督

1. 替人民说话必受人民欢迎 / 180
　　——《银川：出租车新规定为何起风波》采写前后
　　杜峻晓（2004年9月2日）

2. 批评报道如何让被批评方服气？/ 183
　　——从"永州市交警支队遭遇评比尴尬"连续报道的编采互动说起
　　贺广华（2005年6月3日）

3. 擎起舆论监督的利剑 / 186
　　何勇（2006年4月26日）

4. 问题报道中的平衡策略 / 188
　　曾华锋（2006年5月18日）

5. 写出问题担起责 / 190
　　——采写《7个水库拦截百公里河流》有感
　　汪志球（2006年12月12日）

6. 坚持客观立场　正确引导舆论 / 192
　　——"重庆出租车停运事件"报道经过与体会
　　余继军　侯露露（2009年3月12日）

7. 那一刻，记者架起沟通的桥梁 / 195
　　朱虹（2009年8月9日）

8. 把握激情与理性的尺度 / 199
　　——"特岗教师"欠薪连续报道采写体会
　　吴齐强（2010年1月18日）

9. 起于喧嚣止于理性 / 202
　　——"紫金矿业污染事件"系列报道回顾
　　赵鹏（2010年7月23日）

10. 追寻关键事实　把握报道分寸 / 205
　　——参与"紫金矿业污染事件"报道的一些体会
　　余荣华（2010年7月23日）

11. 监督报道"秤"出了什么？/ 208
　　朱磊（2010年9月16日）

第八篇
及时准确抢现场　冷静思考挖纵深
——如何报道突发事件

1. 紧逼盯人抢出来的新闻 / 212
   ——《重庆川东北一矿井发生天然气"井喷"》采写经过
   范伟国（2004年2月24日）

2. 突发事件试身手 / 214
   ——回味陈家山矿难报道
   王乐文（2005年4月28日）

3. 暴风雨中的坚守 / 216
   江宝章（2005年10月13日）

4. 在感动中前行 / 218
   田丰（2008年7月1日）

5. 危险，阻挡不了记者奔赴现场的脚步 / 220
   杨彦（2008年7月1日）

6. 面对灾情，记者要像抢险的战士一样 / 223
   刘裕国（2008年7月9日）

7. 责任在肩不畏险 / 228
   王伟健（2008年7月9日）

8. 雪域高原的一场舆论遭遇战 / 230
   ——拉萨"3·14"事件报道回顾及体会
   徐锦庚（2008年8月27日）

9. "求快"而不"失准" / 233
   王科（2009年1月20日）

10. 从报网融合谈突发性事件报道 / 237
    李增辉（2009年1月20日）

11. 突发事件报道的三重困境和三种考验 / 239
    曹红涛（2009年1月20日）

12. 突发新闻报道之"四快" / 242
    侯露露（2009年1月20日）

13. 雪灾报道带来的三点体会 / 245
    贺勇（2010年2月20日）

14. 雪灾报道锻炼了我 / 247
    韩立群（2010年3月3日）

15. "跑"赢的一场报道硬仗 / 249
    ——新疆抗雪灾系列报道点评
    张凤来（2010年3月29日）

16. 暂忘茶滋味 / 251

——"玉树抗灾"采访六日记

周东平(2010年4月23日)

17. 焦急中的坚守 / 254

刘鑫焱(2010年6月4日)

18. 责任,让我们奋然前行 / 257

——甘肃舟曲特大山洪泥石流灾害采访体会

王乐文(2010年8月26日)

19. 重大突发事件中的深度报道 / 260

龚达发(2010年10月27日)

第九篇

深入一线不缺席　精心策划叫得响
——如何做好重大主题报道

1. 怎样把《经典中国》写得更好些 / 268

钱江(2004年9月24日)

2. 在打磨重点稿中锻炼提高 / 270

——采写《经典中国》"重庆篇"有感

崔佳(2004年10月8日)

3. "小分队"也能发挥"主力兵团"作用 / 272

郑少忠(2005年9月21日)

4. 既当指挥员　又当服务员 / 274

——组织《社会公德》栏目报道小结

施娟(2006年2月24日)

5. 把握新闻的"虚"与"实" / 276

——采写《潮起北部湾》体会

李红梅(2006年8月11日)

6. 驻站记者要善于抓住重大问题 / 278

——《福建全省推进林权制度改革》采写体会

蔡小伟　赵鹏(2007年3月16日)

7. 好东西要捂 / 280

——《一湖清水向长江》采访随感

贺广华(2007年12月19日)

8. 处处留心皆新闻 / 283

胡洪江(2009年3月23日)

9. "西部采访,让我们补上了一课" / 286

谢卫群(2009年11月4日)

10. 一次别具意义的采访 / 289
    王建新（2009年11月4日）

11. 有幸两次参加国庆报道 / 294
    ——参加国庆60周年庆典报道的点滴感受
    赖仁琼（2009年11月9日）

12. 三赴"灾区"，在感动中成长 / 296
    孔祥武（2010年2月12日）

13. 不断发掘灾区新闻这块"富矿" / 298
    魏贺（2010年2月12日）

14. 抓拍两会上最动人的表情 / 300
    贺勇（2010年3月25日）

15. 扬长避短跑两会 / 303
    彭波（2010年3月25日）

16. 代表为民代言　记者为民立言 / 305
    刘文波（2010年3月25日）

17. 感受玉树新生 / 308
    禹伟良　颜珂（2010年8月2日）

18. 很累，也很幸福 / 311
    钱伟（2011年3月21日）

19. "四勤"跑两会 / 314
    赵梓斌（2011年3月21日）

20. 永远保持着饥饿感 / 317
    冀业（2011年3月21日）

21. 让体验贯穿整个活动 / 319
    罗昌爱（2011年6月14日）

22. 报道"追寻"，体验并记录着 / 321
    刘志强（2011年6月14日）

第十篇
求索应有过人处　国脉民瘼最关情
——如何做有思想的新闻人

1. 我写"驻站手记" / 324
   刘成友（2004年4月1日）

2. 责任与热情 / 326
   辛阳（2004年6月7日）

3. 学然后知不足 / 328
   周志忠（2004年7月1日）

4. 软新闻硬新闻都是新闻 / 330
   万秀斌（2004年12月12日）

5. 必须重视和发掘稿件源头的潜力 / 333
　　——两篇独家新闻采写后记
　　郑德刚（2006年1月9日）

6. 培养"拨云见日"的能力 / 335
　　——对人民日报驻站记者职业特点的点滴思考
　　宣宇才（2008年4月22日）

7. 从"爬格子"到"趴桌子" / 339
　　——从记者到编辑的点滴感受
　　宋光茂（2008年12月3日）

8. 珍重，并期待再相逢 / 341
　　郑盛丰（2010年8月7日）

9. 把文章写在大地上 / 343
　　王方杰（2010年8月8日）

10. 不放过一处疑点 / 346
　　——编辑室值班一月感悟
　　卞民德（2010年9月13日）

11. 坚守也是一种魅力 / 348
　　王楚（2010年12月15日）

12. 先有热爱，后有新闻 / 350
　　王汉超（2011年8月15日）

跋　思想的劳动是美丽的　/ 352
　　米博华

编后记 / 355

第一篇

把握宏观揽全局 贴近基层抓"活鱼"
——如何抓住新闻

1. 注重头条选题的新闻性

胡跃平（2004年2月4日）

>>> 稿子能不能得到编辑部的认可，在选题上有没有新闻性很重要。如果着眼于事件的新闻性，并突出了事物的内核，成功至少已有一半的把握

头条工程是报社向每个记者站开展的"加工订货"，只要产品对路了，就有丰厚的"利润"。既然给了我们舞台，就要高度重视，把它作为所有宣传报道工作的重头戏，高质优效地完成好。但是，要登上党中央机关报头版头条的舞台，不要说许多方面工作都落后于全国的贵州省，就是领先于全国的东部发达地区，也不是件容易的事。怎么办？只有一条：高度重视，认真对待，积极探索，下真功夫，全力以赴干。

一、多思索，多酝酿，群策群力找选题

每次在接到记者部布置的头条工程任务后，我和站里的同志对专栏的要求以及当前的中心工作反复讨论，反复琢磨，寻找当前形势大背景和贵州的结合点，经过充分酝酿，思路越来越清晰，选题越来越明确。一起讨论，相互启发，能保证在较短时间内选准题目。我们要把群策群力议选题、定选题的好习惯坚持下去。

二、从地方党委和政府最关心的大事来选题

新闻是易碎品，驻站记者一年的见报稿件少说也有几十篇，能留在省委书记、省长记忆中的报道却并不多，而上了头版头条的报道，哪怕过了几年，他们不仅记得，还能把一些内容甚至标题背出来。其实原因很简单，就是你把准了驻地工作的脉搏，配合了省里急需要宣传报道的大事，对工作起到了积极的推动作用。同时，头条的特殊性也直接扩大了地方工作在全国的影响。

2003年我们采写《贵州开始形成煤保电新格局》一稿中，就有这方面的体会。中央全面实施西部大开发战略后，贵州被定位为我国南方的能源基地，西电东送成了贫穷落后的贵州得到的最大的"扶贫工程"，在不到两年的时间里，国家就批准贵州上马10个大型火电厂，大电要靠大煤保，谁是煤炭资源开发的主力军？当时，面对山东兖矿等国内外大企业纷纷挺进贵州，省内一些部门从各自的利益考虑，设置种种障碍，排斥外来企业，认为控股权应由贵州掌握。然而，贵州省委、省政府却很

开明，书记钱运录说，绝不能靠限制别人来保护自己，一切按市场规律来办，谁有实力谁控股，对外来企业投资不许附加任何条件。在省政府的协调下，兖矿与贵州煤炭、电力企业终于达成了协议，兖矿首期控股6个百万吨级的大型煤矿。我们及时以"吸引省外参股，促进煤电联合"为主题采写了这篇稿子。这个头版头条在全国产生了很大影响，省委书记当天接到北京不少电话，有关部委办领导对贵州大煤保大电给予充分肯定。这也为省委、省政府排除部门利益的阻力起到积极的推动作用，兖矿等集团和贵州企业联合开发的9个大型现代化煤矿，年产共2600多万吨煤的矿井近期相继投产，这个规模比贵州目前煤炭总产量还要多近1000万吨。现在，贵州的西电东送在全国影响越来越大，省领导当然忘不了这篇头条所产生的作用。

三、注重选题的新闻性

虽然头条工程每年都有具体的范围和要求，但记者的自选动作仍有较大的余地，留给记者寻找新闻的空间很大。稿子能不能得到编辑部的认可，在选题上有没有新闻性很重要。如果着眼于事件的新闻性，并突出事物的内核，成功至少已有一半的把握。2003年，我们在采写《遵义：退耕还林谋发展》一稿前就考虑到，国家对退耕农户8年的补助期满后，近2亿群众的生产生活将何以为继？当时各家媒体对此问题尚未关注，谁先回答这个问题，就有很强的新闻价值。我花了较长时间在遵义地区做了深入细致的采访，用大量鲜活生动的事实报道了退耕还林既要照顾农民眼前的利益，又要通过建设后续替代产业解决农民8年后的收益问题，实现生态和生计的双赢。稿子见报后影响很大，贵州各媒体不仅转发，省报还组织小分队到遵义搞系列报道，向全省推广遵义的经验和做法。今年初，国务院西部开发领导小组要求各地从实际出发，解决好退耕农民8年后的生计和农村生态问题。

四、扎实采访，精心写作，下苦功夫

报社实施的头条工程，为驻站记者提供了一个上头版头条的机会。作为驻站记者，觉得这个机会太好了，太难得了！记得安徽站老记者张振国说过这样的话：我的稿子上了人民日报头版头条，就像生了儿子一样兴奋。儿子是老子生命的延续，可不可以这样理解，老张把头条看成同自己生命一样重要。既然这样重要，就毫无疑问要珍惜。每当头条工程的任务下来后，我们高度重视，全力以赴干。为写好每一篇稿子，深入基层，深入实际，常常奔波在险峻崎岖的大山里，采访行程有时多达几千里路；写稿时则反复推敲，力求文字干净、生动，不满意不出手。

（作者系人民日报社天津分社社长，时任人民日报驻贵州记者站站长）

2. 记者要多到群众中去发现问题
——《罗家铺村村民的困惑》采写体会

吴兴华（2004年4月27日）

>>> 作为党报记者，我们不能只跑机关，在向领导机关了解情况的同时，我们还要多挤时间，到基层去，到群众中去，把群众对党的政策以及贯彻情况的反映，把群众的情绪、意见和要求体现到报纸上，我们的报道就能反映群众的心声，就有针对性

去年12月，我不断接到湖南省常德市鼎城区韩公渡镇罗家铺村村民的来信和电话，反映他们村税费改革后，村民的税费负担加重了。1月3日，我去罗家铺村采访。鼎城区委、区政府和韩公渡镇党委、镇政府的领导闻讯后，立即赶到罗家铺村，与我一道通过查阅账目、资料和村民对证，证实村民反映的情况全部属实。在此基础上，我写了《罗家铺村村民的困惑》一稿，刊登在本报1月6日4版。

罗家铺村存在的这些问题反映出，由于少数基层干部缺乏减轻农民负担的观念，税费改革的好政策并没有在这个村得到很好落实。

稿件见报后，鼎城区委、区政府作出决定：责成韩公渡镇党委、镇政府向区委、区政府写出书面检查；责成韩公渡镇党委、镇政府对镇驻村税费改革指导组组长、罗家铺村党支部书记、村主任等3人立案查处。鼎城区农民负担监督管理领导小组还将罗家铺村费改税中存在的问题以及区委、区政府的处理意见通报全区，要求务必从中吸取深刻教训，站在自觉践行"三个代表"重要思想，切实维护农民根本利益，确保农村经济发展和社会稳定的高度，认真对照费改税政策，广泛开展自清自查自纠，对发生的一切违背费改税政策的人和事，一律从严查处，绝不姑息迁就。鼎城区成立了由区委分管农业的副书记陈安生任组长的整改工作组到罗家铺村帮助进行税费改革整改。据鼎城区乡镇邮电所的同志反映，许多平时不关心人民日报的农民纷纷到邮电所买登载这篇报道的报纸。据了解，这篇稿件在湖南其他许多地方也引起了强烈反响，不少县、市、区纷纷纠正税费改革中存在的问题。

为什么一篇报道一个村问题的小稿件能够引起强烈的反响，发挥了推动税费改革政策落实的作用？我的体会是，因为我到了基层，深入到了群众中，具体、准确

地摸清了税费改革中存在的突出问题及其原因，反映了群众的要求和呼声，稿件报道的问题具有强烈的针对性。

党的政策应代表和体现群众根本利益。党的政策符不符合群众的利益？受不受群众的欢迎？一项受广大群众欢迎的政策在基层落实的情况如何？在贯彻、落实中还存在什么问题？只有群众最清楚，只有到群众中去才能了解到。只有了解了群众的反映，我们才能有针对性地做好党的政策的宣传工作。

我们宣传党的政策，不能不跑领导机关，但一些部门往往报喜不报忧，讳疾忌医，提供给记者的大都是"形势大好，工作成绩显著"的材料，很少能反映当地在贯彻党的政策中存在的问题。我在采访中就碰到多次，一些领导机关在提供一些总结材料时，都要把后面谈存在问题的部分撕下来。作为人民日报记者，如果只采访领导机关，群众对党的政策有什么意见？党的政策在贯彻中存在什么问题？我们都不能了解到，至少不能完全、真切地了解到。因此，我们不能只当跑机关的记者，我们在向领导机关了解情况的同时，还要多挤时间，到基层去，到群众中去，了解党的方针、路线、政策的贯彻情况，了解群众对贯彻党的政策的反映，把群众对党的政策以及贯彻情况的反映，把群众的情绪、意见和要求反映到我们的报纸上来，我们的报道就能反映群众的心声，就有针对性；或是用内参的形式向上级部门反映，推动党的方针、路线、政策的贯彻落实。这样，我们才能起到耳目和喉舌的作用，才能完整地履行一个人民日报记者的职责。

（作者时任人民日报驻湖南记者站站长，现已退休）

3. 学好才能写好
——从《新疆生产建设兵团实现历史性跨越》的采写说起

王慧敏（2004年7月12日）

>>> 只有不断地学习，才能登高望远；只有不断地"充电"，才能把握时代的脉搏。学习，是登上"天安门"的阶梯；学习，是畅行"田埂"的路基

今年年初，兵团的五家渠、阿拉尔、图木舒克3座城市同时挂牌宣布建市。时隔不久，兵团的38个重点小城镇建设又全面拉开序幕。

对于这些事件，大多数媒体都以一则简讯了事。我则从这些事件中意识到：兵团建设小城镇和地方上建设小城镇，意义有很大的不同。它表明，兵团正在实现历史性的跨越。

兵团的使命是屯垦戍边。兵团建立伊始，按照"不与民争利"的原则，团场大多分布在"路到头、水到头、电到头"的穷乡僻壤。谈起兵团，大家往往把它同戈壁农田联系在一起。而今，兵团从经营农业转向建设城市，这不是历史性跨越是什么？我随即以此为主线展开了追踪采访；用将近一个月时间，完成了此稿。

文章传回报社后，梁衡副总编批示："这是一篇具有重大政治意义的报道。"要求突出处理。发表后，新疆日报及兵团日报均在重要位置转载了这篇报道。兵团政委陈德敏给记者打来电话说："这篇报道鼓舞了我们的士气，坚定了我们屯垦戍边的信心。"

有同行问我："为什么你独辟蹊径选择了这个角度？"

这恐怕与自己较好地把握了大局有关。新疆生产建设兵团是新疆稳定不可或缺的力量。然而，近年来，不少人对兵团重要性认识不足。在采访中，不时听到这样的议论："兵团成了新疆发展的包袱。新时期兵团已经没有存在的必要。"一些分裂分子更是四处散播谬论："兵团是新疆落后、生态恶化的罪魁祸首。"在这种情况下，用事实来说明兵团代表着新疆先进生产力的方向，是兵团促进了新疆现代化进程，意义就显得非常重大。

如何才能把握好大局呢？不断地学习，别无它法。自己之所以对兵团能有较透

的了解，正是得益于学习。到新疆驻站后，我曾经用了1个多月时间到兵团图书馆系统地查阅了兵团的史志、年鉴和回忆文章。

平时，经常听到有的同事这样抱怨："稿子老发不出来！为啥写的东西老不对路？"在日前报社举办的"三项学习教育"培训班上，记者部主任杨振武提出的"站在天安门上看问题"和"站在田埂上找感觉"，可以说为上述疑问给出了答案。无论是站在"天安门上"还是站在"田埂上"，对我们所要求的，都是学习。记者的工作，不分昼夜。我们中的许多人，不停地采访，不停地写作，确实疏于"充电"了。只有不断地学习，才能登高望远；只有不断地"充电"，才能把握时代的脉搏。可以说，学习，是登上"天安门"的阶梯；学习，是畅行"田埂"的路基。作为党中央机关报，权威性、宏观性、指导性是我们的魂。要使报道做到这"三性"，须臾离不开学习。

（作者系人民日报社浙江分社社长，时任人民日报驻新疆记者站站长）

4. "软硬兼施"抓新闻

刘杰（2004年8月25日）

>>> 要重策划、重机制、重主动出击，这三个方面要硬；在积累、提炼和写作上要讲究"软"，"软"中见"硬"，"绵里藏针"

近一阶段，参加了记者部举办的加强新闻采写工作研讨会，很受教育和启发。

研讨会上，大家围绕抓"硬新闻"，各抒其见，个中经验值得学习借鉴。我的一点想法是，所谓"硬新闻"，并非说新闻有软硬之分，提出"硬新闻"，是为了强调党报要突出新闻地位，突出新闻性。报纸是新闻纸，新闻性是报纸的根本属性所在，提出抓新闻是报纸的价值归位。随着党报进报亭，参与市场竞争，这个问题就显得更为突出了。

怎样抓新闻？我觉得要"软硬兼施"，多种手段并重。首先说"硬"，在新闻采写上，要重策划、重机制、重主动出击，这三个方面要硬。重策划就是要吃透上头，了解下头，就是要"站在天安门上"想问题，"站在田边地头"抓苗头，以两"站"的硬功夫策划抓好重大新闻报道。作为党中央机关报，科学的策划是突出报纸导向性所必不可少的。从大局出发搞策划，搞好策划服务大局，这是以前报道中的成功探索，也在近期宏观报道中得以充分体现。试想，不吃透中央精神，就很难连续推出一组很有针对性的头版头条。

要抓好重大新闻，灵活的机制和主动出击的精神尤为重要。我们有时候习惯于等新闻，开会，拿材料，编通稿，不大费脑筋就能上报，那样的工作性报道，无论是采还是发，都显得"疲软"。现在强调"硬新闻"，强调事件性新闻，见人见事，那就得有个灵活的反应机制和编采互动机制。这些年，通联工作不太受重视，没有了自己的触觉伸到基层，很多情况不明，信息不灵，就谈不上抓鲜活的新闻。采编不互动，机制不灵活，新鲜的稿子就会拖成旧闻。采编不能互动，有了线索不出击，怕见不了报，怕白跑腿，久而久之，记者懒了，编辑"聋"了，报纸就"老"了。要抓好党报新闻，就必须强化机制建设，强调主动出击，有点"饿虎扑食"的精神。

再说"软硬兼施"的"软"，在积累、提炼和写作上要讲究"软"，"软"中见"硬"，"绵里藏针"。积累是搞好新闻报道的基础，思想认识，写作能力，都要慢慢增长，慢慢积累，来不得半点马虎和急躁。不因事小而不"闻"，不因白跑而不思，锲而不舍谋进取，"摔倒也要抓把泥"，才能聚沙成塔，集腋成裘，这里讲的就是"软"功夫。新闻还在于提炼，提炼是写作的前提，提炼重在推敲。素材得到之后，细细咀嚼消化，慢慢回味品评，如牛反刍，倒嚼出精华成分，上升为耀眼标题，织就锦绣篇章，同样需要有个相对较长的过程，同样需要"软"功。如今"赶会"、"跑场"，匆忙急就居多，怎能写出脍炙人口的新闻作品呢？

"硬"在策划、机制和主动出击，"软"在积累、提炼和写作。策划忌乱，机制忌板，出击忌懒，积累忌浅，提炼忌粗，写作忌平，细数起来，其实应是"软"中有"硬"，"硬"中有"软"，"软硬兼施"抓好新闻，才能写出好文章。

（作者系人民日报社安徽分社社长）

5. 围绕时代主题捕捉典型事件

何勇（2005年4月18日）

>>> 世间万物皆有联系，联系都是有规律可循的。事物不论本质多么深奥，都通过浮在表面的现象来呈现。我们在平时的采访报道中，只要抓住"神经末梢"，就能顺藤摸瓜，感知事物本质，从而发现大新闻。

从事新闻行当，犹如跑马拉松，入门简单，越跑越难。驻站两年多，愈发感到做新闻之不易。

个人认为，对记者来说，首要的业务能力，应该是善于捕捉、发现新闻。曾听几位新入报社的记者说，刚驻站，最大的苦恼是缺乏新闻线索，尤其是没有"重磅"新闻。实际上，经过一定积累，只要是有心人，可能遍地都是新闻。尤其对我们这张以报道国计民生为主、追求"贴近群众、贴近生活、贴近实际"的报纸来说，更是如此。因为不论多么重要的政策方针，最后都要落实并体现在人民群众的现实生活中。

世间万物皆有联系，联系都是有规律可循的。事物不论本质多么深奥，都通过浮在表面的现象来呈现。我们在平时的采访报道中，只要抓住"神经末梢"，就能顺藤摸瓜，感知事物本质，从而发现大新闻。正如梁衡副总编辑所说，要"围绕时代主题捕捉典型事件"。

这就要求我们首先要做一个爱学习、善于学习的人，平日要注意学习、观察、积累，熟悉国家大政方针，心中有大局，然后到生活中去寻觅"典型事件"。

驻站两年多来，自己稍感欣慰是，几篇获得好评稿件都属于"捕捉"来的。在这里，谈几个我写新闻的小故事。

马路边上拾新闻。2004年4月，我在5版发了一组监督文章《济南：一位民工的工伤之痛》，是一个非常意外的收获。我在所租房附近商亭买东西时，一位"包工头"打电话，急切地给家人要钱，声音很大，引起我的注意，听明白了这位湖北籍民工在江苏某建筑公司承建的济南工程工地上摔伤后没人管。民工待遇问题始终是个热点，农民工摔伤无人管无疑是个"典型事件"，集中反映了农民工保障欠缺这个严重的问题。于是，我就管起了这档子"闲事"。在选择写作角度时，我避开一般批评报道追究事实发生过程的套路,盯住"工伤保险"这个软肋,小切口,深层次切入,减少了打击面,避免了震荡。这组报道牵出了民工权益无保障、建筑业普遍存在的劳动合同关系混乱等几个大问题,引起了多方关注,并最终促使山东建设部门对建筑行业农民工用工秩序的规范。

出租车上"拣"新闻。迄今为止,我写的影响最大的一篇内参是在出租车上"拣"来的。2003年4月中旬,"非典"肆虐、国人恐慌。当时,山东还是一片静悄悄的"安全乐土",没有预防"非典"的氛围,我每天打车去正常采访。在车上,我发觉不少车卫生很差、味道也难闻,就询问几天消毒一次。师傅回答,规定是7天消毒一次,实际上,不管是公司,还是个人都懒得消毒。联想到本报报道的河北、河南、安徽、江苏等山东周边省份都已发现"非典",我感觉事态严重。经过采访,证实了济南出租车不消毒是普遍现象,于是写成《济南出租车不消毒》一文,以"记者来信"形式传编辑组。记者部主任杨振武以高度的政治敏锐性,立即改成内参。该内参经中央主要领导批示,在山东产生极大震动。在"非典"肆虐期,出租车不消毒这个极其普通的事就变得格外不寻常,成为这个时期的"典型事件"。

"典型人物"反映时代主题,记者要善于发现这样的人物。记者部年终表彰,令我意外的是,评审组独具慧眼,将我写的《全国冠军是临时工说明了什么?》这篇既不像言论又不像报道的稿件,评为仅有的几篇"思想深度奖"之一。此稿本是一次采访的副产品,发在15版,很不惹眼。当时,根据版面编辑要求去采访"全国职工技能大赛"焊工组第一名刘盘国。作为年轻技工,刘盘国平淡得几乎没有东西可写,但在采访中,我看到刘盘国流露了不满情绪。随后了解到,刘盘国和山东代表队(焊工组团体冠军)其他四名队员,都是一顶一的技术好手,可这些多年的老工人,竟然还是"临时工",待遇不及正式工一半。"全国冠军"和"临时工"不和谐地成为统一体。我心里一震:在刘盘国身上,集中反映了目前用人体制的弊端。我把一些不算成熟的思考在本报发表之后,引发了包括中央电视台、光明日报、中国青年报在内的多家中央、省市媒体对"刘盘国现象"的讨论。本报报道成为真正的独家。在全国人才体制、人才评价体系、技能人才紧缺这么一个大背景下去把握采访,刘盘国这个独特的个体就具备了标本意义。

通过采写实践,我深切体会到厚积才能薄发,对年轻记者来说,只有不断学习、充分积累,才能遇事均以"新闻眼"看待,才能看出平凡事件的不平凡价值。

(作者系人民日报社辽宁分社采访部主任,时任人民日报驻山东记者站记者)

6. 这次"我抓住了"

阎晓明（2005年6月21日）

>>> 15年前的一次采访，我一心想着完成写特写的任务，把一个独家的有价值的新闻湮没在特写中了，这次，我没有犯同样的错误，我抓住了应该抓住的东西

前两天回家探亲，老父亲说：你最近有篇文章写得还可以，用别人的话说了中国想说的话。父亲所指的这篇文章，就是本报6月1日2版的消息："出席诺贝尔奖获得者北京论坛的经济学家坦言：对中国纺织品设限不符合美欧利益"。

其实，在父亲认可之前，已有一些同行认为这篇稿子"用经济学大师之言，评判欧美的伪经济之举，比较有说服力"。但就我个人而言，最感得意之处是"我抓住了"。

2005诺贝尔奖获得者北京论坛，一共来了7位诺贝尔经济学奖获得者和5位世界著名的经济学家，如此高水平的论坛，在国内甚至在亚洲前所未有。但因为"财富论坛"和"科博会"刚刚落幕，客观上影响了这次论坛的关注度。直觉有新闻可写，但一时找不到下手处。多亏经济版主编刘磊，他在看到我写的举办论坛的简讯后，当晚和我联系，希望写成专访。因为演讲嘉宾都没有文字稿，内容也不清楚，我们初步商定围绕"宏观调控"和"北京奥运"两个主题。

5月30日，第一个走上演讲台的欧元之父蒙代尔临场改变了主题，把原来的"主张世界货币的理由"的演讲题目，改为"关于人民币汇率的一场大辩论"。我联想到最近美欧对我纺织品设限问题，觉得要出新闻了，立即警觉起来。只是因为蒙代尔定居北京，而且他的观点已经讲过多次，以此做论据感觉力道不够，就没有动笔，但心里有了主题。当日下午，著名的实验经济学奠基人、美国文理科学院院士弗农·史密斯接受了记者专访，我提的问题是：您即将演讲的题目是"经济全球化是和平的字眼"，但我们注意到，经济全球化过程中贸易战却有愈演愈烈之势，您如何看待这个问题？如何才能减少这种贸易摩擦？在回答我的问题时，他回顾了美国新英格兰地区纺织业兴衰的历史，说明纺织业通过外包向中国等地转移是必然趋势，并且明白无误地说"欧盟对中国纺织品设限是个糟糕的决定"。弗农·史密斯的"糟极了"，让我感到好极了。这时我意识到，美欧对中国纺织品设限是不受这些诺贝尔经济学奖获得者接受的，如果写成众多学者的共识应该更有说服力。

第二天一早，我坐在人民大会堂仔细捕捉着每个经济学家的演讲，弗农·史密斯几乎重复了回答我提问时的观点，但省略了最关键的"糟糕"论，我庆幸昨天的采访笔记上已经明白无误地抓住了这个亮点。到本次论坛最年轻的学者、美国哈佛大学政治经济学教授艾尔波托·艾莱斯纳演讲时，新闻又出现了，他直言：对纺织品设限并不符合美国和欧盟的利益，我不希望看到这样的情况发生。

三人成众。我立即把两天来的采访写成一篇消息，传到总编室。6月1日报道见报，当天上午，北京市高层与经济学家座谈，不少人对我说起这篇报道，说它把大家都意识到但又不太经意的新闻抓住了。

15年前，我参加第11届亚运会报道，在首都机场遇到了刚下飞机的台湾奥委会主席张丰绪。我问他：台湾代表团这次准备拿几块金牌。他说：我没办法预测。因为大陆拿了，也就是台湾拿了，台湾拿了也就是大陆拿了。他还说了许多两岸一家的观点。这是台湾首次派团参加在大陆举办的运动会，可以说是历史性的突破，张丰绪的话应该说非常有新闻性，而且当时只有我一个记者在场。但我一心想着完成写特写的任务，把这么一个独家的有价值的新闻湮没在特写中了。见报次日，一位署名为刘素文的作者依据特写写了一篇《赞你们拿了就是我们拿了》的言论，把最有价值的新闻摘了出来，弥补了报道不足，为本报争了一个独家言论。这件事给我留下刻骨铭心的印象。

15年后，我终于没有犯同样的错误，我抓住了应该抓住的东西。

但是，我也丢掉了许多不该丢掉的东西，暴露了许多应该马上弥补的漏洞。比如，由于知识面的局限，难以从更加专业的经济角度采访经济学家。5月30日，弗农·史密斯在我提问后，毫不客气地指出：你问的是政治问题，而我喜欢从经济的角度回答问题。当天上午，中央电视台一位很有名的女主持人，因为提问文不对题，被博弈论的创始人纳什当着上千人的面，请她"问和他的研究有关系的问题"。我在暗自庆幸没有出大洋相的同时，深感功力不足而带来的采访的肤浅。如果前期请专业人士参谋设计一些提问，专访定会丰富得多。由于事先没有充分考虑这些学者对中国经济的了解程度有限这个问题，在专访时便成了你问你的，他答他的；没能提出既让他们充分发挥，又让中国读者感兴趣的问题。还有，因为外语不好，眼瞅着年轻的同行使用英语答问各取所需，自己失去了向预测奥运的格兰杰提问"如何利用奥运会打造品牌"的机会……

（作者系人民日报社编委、秘书长，时任人民日报驻北京记者站站长）

7. 到现场，并感动自己
——《大山里的爱心班车》背后的故事

任江华（2006年5月19日）

>>> 文章见报当天，数位同事发来短信，认为稿件"可亲可信，抓得比较及时。"回顾采写经过，我的深刻感受是，"到现场，并感动自己"

《大山里的爱心班车》于5月11日见报。当天，数位同事发来短信，认为稿件"可亲可信，抓得比较及时。"我深受感动与鼓舞的同时，也细细回顾了此文的采写经过。一点深刻感受是，"到现场，并感动自己"。

4月中旬，江西省靖安县委宣传部的同志向我介绍该县的新闻线索与素材时说到，该县城关与中源乡有一趟班车10多年一直坚持免费接送一所小学学生上学与回家。我当时眼睛一亮，"此事可关注"。当时约定"五一"后到靖安县实地看一看。

5月9日上午，我到了靖安县。在宣传部同志的帮助下，找到了免费接送学生的"赣C30728"客车司机况重源。老况今年50岁，一脸的沧桑与朴实。当时，他正在等12时40分发车到中源乡。说起免费接送学生的事，他非常平和，觉得好像是自己应尽的责任一样。他也说起自己的苦恼，有时乘客太多，搭载孩子会超载。这样还被交警罚过款。我与老况相约晚上在古竹小学和客车的终点站再见。

吃过午饭，我们一行马不停蹄地向中源乡进发。在古竹小学，我们一边等"赣C30728"客车，一边采访了该小学的校长罗招辉。年轻的校长深有感触地说："多亏了爱心接力班车，这么多年来，不仅保证我们的孩子们准点上学，安全也更有保障了。"

下午4时10分许，在一声"吱吱"的刹车声中，"赣C30728"客车准时到达古竹小学门口。24名孩子按从矮到高的顺序，非常默契地上了车。然后在5个停靠点，24名孩子先后下了车。整个里程大约4公里。

当天况重源因为临时有事中途下车，是另一位司机——21岁郑笛驾车到终点的。在终点站，与郑笛攀谈中，我了解到，此线路经营权是他父亲与况重源等5人合伙买下来的，因为客源比较少，所以目前经营状况不太好。说起接送小学生的事，他说得非常朴实："在我们之前，已经免费了，我们收钱也不合适。"我还了解到，每学年开学时，也有部分学生家长会付他们10元钱。

为了体验第二天早上送孩子们上学的情况，我们早上6时30分起床，然后赶到车站。于7时40分与班车一道向古竹小学进发。沿途在昨天的5个站点，又接上24名孩子。

此时，我非常感动，一股写稿的冲动不可遏抑。一到靖安县城，我一口气写出初稿。只等下午再核实一些事实与细节，当天即可发回稿子。可是下午5时许，我却联系不上两位司机。费了九牛二虎之力才打通电话，得知，当天汽车中途抛锚，故未能送24名孩子回家。

这下，力争当天发稿的想法落空了。我只好又打电话了解9日早上的情况。最终，就写了9日接送孩子的情况。

（作者系人民日报社江西分社记者）

8. 珍惜新闻资源　用好重点新闻

郅振璞（2008年1月18日）

>>> 在新闻资源少、采访难度大的落后省份，尤其要珍惜新闻采访机会，下工夫写好重大典型，起到好的宣传效果

踩好新闻点，服务好大局

省委书记、省长和驻站记者一样，是最关注人民日报一版头条新闻的读者。最近，青海省委书记强卫对人民日报头版刊登的青海新闻的评论，就耐人寻味。

2007年12月7日下午，在青海省委常委会上，强卫同志谈到十七大以来人民日报《高举旗帜　科学发展》专栏时说："这个栏目，在中央经济工作会议当天，报道青海团省委为青年小额贷款提供帮助的新闻，体现了民族地区工青妇组织的创新意识和创新发展。"

常委会散会后，强卫同志叫住了我，笑着说：今年，你们站稿件量虽不是很多，但是"点"好。时间点都踩得很准。十七大开幕前，你们发了一个头条；经济工作会议当日，你们又发这一条。而且，选题好，效果也好。

强卫到青海工作后，对新闻宣传工作格外重视。记者站每有好稿发表，他都会委托秘书给站里或记者一个电话以示感谢。同样，省长宋秀岩也非常关注头条新闻。6月14日，青海站采写的《青海转变柴达木盆地资源开发模式》在一版头条位置刊发，宋秀岩赞誉"抓得及时、有深度。"

一版头条是新闻之魂，备受关注。加之人民日报的特殊权威地位，更加受到省委书记和省长们的青睐。

"高原人物"尚需精雕细刻

不少典型人物，开始发现时炙手可热，记者和地方领导期许很高，但最终却落个悄无声息。青海这几年，出现过"探矿专家"邓吉牛、"牧区曼巴"田青春、"大洋使者"柏大伟，"上校村官"德才加，还有最近出现的"无手园丁"马复兴等。这些人物本都可以成为新闻亮点，他们的事迹虽然见报了，也只在业内或地方得到一时的喝彩。宣传没有达到最佳效果，留下了遗憾。

所以，我们认为，在青海这样新闻资源少、采访成本高的省份，在采访写作上，更要珍惜采访机会，下工夫写好重大典型。

另外，依靠时效强、切时弊的新闻评论和时评，也是弥补新闻资源短缺的另一手准备。这两年，站里陈沸宇、刘鑫焱两位同志，每年发表五六篇人民时评，也为青海新闻增光添彩。

我想，只要真正吃透两头，抓好新闻、人物、时评，就能不断改变青海站的新闻报道局面，服务好一个落后省份的工作大局。

（作者时任人民日报驻青海记者站站长，现已退休）

9. 回归新闻 发现新闻

庞革平（2008年3月24日）

>>> 每年两会，都是思想和信息的盛宴。但是，信息不等于新闻，思想也不等于新闻。真正的新闻是从纷繁的思想信息中发现提炼出来的具有广泛传播价值的东西

每年两会，都是思想和信息的盛宴。今年的两会，既是新一届人大的首次会议，又适逢我国改革开放30周年，因此，各种新信息、新思想更是层出不穷。但是，信息不等于新闻，思想也不等于新闻。真正的新闻是从纷繁的思想信息中发现提炼出来的具有广泛传播价值的东西。"发现"，在体现记者独创性劳动方面具有重要意义。

在冷静观察中发现新闻。现在，重新审视两会期间我发表的多篇公开报道，许多都是收获了"发现"的喜悦。

"发现"，是新闻报道的前提。在紧张忙碌的两会上，记者只有冷静观察，才有可能发现各种真正意义上的新闻。

在广西和陕西代表团采访时，我发现不少代表和随团记者所带的行李和资料都比前几年少了很多，像百色市委书记刘正东、玉林市市长金湘军等代表都带着手提电脑上会，不再带成箱成捆的资料了。通过交谈，大家认为，主要是信息技术的发展，特别是搜索引擎技术的完善带来了许多便利。于是，我采写了《科技让两会更轻松》，文章很快见报了。

在采访中，我还发现，许多代表委员提出的议案、提案和建议，不再像前几年那么空洞，也不再仅仅是追求数量，争当"议案王"或"提案王"，而是有调查、有分析、有对策建议，质量普遍提高。由此，我写了采访手记《议案提案重在质量》，报道也很快见报。

后来，我采写的"我看两会"稿件《更加开放，更加民主》和"花絮"稿《带着球拍上两会》，以及拍摄的照片《从容》等，都是在冷静观察中发现的新闻。

透过事物表象发现新闻。许多信息或事件，直接展现的只是表象，其背后往往隐含着能反映实质的重要内容。这要靠记者由表及里、去伪存真地去发现、去探究，

才能先于一般人做出有见地的分析，写出具有更大价值的新闻。

在采访广西兴业县民政局副局长梁启波代表时，我发现他在休息时仍在不时接听基层困难群众的电话，并把群众反映的问题一一记录在"民情日记"上，尽力协调各方解决。开始时，我采写了《民心热线连两会》一稿，准备提供给"花絮"栏目。后来一想，觉得这样太浪费选题了。于是，我和编辑部沟通后，决定重新采写。我重新挖掘，发现梁启波代表10多年来一直抱病工作，并写了60多本"民情日记"，为基层群众解决了许多困难，事迹十分感人。于是，我连夜赶写了《梁启波代表："民情日记"写真情》一稿。报道见报后，引起较好社会反响，梁启波代表称"电话都快被打爆了，没想到人民日报的报道影响这么大！"

用思想分析去发现新闻。追寻新闻，是记者的天职。在采访中，我发现广西许多代表的发言，无论是谈民生、谈产业，还是谈发展、谈教育，都有一个独特的视角——西部视角。当时我判断，广西代表所谈的问题，不仅是广西关心的，实质上也是西部地区代表普遍关注的如何搞好西部大开发的宏观问题。

为此，我和同事们相继采写了《西部更应重视民生》《民生是大账，民心是总账》《既要富裕，又要健康》《资源换产业要创新合作》《加强多区域经济合作》《解决思想承接产业转移》等一系列西部视角下的访谈报道。

由于报道抓住西部地区代表普遍关注的问题，提出了切合当前西部大开发的建议，所以普遍受到好评。

（作者系人民日报社广西分社采访部主任）

10. 着眼全局抓新闻

顾兆农（2008年7月7日）

>>> 善于在党政工作里面找新闻，这是党报记者的一项基本功。这与"泥巴新闻"是不矛盾的，两者是相辅相成的。"泥巴"就是社会现实，是生活，这些"泥巴"，对判断一条新闻的价值是有积极作用的

4月27日，本报刊出《湖北禁止党校学员用公款相互宴请》后，在全国上下，省内省外，引起了较大反响。5月3日，习近平同志就此报道作出批示："湖北省委党校采取有效措施抓学员的廉洁自律，禁止学员用公款相互宴请。中央党校也应从抓学员纪律入手，抓好从严治校工作。措施要有效管用，抓一项就落实一项，求真务实，以求实效。"

这篇稿件被评为报社好新闻一等奖。

通过这篇稿子，可以总结出一点规律性的东西来。

善于在党政工作里面找新闻，这是党报记者的一项基本功。这与"泥巴新闻"是不矛盾的，两者是相辅相成的。"泥巴"就是社会现实，是生活。自己虽然没有上过党校，却接触过不少上过党校的各级领导，有些党校同学，虽隔行、异地相处，友情却似乎不亚于大学的同窗。没有理由亵渎他们的友谊，更不怀疑这种友谊的纯洁。但是，通过他们也了解到，相互宴请之类的行为，似乎谁也没把它当回事。生活中的这些"泥巴"，对判断这条新闻的价值是有积极作用的。

每年的两会前夕，地方宣传部门的同志都会来打听，今年有什么新精神？我都回答，不外是科学发展、和谐社会、关注民生、"三农"问题、环境保护、就业医疗、社会保障、教育公平、反腐倡廉等这样一些大主题。问题是，这些领域内的工作很多，不可能都是新闻。而是要善于在这些大题目下找新闻。湖北的这个规定，新闻性在于，言他人未所言，针对的是一个普遍存在而大家又有些熟视无睹的现象，而这个现象，又涉及到党风建设、廉洁自律等这样一些大主题，它指向明确、具体、及时，而且，已经试行3个月了，也取得了一定的成效。这样，它具备了新闻的基本要素。于是，立即与相关版面的同志沟通，选题很快得到认可，稿子按时采写出来了，刊发得非常及时。

我们工作的目的,是为了推动实际工作。但我们推动工作的途径和方法,是靠抓新闻。新闻是具体的、鲜活的、即时的,但新闻背后必须要有大局,要有全局。

小处着手,大处着眼;切口要小,主题要大……类似的工作方法,大家都总结出来了,关键是要按照新闻的规律去付诸实践。

(作者系人民日报社湖北分社社长)

11. 从新闻发布会上挖出的"新闻"
——采写《低碳生活——哈尔滨市民新时尚》的体会

袁泉（2008年12月29日）

>>> 参加各种新闻发布会是发现有价值新闻的途径之一。啃甘蔗一定要啃到根儿，发布会坚持到最后每每会有令人惊喜的结果

初到冰城，很多事情都要从头摸索。参加省、市和各个部门组织的各种新闻发布会是了解驻地情况，尽快进入角色的最佳途径之一。

《低碳生活——哈尔滨市民新时尚》这篇稿子就是从哈尔滨市环保局召开的一次新闻发布会上挖掘出来的。"节能减排"是近期宣传报道的热点，新闻发布会上，主持人报出一长串成就数字，比如减排多少吨，蓝天达标多少天，惠及多少人，这些数字过于常规，没有新鲜感。而当讲道外区、南岗区的几个社区街道开展"一瓶水节水法"、"省煤气熬大碴粥"、"废旧雨伞改装购物袋"等实例时，顿时引起了我的兴趣——这正是我想要的鲜活素材。

之所以鲜活，就是因为这些简单易学的做法收效显著，解决了人们在"低碳生活"上"热情很高，执行很差"的矛盾和"怕麻烦"的心理。我认为，这条新闻既满足了宣传"节能减排"的要求，又能使读者看了就会，马上可以用到自己家里。比如"一瓶水节水法"，道理很简单，就是在抽水马桶里放入一个废弃的装满水的矿泉水瓶，就能起到节水的效果，家家户户这样做，一个社区每天就能节水100吨。

还有一条经验，啃甘蔗一定要啃到根儿，发布会坚持到最后每每会有令人惊喜的结果。12月的哈尔滨早已冰天雪地，环保局为了响应"低碳生活"的号召，会议室里的暖气温温吞吞，空调更是没有打开。参会的记者将近20人，一个小时后，仅剩下两名记者，其中就有我。也许是主持人亲眼看着记者一个一个地低头掩门悄悄溜走，所以对待我们两位留下来的记者格外关照——要更详细的数据，没问题；联系社区代表，没问题；要以往活动的照片和视频，没问题！就

这样,从一个新闻发布会挖掘、展开、深入的线索就有三四条,从一位主持人拓展到社区、学校、机关三四位联系人,这无疑对增加稿件内容的"厚度"大有好处。

(作者系人民日报社黑龙江分社记者)

12. 为受访者乐和忧
——两篇新闻特写的采写经历

戴岚（2010 年 2 月 26 日）

>>> 有些作品不是单纯为写而写的，而是出自对受访者的真情流露，为他们的欢乐而欢乐，或对他们面临的困难而思虑

《我们都是一家人》的背后

采写《我们都是一家人》的灵感，来自新疆青河县的阿尼帕·阿力马洪荣膺 2009 年度"感动中国"人物，在春节前夕走进了中央电视台颁奖晚会。

阿尼帕是新疆民族团结的典范。40 多年来，阿尼帕夫妇含辛茹苦收养了汉族、回族、维吾尔族、哈萨克族 4 个民族的 10 个孤儿，加上自己的 6 个孩子和收养邻居的 3 个孩子，组成了一个 180 多口人的多民族大家庭。阿尼帕的故事，感动了 2000 多万新疆各族群众，也感动了全中国。

在这个多民族的家庭里，没有民族之分，我是亲历了的。

那是 2008 年 3 月第一次采访她，那时候，她的丈夫阿比宝还健在。采访中，记者本能地想弄清楚这个家庭的成员是哪个民族。可每当有这样的提问，阿尼帕就拉下了脸，两手一摊，"在我们这个家庭，不分什么民族。"这个家庭的其他成员也都这么说。

多么朴实、纯真的话语！细想，在这个家庭里，如果（不管是母亲、还是孩子们）总想着，你是汉族，我是维族，他是回族，几十年来，还能生活在一起吗？

信手翻开电话本，找到了王作林（阿尼帕的养子）的电话。接电话的是王作林的妻子阿尼娜。她说，这几天家里人很多，除了姐姐，弟妹们都回来了，还有左邻右舍的，都来看望妈妈阿尼帕。阿尼娜还说，"妈妈点名让我陪她去了北京……"听到这里，我感到有新闻可做。

第二天（初五）一早，叫上司机，开车去了青河。果然，四代同堂的家庭，儿孙们在院子里嬉戏，主妇们忙前忙后。听说记者来了，阿尼帕还是走出了房门迎着。"这几天，妈妈有点累。"阿尼娜搀扶着，一手拉着我进了屋。

刚落座，阿尼娜转身就拿来了一大叠照片："和妈妈一起照的，天安门广场、

人民大会堂、故宫、鸟巢……"抽出了和中央电视台主持人敬一丹的合影,阿尼娜乐得像只喜鹊似的,"洗放了好几次,都让亲戚朋友们拿走了。"

"一大家五六十口人还要吃饭呢!"阿尼娜又到灶台上去忙了。坐在炕上,和阿尼帕拉着家常。其乐融融的一家人!我又看到了院子里的那口大锅派上了用场:灶膛里的火烧得旺旺的,锅里香味四溢。小特写《我们都是一家人》由此出笼。

严国勤家大棚里的故事

写《塔城菜农大棚里下苗忙》一稿,是因为年前才从雪灾现场采访回来。

灾区回来,时时惦记着在灾区走过的一家一户,一情一景。不知他们的年过得怎样?马玉花家房前屋后的雪清掉了没有?裕民县遭灾的玉米卖掉了没有?巴克图口岸节日期间是不是通关?还有,严国勤家大棚里的苗子下了没有……

今年1月以来,新疆阿勒泰、塔城等地连续4次遭受强冷空气袭击,出现60年一遇的寒潮暴雪灾害。降雪持续时间之长、降雪量之大、积雪之厚历史罕见,给群众生活、交通运输、农牧业生产带来巨大影响。在抗冰雪的关键时候,1月23日至24日,温家宝总理来到新疆阿勒泰、塔城实地察看灾情,指导抗灾救灾工作。

这次雪灾造成塔城市万亩绿色蔬菜基地100多座日光温室大棚棚体坍塌。1月下旬,当记者走进严国勤家的大棚时,严国勤正领着农工加固支撑大棚。雪灾压垮了严国勤家的6座大棚。"大棚塌了,西红柿、黄瓜冻蔫儿了,20来万元的收入打了水漂儿。"严国勤一家欲哭无泪。当时在场的塔城市市委常委董德传就表了态,"政府的补贴款很快就会到位。"

春节时,我又想起了严国勤家的大棚。2月17日(正月初三)中午时分,找到严国勤时,他正在自家的蔬菜大棚里忙着打垄子。问起大棚的情况,严国勤说,大年除夕,领到了政府发放的救灾补助1800元。有了这笔钱,心里就有了底,想着快快地把菜苗子下下去。

严国勤还告诉我,"大年初一也没歇着,趁着这几天太阳好,拉帘子、换棚膜、打垄子。"他还说,"老天爷帮助的话,出不了正月十五,西红柿、黄瓜苗子全都下地了。"

此时,我又想起了上次采访时严国勤算的一笔账:"一棵苗子涨到了1元,一座棚需要1300棵苗,就得花1300元,6座棚就是7800元;还有,一座棚需要4吨农家肥,按每吨50元计算,就得200元;再就是自来水管道、棚膜的维修等等。"那么,严国勤家6座大棚遭灾,这1800元只是杯水车薪!

记者又打通了董德传的电话,塔城市的万亩绿色蔬菜基地是他的"蹲点"。董德传正在慰问受灾菜农,听了记者的发问,他连连表示让记者放心,"政府的各项补贴资金 2 月底前全部到位",并表示,每座受灾大棚能补贴 3000 至 5000 元。

《塔城菜农大棚里下苗忙》一稿如是而成。

(作者系人民日报社新疆分社社长)

13. 抓到一条独家"活鱼"

陈伟光（2010年6月23日）

>>> 戴上思想的眼镜，随时可能发现思想的火花。摄取这些火花，照亮更多的人，这是做记者的乐趣

6月21日，本报政治版"声音"栏目发表了《卫留成：关注光鲜数据后的贫困》。犹如一颗"思想弹"，在网络的海洋中爆炸了。初步检索，当日转载此文的中文网站逾百家，所引发的博文及跟帖如潮水一般。

这样的社会反响，令我喜出望外：总算抓了条独家"活鱼"。

6月18日下午，海南省委召开国际旅游岛建设领导小组扩大会议，传达国家发改委刚刚批复的《海南国际旅游岛建设规划纲要》。原先预期这个"规划纲要"3月份可以获批，却推迟了3个月，期间海南没少"出事"。因此，海南省委这次很低调，只想开个小规模会议，权当工作动员。会议议程还是老一套，先是有关部门和县市负责人发言，最后由省委书记卫留成讲话。卫留成主持会议，要求每位发言时间不能超过10分钟，他给自己也只安排了半小时。获邀参会媒体仅人民日报、新华社、海南日报、海南电视台等几家，正在海南采访的中央电视台记者列席了会议。对比年初海南国际旅游岛建设"号角吹响"的动员大会那种场面宏大、记者云集的盛况，判若云泥。

经过半年来火与冰的洗礼，海南开始"退烧"，决策层更加务实了。

程式化的会议内容，并没有多少新闻可写。卫留成最后脱稿讲的一番话却引起我的兴趣。他讲到最近在农村调研时亲眼目睹的贫困现象，与他从统计部门看到的今年1至5月全省经济运行的光鲜数据，反差是如此强烈。他以此展开议论，说了一些大实话、心里话，并告诫与会的各级各部门主要负责人，不要陶醉在眼前的光鲜数据中，不要搞形式主义，而要切实采取措施让贫困群众尽快富裕起来。这一席稿外话，使会议时间比预定延长了10分钟。正是这10分钟，使这次会议有了"魂"。

我意识到，宣传这个"魂"，比报道会议更有意义。

我预感到，抓住这个"魂"，就可能抓到一条独家"活鱼"。因为，会议的各项

内容都事先印成材料放在座位上，与会的媒体只有几家，当地媒体按惯例是做现成文章，而新华社和中央电视台没有相应的载体，其在场记者也未必会在意这些即兴之议。所以，我当时几乎一字不漏地记录了下来。

会后进行整理，愈整理愈觉得"有戏"。因为文稿有几个思想"内核"，一是针对了"数字政绩"现象；二是针对穷人"被平均"、"被小康"现象；三是针对了国际旅游岛可能演变成"富人岛"趋势。

18日当晚，稿子传回报社。因逢周末，没有适合的版面。

周一稿件刊出，虽然晚了两天，仍是独家新闻。加上本报的独特地位，使这条独家稿件有了独特效果。时隔一天，海南日报头版署名"沈唯平"（"省委评"的谐音）予以转载。

通过这次实践，我有一点体会：戴上思想的眼镜，随时可能发现思想的火花。摄取这些火花，照亮更多的人，这是做记者的乐趣。

（作者系人民日报社海南分社社长）

第二篇

精耕细作文风新　不甘平庸争一流
——如何做深做透

1. 思想的张力
——驻站山西一年的思考

罗盘（2004年2月6日）

>>> 怎样用新闻的笔触宣传好一省一地的变革，怎样写出更多可读性强的新闻，怎样获得当地党委和政府的支持？实践证明，以深度报道为突破口，用不断的学习和积累拓展思想的张力，用思想的张力穿透纷繁事件的表象，才能写出有分量、有感染力的稿件

2003年，是我到山西工作的第一年，也是山西开展产业结构调整、承上启下的重要一年。在这个特殊的年度里，抓好新闻报道，对打开工作局面意义重大。怎样用新闻的笔触宣传好山西的变革，怎样写出更多可读性强的新闻，怎样获得当地党委和政府的支持？实践中，我以深度报道为突破口，用不断的学习和积累拓展思想的张力，用思想的张力穿透纷繁事件的表象，写出了一些有分量、有感染力的稿件，获得良好的宣传效果。

以深度报道之长弥补时效新闻之短

在一个经济欠发达的省份，动态新闻和时效新闻相对较少，真正具备新闻品质的新闻事件，也不好找。相反，在这样的地区，发展中的问题比较多，也比较典型，如产业结构矛盾、环境保护、区域发展不平衡等，值得我们去关注。以深度报道之长弥补时效新闻之短，是符合山西省情的，也符合人民日报新闻工作的特点。基于这样的认识，我首先把深度报道的选题，定位在山西发展所面临的各种重大决策及矛盾上。

山西的煤炭产业由来已久，它既是山西的经济支柱，又是许多山西人的切肤之痛。这种痛主要还不是源自"黑、粗、大"这个产业症结上，而更多的是安全事故。每次发生事故，人们都会痛心。山西煤矿的安全情况到底如何，安全生产出路何在？这个时常困扰山西的老大难问题，可不可以做一些总结和思考？采访中，我们发现，按国际通行的标准来衡量，如果以百万吨煤产量的事故发生率看，山西的煤矿安全水平在全国名列前茅，且逐步向好的方向发展。同时，山西煤产业的根本

出路，还在于结构调整。当许多媒体指责山西煤矿事故频发之时，我没有盲目追风，而是以大量的事实和精确的数据，另辟蹊径，采写发表了《山西煤矿安全何以整体趋好》的稿件。山西日报在头版头条加编者按转载。山西一位负责煤矿安全生产的干部打电话说："报道很客观，山西在煤矿安全上下的功夫是其他省份不能比的。但是，山西煤产业太大了，一个煤矿10年死一个人，总数也远远超出500多人，你能顺着百万吨死亡率小的线索挖出这样的题目，给我们鼓励太大了。"随后，我又组织采写了一篇《煤老大缘何退居次席》的报道，让人们真切地看到煤给山西带来的污染、生态破坏、事故不绝等问题，看到走高精尖等可持续发展产业之路的希望，激发了许多人的忧患意识和紧迫感，旗帜鲜明地支持省委、省政府的宏观决策，稿件同样被山西日报加编者按转载。

用思想的张力彰显新闻的价值

深度报道的新闻要素，只能以思想的深度来开采。思考有多深，报道就会有多深；思想的张力有多强，报道的影响就有多大。我觉得，思想的张力，就是深度报道的生命力、冲击力和见报率！思想的张力如何在新闻报道中体现出来？

一是剖析题材的独特性。在深度报道中，新闻的新不是时间概念，而是新意，是比较概念，新是指其独特。来到山西，产业结构调整这项宏大的工程正全面铺开。这在山西，有着划时代的意义，而就全国来论，已算不上新。在农业上，我把视角锁定在以"走西口"著称的晋西北，先后组织了《重构晋西北》、《山西打造雁门关生态畜牧经济区》两篇重头稿，靠特殊的背景和对比，支撑起独特的主题。在工业上，重点关注国企改造、产业变化等，写出了《太原全力推进国企战略调整》、《山西能源输出结构发生重大改变》等报道。在基础工程建设上，关注环境治理、缺水、筑路等问题，写出了《再现碧水蓝天》、《山西：向节水型省份迈进》等稿件，让没有多少硬新闻的山西，新闻不断，主题鲜明。

二是聚焦题材的普遍性。新闻报道所聚焦的问题有没有普遍意义，对全国有无指导性？这是我牢牢把握的一条原则。山西大运高速公路经济带的未来构想给我以启示，我在工程建设阶段，就采写了一篇《山西依托高速公路构筑"经济脊梁"》的稿件，通过寥寥千余字，把以公路辐射带动周边发展的思路，条理清晰地展现出来。该稿被编辑部加编者按，安排为"新思路、新突破、新局面、新举措"栏目的开栏之作刊发。稿件发表后在山西产生积极效应。公路通车后，我又采写了《三晋腾飞的"经济脊梁"》，使这一题材得到全面反映，新闻的深度和价值，在思想张力的支撑下闪现出力量。

三是把握层次的逻辑性。思想是流水，逻辑就是分水岭。一篇好的稿件，是思想性、哲理性、社会性、群众性以及可读性的集合，逻辑性恰好就是这些特性的"搅拌机"。稿件《超载：山西公路不能承受之重》和《山西晋剧何以红火》等，都是靠严密的逻辑性，层层推进，升华主题，让思想的潮水顺着既定的方向而流动。思想靠深度，张力靠思想，离开逻辑性，深度和张力都会松散无力。

四是挖掘细节的独有性。报道中，我力求从老百姓身边的事或他们最熟知的事入手，收集组织材料，尽可能用生动的细节表达文章的主题。稿件《树葬：让绿荫成为生命最后的栖园》，就是通过"王伟一家人上坟"、"陈大爷选坟地"和"业务员介绍坟地"等许多细节，让读者从感知中共鸣，用细节注解思想的。离开这些细节，恐怕只会留下空洞的说辞，感染力便会大打折扣。

（作者系人民日报社河南分社社长，时任人民日报驻山西记者站站长）

2. 写头条就是"赶考"

汪波（2004 年 3 月 15 日）

>>> 写好头条，关键是要有头条意识。有了这个意识，就会处处留心，事事掂量，不但地方的全局工作可以上头条，而且一个单位和普通百姓身边的小事也可成为头条的选题。小题也可以大作

作为人民日报驻地记者，头条是立站、立业、立身之本。我的感受是，写头条就像"赶考"。

"赶考"就要考出好成绩。要让报社和地方给高分，就要认真思考，反复推敲，吃准中央和报社的精神，找好切入点。对驻地记者而言，确定头版头条的选题，必须与省委、省政府正在进行的中心工作相吻合，才可能产生预期的效果。

2003 年上半年，报社推出"四新"头条专栏。正当我们苦思冥想时，省委书记宋法棠在一次会议上说，今年全省要在保证农民增收上广开新途径。省委书记的一句话，让我们最终确定了"四新"题目。4 月 20 日，《培育优势产业 构筑竞争优势 黑龙江开辟农民增收新途径》一稿见报。这篇报道让省委及相关部门非常满意。当"两手抓"专栏推出时，黑龙江老工业基地改造已有了实质性进展，我们抓住时机，采写了《深入调研清理思路 制定规划分步实施 黑龙江推进老工业基地改造》一稿，刊于 7 月 10 日本报头版头条位置。两篇报道既符合报社要求，又得到了省里的肯定，我们的"赶考"赢得了"双高分"。

去年报社推出"双新"头条工程后，记者站马上行动，与省委宣传部共同确定了采写省委、省政府在全省实施农业与畜牧业"主辅换位"内容的报道。黑龙江是农业大省、畜牧业大省，就这两"大"而言是老题材，但一个"换"字就有了新思想、新内容。记者用两周多时间，跑了十几个市、县、乡，准备了最新的数字和材料。8 月 28 日，《黑龙江：田野奏响增收曲》一稿在头版头条刊出。当天，黑龙江省委宣传部副部长李寅奎到记者站表示感谢。省委副书记刘东辉说，人民日报在黑龙江最需要宣传的时候宣传了黑龙江，这就叫"高出一筹"。

写好头条，关键是要有头条意识。有了这个意识，就会处处留心，事事掂量，

不但地方的全局工作可以上头条，而且一个单位和普通百姓身边的小事也可成为头条的选题。小题也可以大作。去年8月25日，我们采写的人物通讯《好支书佘树德》上了头版头条，可以说是喜出望外。我认为，尽管佘树德只是一名农村党支部书记，但他的事迹感人，农村小康建设需要这样的带头人。小中可以见大。

今年报社推出"求真务实"头条工程。为采写头条，记者不论是在研究省情还是在开会、采访中，都努力寻找接近、靠近头条工程的线索，挖掘适合头条的素材。一次，记者参加哈尔滨市东莱街派出所一个座谈会，临结束时，无意中听到所长说，他们把所有的锦旗全部从墙上摘下来了。当时记者的脑中立刻出现了"求真务实"这4个字，本能地意识到，这或许正是头条工程的选题。于是，展开了深入采访，写出《哈尔滨东莱街派出所真诚服务百姓》一稿，2月28日在头版头条位置见报。

采写头条应是驻站记者的"绝活"。要练好这一"绝活"，绝非易事。我们要在"赶考"中考出好成绩，还需加倍认真刻苦地努力。

（作者系人民日报社内蒙古分社社长，时任人民日报驻黑龙江记者站站长）

3. 提炼主题的"三级跳"

张帆（2004年8月30日）

>>> 主题在胸，上下结合，找准事实，反复提炼——这篇从选题萌芽到完成采编、刊发的稿件，前后历时半个月，是头条采编转型中的又一成功探索

2004年8月26日一版头条《青海开发太阳能造福农牧民》，是头条采编转型中的又一成功探索。主题在胸，上下结合，找准事实，反复提炼——8月26日，在记者部总结这篇从选题萌芽到完成采编、刊发历时半月的稿子时，梁衡副总编形象地称之为提炼主题的"三级跳"。

这个"三级跳"是这样完成的——

"第一跳"——8月9日，一份内部资料引起梁衡副总编的注意。资料反映，电荒中民用电比例很大，夏季民用电占社会总用电的40%，亟盼有地方政府投资开发低耗能的电源。如何有效缓解能源危机，是宏观调控要解决的重大问题，各地有没有解决这一问题的"高招"？一个有价值的报道主题浮现了。

"第二跳"——8月18日，梁衡副总编在审阅《科教周刊》大样时，注意到新华社的一张图片提供的重要信息：青海玉树杂多县一藏族青年手持一搓板大小的太阳能电池板就可供全家生活照明，当地一些无电乡镇已建起光伏电站，新能源使青海无电乡村家家通电。在东部能源普遍吃紧的时候，青海在农牧区建光伏电站、开发利用太阳能，其意义不仅仅是开发新能源，解决群众用电困难，也是落实科学发展观、着眼可持续发展的一个生动例证。照片透出的信息令人眼前一亮，地方已有了鲜活实践，梁衡副总编随即请记者部通知驻青海记者站站长马应珊着手采写。

老马接令，迅速行动。8月19日他传回第一稿，不足千字的稿件主要从节约电能、保护生态、促进农牧民增收着眼，内容集中在部门举措、成效上，事实局限于太阳能灶的免费推广使用。

梁衡副总编审阅经记者部编辑过的稿件后，提出要记者补充采访，在主题上深开掘。他说，胡锦涛总书记在四川考察时明确指出，当前的宏观调控是落实科学发展观的一项重大举措。"科学发展观"、"宏观调控"的相互关系有了权威的解说。青海建光伏电站、推广太阳能正是这一报道主题的体现，从"科学发展观"、"宏观

调控"有效结合这个高度来认识，青海的经验就更具全国性意义——这是主题提炼上的"第三跳"。

8月23日，马应珊同志传来二稿。稿子以青海农牧区112个无电乡全部建成太阳能光伏电站为背景，将报道主体主要集中于太阳能光伏电站这一可再生清洁能源项目建设，并选用了与报道主题结合紧密的最新事件性新闻和详实的新闻背景，讲清楚了青海开发利用太阳能与调整燃料结构、节约能源、保护生态、促进可持续发展的关系。编辑组按照新提炼的主题在整套标题上做了更为突出、清晰的处理。梁总为此撰写了短评。

到此，《青海开发太阳能造福农牧民》一稿成功地完成了主题提炼的"三级跳"。如果说还有遗憾，用梁总的话说，如果稿件将笔墨更多地集中在"青海农牧区112个无电乡全部建成太阳能光伏电站"这一新闻事实上，主题可以更直接地改为"青海百余无电乡建成太阳能光伏电站"，事件性新闻的特征就凸现了。

（作者系人民日报社云南分社社长，时任人民日报驻云南记者站采编部主任）

4. 软新闻求深　硬新闻求新

宋光茂（2004年9月7日）

>>> 人民日报要渐进式地走向市场，逐步扩大来自市场上的增量份额，就得考虑零售市场上普通读者对报纸的需求。应努力朝软新闻有深度，硬新闻有新度方向努力

报社宣传报道工作务虚会暨2004年第5次总编办公会议的重要精神之一，是强调抓新闻，这很有必要，非常及时，也迫在眉睫。人民日报要渐进式地走向市场，逐步扩大来自市场上的增量份额，就得考虑零售市场上普通读者对报纸的需求。

作为驻站记者，抓新闻努力的目标是"软要深、硬要新"，也就是说，软新闻要有深度，硬新闻要有新度。这里有必要先廓清一下软硬新闻的概念。我体会，当今讨论的软硬新闻在概念上至少有如下几点区别：1. 在时间上，软新闻是指在过去的一段时间内发生的事实，有一个时间跨度；而硬新闻则是新近的一个时间点上发生的事实，时间很精准。2. 在事件上，软新闻往往是一系列的说明同一主题的事实，不需要对每一个事实的来龙去脉都交代清楚，可只选取事件的某个或某些环节；而硬新闻一般是单个事件，要完整地交代事件的过程和来龙去脉；3. 在反映主题的形式上，硬新闻往往是直截了当，"竹筒倒豆子"；而软新闻则往往是在叙述事实的过程中呈现主题。

由此来看，软新闻吸引读者主要是靠深度。软新闻的深度体现在发现问题、提出问题，或者包含某种思想，这有两种形式：一是从众多的新闻事实中提炼思想，并在稿件中或明确或隐含（隐含也要透亮）地表达出来；二是先形成某种思想，再围绕这一思想搜集新闻事实。前一段时间，何伟同志的头条《宁波巧解成长的烦恼》，就包含着一个很深刻的思想，因而有了深度。经济学家研究发现，经济发展在人均GDP1000到3000美元之间的阶段上，往往会出现很多社会问题，因为在这个阶段上分配不均等，收入差距往往很大，经济、社会运转的成套机制也不完备，相当于人的"青春期"，从而出现所谓成长期的烦恼。宁波如何解开这样的烦恼，就体现了思想性。记得几年前有一篇头版头条，写的是中央领导关心下岗职工再就业问题，稿子里有一个思想是："市场是标准水位"，在这个水位以上的那部分冗员

就要"流出来"(下岗),实行再就业。富余职工下岗再就业,是市场经济对国有企业的必然要求,并不是人为的,政府推动这项工作,是顺应了规律。由此来看,这篇软新闻就有了深度。

即使软新闻,在写法上也最好有一个"硬由头",这样才能引起读者兴趣,吸引读者看下去,进而去体会文章中的思想。李杰同志(人民日报驻河南记者站站长)写过一篇关于人大工作的通讯,其中就用了一个"硬由头":河南省23名人大代表就老百姓的购房资金用到了何处,为什么迟迟不发房产证等问题,向政府有关部门提出质询。这样的"硬由头"就很能吸引人。

当然,本报当前需要加强的还是硬新闻。社领导强调抓新闻要"多、快、好、高",我理解,更重要的也是要从硬新闻上努力。数量要多、时效要快、文笔要好、新闻价值要高,硬新闻更符合这4个字的要求。张研农总编辑要求,处理好特殊与普遍、扬长与补短的关系,硬新闻是我们存在的一短。梁衡副总编在6月份值夜班时指出了硬新闻少,尤其是各新闻版头条都不是硬新闻的问题,提出"还是要提倡写新闻"。这都说明加强硬新闻的采写十分必要。蔡元培先生在1919年为我国的第一部新闻学著作——徐宝璜的《新闻学》所写的序言中说:"史所记不嫌其旧,而新闻所记则愈新愈善",若新闻不新,"无异于史可也"。在这部著作中,徐宝璜把新闻定义为"多数阅者所注意之最近事实",也就是说,这个最近发生的事实也必须是被普遍关注的,才能成为新闻。总之,硬新闻要有新鲜度,能写昨天的,不写前天的,能写今天的,不写昨天的。

(作者系人民日报社计划财务部副主任,时任人民日报驻山东记者站站长)

5. 厚实些　扎实些　平实些
——"唠唠农家嗑"随想

郑有义（2005年8月23日）

>>> 深刻是言论的灵魂。而"深刻"不是向壁的造出，不是美丽而无根，它是实实在在的、沉甸甸的"铜豌豆"。积淀的东西多了，才有条件甄别比较，筛选出好的题目和鲜明深刻的观点来

《新农村》周刊始于今年5月15日开设"唠唠农家嗑"专栏，至今刊发了我十几篇言论，渐渐有了些影响。我这里只能说说写"唠嗑"的一些想法和努力的方向，那就是，实践"三贴近"，力求把言论写得厚实些、扎实些、平实些。

积淀求厚实

也许是出身农家，我对农村有一种天然的眷恋，对农民有一种无法割舍的亲情。我曾作过农村干部，也帮农民打过墙、盖过房，蹲在地上、捧着粗瓷碗与农民一起吃过白菜豆腐海带的"帮工饭"；作为记者，我走过吉林、宁夏、辽宁农村最偏远的村落。所有这些，都给我写作"唠唠农家嗑"奠定了较为厚实的生活和素材基础。如果没有真正地贴近农民，真正地熟悉农民，真正地深知他们的喜怒哀乐甚至悲欢离合，写起稿来就会捉襟见肘，就不会做到心中有"底"有"数"。

农村是变化着的，农民也在与时俱进，我把对农民固有的熟悉和了解与市场经济条件下变化了的农民相叠印，以期更准确地把握当前农民的生活形态、社会心理。为了捕捉农民的最新变化、最新气息，表现他们的"原生态"，我把深入生活、深入农村、深入农民作为写好"唠嗑"的基础和前提。写好"唠嗑"，先要与农民唠好嗑，不管事务多么烦乱，每个星期都要下去转一圈，有时到村上住上一晚，实在不行也要"走马观花"。无论心情多糟糕，只要走入大地，很快心境就会变得舒展平实从容扎实起来，便不时自嘲：永远是农民！实际上，"唠嗑"与其说是"写出来"的，不如说是"跑出来"的。"唠嗑"的每一个"题"都是农民破的，是他们与我倾诉的喜、怒、哀、乐，是他们的迫切愿望与心声。在田头，在农家，我与"刘老汉"一样感受"春愁"，与"山里娃"一样直面生活的艰辛，"'扶贫款'何以成了

'沙滩流水'"、"怀念麻雀欢叫的田野"、"谁来为农民养老"、"救护车一响、半头牛白养"、"让村头电影火起来"等,无不是与农民唠出来的。

作为记者,我比较喜欢的座右铭是"厚积薄发",恐怕言论也需要厚积薄发,有生活、有感受才有"言"要发,而这"言"的分量似应以"厚度"为前提,有"厚度"才可能有"深度"。积淀的东西多了,才有条件甄别比较,下去粗取精、去伪存真、由此及彼、由表及里的功夫,筛选出好的题目和鲜明深刻的观点来。"浓缩的都是精品",也许并不仅是幽默之谈。就如煲汤,一锅水熬成一碗汤,一定味醇鲜美,而一碗汤稀释成一锅水,一定寡淡而无味了。

开掘求扎实

言论是报纸的灵魂。我更以为,深刻是言论的灵魂。而"深刻"不是向壁的造出,不是美丽而无根、子虚乌有的海市蜃楼,它是实实在在的、沉甸甸的"铜豌豆"。无论多深刻的思想,如果不是从实践中来,不能落地,就没有意义了。"唠嗑"中,如果说还有什么"思想"的话,那只是力求一个"扎实"。

"唠嗑"唠的是对农业、农村、农民"三农"问题的认识,是对"三农"问题忧心而痛切的思考。对"三农",也许身在其中之故,我曾长时期不能完成准确深刻的认识,真正扎扎实实地思考和认识"三农",却是"跳出来"之后的反观。

——中国农村的贫穷、落后和不发达,中国城乡差距的不断拉大,已成为和谐社会中最艰涩的不和谐音。"三农"问题之所以成为全党工作的重中之重,不仅仅在于我们是一个农业大国,更在于许多"三农"问题的危机将严重滞后总体的经济发展,甚至产生社会动荡而直接影响社会稳定;

——相当一些地方的基层官员厌民、轻民作风,成为党群之间的离散剂,使党的稳定、惠农的"三农"政策得不到落实;

——广袤农田日渐瘠薄,基础设施不断损坏,常规农业抵御"常规"自然灾害、保证农业稳定增长的路还很漫长,"靠天吃饭"在一定意义上仍将是长期的存在;

——落后与不发达更表现在农民的生活态度、价值观念上。封建色彩极强的宗族、家族观念,村霸、黑恶势力极大地干预着农民的正常生活;

——党的各项"三农"政策,凡是大多数农民买账叫好的,执行起来就顺利,效果就好,反之,则或者政策本身需调整,或者时机不成熟,执行起来效果就适得其反,甚至损害党的形象……

这些问题，有的是局部现象，有的是普遍现象。真正进入"唠嗑"的时候，却有一个思想上"扎实把握"和"把握扎实"的问题，努力做到论点、论据、论证扎扎实实、以事论理，是什么事就"唠"什么"嗑"，不上纲，不拔高，不飘浮，增强其针对性、指导性和说服力。

（作者系人民日报社广告部主任，时任人民日报驻辽宁记者站站长）

6. "硬新闻"的一份试卷
——《来自辽宁阜新的报道》采写体会

徐元锋（2005年12月22日）

>>> 对于题材重大的"硬新闻"，记者适时而中肯的评论，能深化主题，收到"灯不挑不明"的作用，而记者的评论是画蛇添足还是锦上添花，在于评论本身的质量

本报经济版"关注资源枯竭型城市转型"专栏的上下两篇《来自辽宁阜新的报道》推出后，方方面面反响不错。稿件被报社评为当周"最佳独家报道"。新华社辽宁分社的一位同行说："人民日报就应该多些这样有分量的报道。"

要"干粮"不要"水货"

这里说的"干粮"，指的是题材重大、对工作有指导意义的"硬新闻"。它有隐蔽性、重要性、问题性的特点。隐蔽性，说的是这样的新闻素材不同于突发事件，从某种意义上说，甚至还称不上摆上台面来的社会热点问题；重要性，是指新闻素材关乎国计民生，是高层关注、基层关心的话题；问题性，则是指这样的新闻素材大多是历史遗留问题，在一定范围内广泛存在。惟其涉及面广、问题复杂，才有望克服新闻报道"易碎品"的局限，历久弥新。

资源枯竭型城市转型是一道世界性难题，我国的近400个资源型城市中，面临枯竭的有100多个。抓住这个问题，也就抓住了我国乃至世界上很多人的眼球。阜新市是国务院确定的首个资源枯竭型城市经济转型试点市，曾经的辉煌、当下的困境和执著的探索，使阜新成为转型工作独一无二的标本。2002年，郑有义站长等采写的《枯竭的阜新如何复兴》获得中央和国务院领导肯定，在"工人变农民"的媒体纷争中一锤定音。郑站长说，资源枯竭是世界性难题，真正写出深度同样很难。笔者暗下决心，一定要拿下这块"干粮"，绝不要滥竽充数的"水货"！

更上层楼"化蛹成蝶"

面对一座城市4年的转型历程，工作千头万绪，要想写好实属不易。国家领导

人曾多次指出："阜新市的转型要为其他资源枯竭型城市提供经验。"当地领导同志对人民日报的采访也格外重视。

坦率地说，我一年中曾4次来到阜新，每每为如此丰富的转型素材冲动不已，又为无从下手而慨然叹息。此次郑有义站长亲自挂帅，并就文章的思路设计、谋篇布局确定：要跳出阜新写阜新，要站在国务院为其他资源枯竭型城市转型提供经验的角度和高度来写，讲重点、抓共性、谈思路，而不要身陷其中。我茅塞顿开：经济转型是一项系统工程，涉及思想发动、招商引资、企业改制、营造软环境等方方面面，而这其中重中之重，往往也是转型的难点和读者的兴奋点；但即使是地方政府的重点工作，也未必是文章的重点内容，而要看其在整个转型格局中所处的地位和意义，即跳出工作谈转型；就算是把握了地方的工作思路，也要在中央政策、精神的层面上进行归纳整理，这样文章才有指导意义，才是人民日报需要的新闻。

文章抓住了下岗再就业、接续主导产业的选择、地质灾害治理、环境整治等地方重点且有特点的工作，概括出立足当地资源优势、循序渐进推进转型、转型与体制创新相结合等转型思路，并与落实科学发展观、以工业的理念发展农业、发展循环经济等中央精神进行了对照。

活学活用"文章五诀"

记得去年刚进报社时，曾认真拜读过梁衡副总编辑的《文章五诀》，"文章之法就是杂糅之法，出奇之法，反差映衬之法，反串互换之法"的警句历历在目。"形、事、情、理、典"文章五诀，既然说的是为文的一定之规，新闻报道自然概莫能外。

在选择新闻题材时，郑有义站长决定用述评的形式，并开玩笑说，这形式也是一个"硬形式"，看你能不能弄出个模样来。初稿出来后，郑站长表扬说，这是你所有的稿件中写得最扎实的一个。记者也体会到，述评可以夹叙夹议，对"事"和"理"的交替运用最为充分。但对于转型之"事"的记述，贵在简洁明快，切忌拖沓冗长。笔者的初稿近万字，经站长和编辑修改后，见报稿仅得其半，却愈发清秀可人，着实让笔者汗颜。对文章之"理"的认识，有一种看法说，新闻报道中记者的观点应当在新闻事实中体现，而不宜跳出来直接发表意见。但文无定法，《来自辽宁阜新的报道（上）（下）》的成功之处，正在于记者适时而中肯的评论——正可谓"灯不挑不明"，对于题材重大的"硬新闻"，记者的评论是画蛇添足还是锦上添花，在于评论本身的质量，这也是区分文章水平高下的最好注脚。

对于"形"、"典"和"情"，硬新闻写作中同样需要。譬如吃饭，硬新闻因其强烈的思辨性，读来让人"管饱"，但是要想吃得舒服美味，下饭菜是一定少不了的，"形、典、情"就好比这下饭菜。见报稿中对"形"的描写有几处，如对海州矿矿坑和矸石山的描写和对沉陷区的展示等，笔者力求给人以厚重大气的形象。文章对"典"的运用不多，但一句形象生动的"过了铁道南，回到解放前"，给不少读者留下了深刻的印象。至于"情"，其重要性是不言而喻的。在凄苦的沉陷区采访时，记者几欲落泪——能够笔写苍生，这实在是新闻人写"硬新闻"中的幸事。

（作者系人民日报社云南分社采访部主任，时任人民日报驻辽宁记者站记者）

7. 用镜头丰富报道

陈娟（2006 年 9 月 15 日）

>>> 有些新闻，写成文字稿可能不易体现新闻价值，但拍成图片的话，"成功"的几率就会大得多

今年以来，我共发表了近 30 张图片报道，其中，发表在政治版"体验"栏目的两组照片《新学期》、《扎吕村的基诺人家》，获得了报社好新闻三等奖。在此，谈一点对新闻摄影的粗浅体会。

图片报道可以使稿件多一种"出路"

有些新闻，写成文字稿可能发不出来，但拍成图片的话，刊发的机会就会大得多。比如，参加全省某个领域或者某个部门的会议，会议的内容可能很重要但新闻点相对较少，文字稿很难发出来。如果从会议内容中找到一个新闻点，拍成图片，"成功"的几率就会大得多。

去年 11 月，2005 中国国际旅游交易会在昆明举行，我国台湾地区首次组团参加。交易会开幕的文字稿并没有发出来，但我在交易会展览馆拍摄的"台湾姑娘向客人推介阿里山旅游资源"的图片，却发在了次日的一版，让我感触很多。

多研究版面，有针对性地拍摄图片

平时我看报纸时会琢磨别人是怎么构思、构图的，甚至包括如何配图片说明。除此以外，还试着去分析编辑选择照片的标准，有针对性地拍摄图片。

去采访前，我会事先构想，这件事情适不适合拍图片，如果适合的话大概要怎么拍，能不能选择尽可能新的角度。有的精彩场面只有一刹那，到了现场，要抓住时机多拍，以免留下遗憾。

与版面编辑进行良好的沟通，帮助我更好地拍摄图片

《新学期》、《扎吕村的基诺人家》这两组照片的发表，得益于与版面编辑的良好沟通。今年是我国免除西部农村义务教育阶段学杂费的第一年。2 月 21 日，是

云南省农村小学开学的日子。在此之前，政治版主编跟我说，可以以免除学杂费为背景，找一个家境比较困难的农村小学生，看看她开学这天的新变化。编辑还和我详细交流了版面的编辑思路，让我在拍摄前有了个大概的脉络，避免了"遗漏镜头"的遗憾。

拍摄前，与拍摄对象的沟通很重要

上述两组照片的拍摄对象，分别是生活在云南边境地区的傣族、基诺族群众。因为环境闭塞，拍摄对象面对镜头时，很不自在，表情僵硬。拍照前，我先对拍摄对象进行文字采访，在采访过程中熟悉对方，也让对方熟悉你，大致构思一下拍照的画面角度后，再进行拍摄。这样，可以让采访对象不拘束，配合程度会好很多；采访过程中初步了解采访对象的一些性格特点，有助于在拍摄中捕捉到对方更真实、自然的表情。

（作者系人民日报社总编室视点新闻版副主编，时任人民日报驻云南记者站记者）

8. "百宝匣"里有乾坤
——"喜看西藏新变化"系列报道写作体会

徐锦庚（2006年9月20日）

>>> 记者的职业，要求每一位从业者必须做一个有心人。多年来，我养成了积累资料的习惯。在文稿中列举的一些事实，看似信手拈来，其实靠的就是平时的零星积累

2006年9月11、12、13日，《人民日报》连发三篇"喜看西藏新变化"报道和一篇评论员文章。三篇通讯报道由我承担。从9月5日接受任务到10日全部交稿，只用了5天时间。照常规，这样重大题材的报道，即使采访时间也需要四五天。我之所以能在较短时间内如期完成"急就章"，得益于自己有一个"百宝匣"。所谓"百宝匣"，就是自己平时积累的资料库。

集腋成裘，厚积薄发

记者的职业，要求每一位从业者必须做一个有心人。多年来，我养成了积累资料的习惯。进藏前，我就开始收集西藏的资料，还购买了一些介绍西藏的书籍。去年进藏后，我更加注重收集资料，慢慢地积累了一个新的"百宝匣"。

我的"百宝匣"里有3个"抽屉"：一是采访本，二是纸质资料，三是电子资料。正是凭借这个"百宝匣"，我才从容自如，"闭门造车"，轻松地完成了这次任务。

俗话说，"好记性不如烂笔头"，每次采访时，我都尽可能记得周详，特别是对数字、地名和姓名，更是反复核对。即使一些当时看来无用的素材，也尽量记下，说不定啥时用得上。我还有一个习惯：每次打开采访本记录前，都要尽量先记下时间、地点、采访对象的姓名、单位、职务、电话以及采访主题等；每个采访本都标上序号和起止时间，用完之后妥善保管。当了10多年记者，所有的采访本都完好无损地保存至今。这样做，除了便于成稿前与采访对象核实联系外，更重要的是方便日后查找资料。写这组稿子时，进藏以来记的几个采访本都派上了用场。

每到一处采访，我都尽可能地多收集文字资料，完稿后并没有一扔了之，而是集中保存起来。同时，注意收集西藏当地的报纸，去年至今的《西藏日报》都被我

完整保存着，遇到一些有价值的资料则剪下来保管。至今，文字资料已积累了一尺多厚。这些资料对我写这组稿子起到了拾遗补漏的作用。如在系列报道之三中，有这样一段话："翻开近期的《西藏日报》，招商引资的喜讯扑面而来……"文中列举的几件事，看似信手拈来，其实靠的就是平时的零星积累。

发达的电子资讯为我积累资料提供了很大便利。只要在网上看到有关西藏的重要报道和专家学者对西藏的论述文章，我都要下载保存起来，并且把内容分门别类，至今已积累数十万字。兄弟媒体的报道开阔了我的视野，专家的精辟分析加深了我对西藏的认识，对写作时的谋篇布局产生了积极作用，运用起材料来也显得游刃有余。

融会贯通，串珠成链

资料有两类：一是第一手资料，来自于自己的耳闻目睹；二是第二手资料，即别人整理的或已发表过的资料。如何用好第二手资料？照搬照抄最忌讳，巧妙的做法是"打碎、糅合、再造"，融入自己的思想，运用自己的语言，把原本是散落一盘的珍珠，用一根红线串成项链。

系列报道之一《辉煌巨变》的内容，过去大多散见于诸多报道。我的分析是，要论新西藏的巨变，最显著的莫过于 3 个方面：经济的跨越式发展、基础设施的日臻完善和生活质量的全面提高。为此，我把这 3 方面内容归纳起来，系统地融为一体。对西藏 50 多年历程的概述，其他媒体过去曾报道过，我们在以前的报道中也涉及过。如何写出新意？我在对材料反复消化的基础上，提出"四次跨越式发展"的观点，把 50 多年的历程，用"四个黄金建设期，四次跨越式发展，每一步都离不开中央的关怀和全国人民的支持"这根红线串起来。这个观点仅是我的一孔之见，未必完全符合西藏的实际，也未必能得到经济学家和社会学家的认可，但毕竟使报道有了新意，有了记者自己的思想。这个观点得到了其他媒体的认可，见报当日，人民网主页上的标题就是"四次跨越式发展，西藏的辉煌巨变"，中国经济网的标题是"西藏新变化，50 多年经历 4 次跨越式发展"。

（作者系人民日报社山东分社社长，时任人民日报驻西藏记者站采编部主任）

9. 立体化与历史感
——《农民日记见证乡村变迁》采写体会

马跃峰（2008 年 12 月 8 日）

>>> 用好他山之石，追求出奇出新，是一个记者不懈的追求

十七届三中全会召开后两天，山东两位农民的日记，以近一个版的篇幅刊发于文化版，并作为当日人民网头条重点推出。近日，重读这篇报社月度好新闻，品咂出不少文字背后的滋味。

遴选史料，触摸历史的原生态

得知滨州、德州有两位农民，几十年如一日坚持写日记，我特别感兴趣。10 月 14 日，我赶往德州市平原县王凤楼镇水务村，在杨春岭的养鸡棚里，见到了这个颇有文人气质的农民。

在鸡棚边上，杨春岭建了一间屋子。屋里空间不大，但收拾得很干净。迎门一张书桌，排着数十本日记。从 1986 年到 2008 年，每本日记都标注着"春岭日记"和起止日期。

翻开这些日记，仿佛推开了一扇记忆的闸门。每篇日记都是一个故事，每个故事，不但与主人有关，也与他所处的环境和时代有关。春岭说，曾有记者来过，见他日记太多，随便挑几个有代表性的日子，拍几张照片，20 分钟就采访完了。

订亲、结婚、打工、养鸡、干农活、赶大集、上医院、看录像……"春岭日记"的确太琐碎了，文字既没什么顾忌，更没刻意表现什么时代主题。

"这才是历史的原生态。"我一边提醒自己，一边迅速地在材料的沙堆里寻找金粒。以典型的故事揭示时代变迁；从重大历史事件出发，寻找它在乡土中的印记。循着这两条思路，我终于找到一些值得报道的片段：那看似平常的农事中，有农业机械不断普及的历史；那看似简单的数字里，有农民收入不断提高的事实。

7 个主题，12 篇日记，从土地承包到外出打工、农机普及，再到取消农业税；从参加新农合、网上谈生意，到农村孩子进城读书，农村的变化由经济深入到社会、文化方方面面。日记原原本本展现了历史的面貌，而经过遴选的材料，也变成有一

定价值的史料。

现场纪实，找到写作的历史感

史料虽实，但其包含的内容有限。主人公写日记的环境、当时的心态；记者采访现场的感受，与采访对象的交谈，仅摘抄"春岭日记"无法表现。而这些，不仅是延展历史史实，升华新闻主题所需，也是贴近读者、唤起共鸣的要求。

因此，在史料之外，我给每一部分增加了"背景"、"记者手记"两栏。

在"背景"一节，分别点出日记所处的时代背景、重大事件，揭示主题。包括：1978年家庭联产承包责任制确立，20世纪90年代初农民工进城打工，1996年中央对购买农机进行扶持，2006年农业税条例废止，2003年新型农村合作医疗试点，2008年十七届三中全会提出城乡经济社会发展一体化目标。

在"记者手记"一节，重点记录采访现场，如"杨春岭的小屋里，到处散发着墨香。门后十几支毛笔，地上堆满练过字的宣纸。""刘志高搬出父亲的日记本，有的本子已经发黄，但用线装订得整整齐齐。"补充背景材料，如"到刘宗水家时，才知道，老人已于去年底逝世。"升华主题，如"杨春岭告诉记者，近年来，国家越来越注重城乡统筹发展，过去那种重城市、轻农村，'城乡分治'的观念和做法，正在通过体制改革和政策调整逐步清除。"在这两节中，我一直努力用"历史感"处理情感介入与理性思考的关系。一方面，与其它新闻相比，这篇报道更容易倾注记者的主观情感。如何介入情感，介入多少情感，直接影响文章的感染力。反过来，感情过多，可能导致厚重不足。另一方面，理性思维的层次、观察问题的角度，是文章不流于表面的关键。而概念标签过多，可能导致贴近性不强。综合以上两种情况，找到配合史料、贴近历史的感觉，行文时心里就更有底。

立体展示，探索表现的多样化

用好他山之石，追求出奇出新，是一个记者不懈的追求。从形式上看，这篇稿件虽配发了4幅照片，但应有更强的包容性。比如，把消息与通讯的手法结合起来，将简洁的叙述和形象的描写结合运用，把叙述和议论甚至抒情结为一体，使其具有新闻的时效性、生动性，同时还有政论的逻辑性。目前看，见报稿并未达到这一要求，这与采写时间紧迫有关，更与个人修养和积累有相当大差距有关。

在结构上，整理出的农民日记，记录了某一段或某一天的生活经历、内心感受。读者无法预知接下来会发生什么、当事人还有什么样的体验，每一则日记都成了一个不完整的故事。这种"不完全叙事",使日记隐含着"后事如何,下回分解"的内在逻辑——选择其中 12 个片段,拼成"七阙小词",在一篇转入下一篇之前自然完成悬念设置,制造并维系一种张力,牵动读者的心弦,是采写本文时的另一种探索。

(作者系人民日报社山东分社记者)

10. 报网互动，打赢一场新闻时效争夺战
——首发报道"邓玉娇案"庭审的经过

田豆豆（2009年6月19日）

>>> 主流媒体应该成为党和政府与普通民众沟通的桥梁，能够通过自身的公信力有力地引导社会舆论。备受瞩目的"邓玉娇案"一审判决，政府各部门对新闻记者和新闻报道采取了严格的限制措施。能打赢这场新闻时效争夺战，并不容易

6月16日上午，备受瞩目的"邓玉娇案"一审判决，全国各地的新闻记者云集偏远小县湖北巴东，谁能第一时间发回对庭审过程及结果的报道，谁就能抢占当天的新闻制高点。

当天11点半左右庭审结束，中午12点半，人民网首页即发布了来自"人民网记者田豆豆"的短消息："邓玉娇案一审判决　免予处罚"。作为国内主要媒体的首发权威报道，数百家网站迅速转载。当日下午，连新华网也转载了来自"人民网"的这一报道。

事实上，对于这一敏感案件，政府各部门对新闻记者和新闻报道采取了严格的限制措施。能打赢这场新闻时效争夺战，并不容易；但整个过程并非没有遗憾，谨记录在此供同仁参考。

争夺"第一落点"言犹在耳，任务召唤紧急出发

6月11日至12日，人民日报社国内分社工作会议在北京召开，本人和所有参会记者一样，经历了一次报社改革发展思路的新洗礼。仔细聆听报社领导的讲话，我深深感到，记者站改分社，只是此次报社大改革的一个方面，或者说，一个表象，真正的改革应该是深入骨髓的——人民日报社的全体员工，从精、气、神上不能成为"没落的红色贵族"，而是要紧跟时代脉搏，紧跟传媒新科技革命的步伐，要"不甘平庸、争创一流、追上潮流、再造新的辉煌"。不论是电子阅报栏的建设还是加强报网融合的号召，无不传递一个新的信息：人民日报再不能坐等"第二落点"，而要在争夺"第一落点"上与所有媒体竞争；要做到这一点，首先要依靠人民网、手机报、电子阅报栏等快捷的新兴媒体。张研农社长直言："人民网代表人民日报

的未来。"而且，改分社之后，由于社内其他报刊不能再在各地设立分支机构，分社记者就不仅仅是人民日报"大报记者"，更必然地负载着为人民网、人民日报海外版等主要媒体供稿的责任。所以，分社记者不能只把眼睛盯着大报这"一亩三分地""挣工分"。

会议结束之后，恰好是周末。本打算周一回湖北。没想到，14日（周日）上午，突然接到湖北分社社长顾兆农的电话，他说："'邓玉娇案'下周二庭审，中央媒体只有我们和新华社准许旁听，机会难得，你去吧！""好，我去订飞机票！"作为分社记者，对这样有着广泛影响的新闻事件，起码要做到不漏报。随后我推掉了和朋友的晚餐聚会，订到了下午4点半起飞的机票。

晚上8点多回到家中，匆匆吃完晚饭，我马上找熟人打听从武汉到巴东的交通路线。由于巴东县地处偏远的恩施土家族苗族自治州大山之中，坐飞机到恩施市后，还要坐四五个小时汽车才能到达，而且山路蜿蜒，相对危险；有朋友建议先坐5个小时汽车到宜昌市，再从宜昌市区坐1小时左右汽车到太平溪码头，再坐1个半小时快艇到巴东，走这条路线相对安全一点，但必须保证中午12点半之前到达太平溪码头。斟酌之后，怕万一迟到赶不上快艇，我还是决定先坐飞机。晚上11点左右，我才订好了周一下午1点半出发的飞机票，并联系好私人朋友从恩施市开车送我去巴东。

第二天上午11点半，我出发去机场。下午7点半左右，终于到达巴东县安排记者住宿的宾馆。

争取一切可能采访机会，第一时间发回报道

放下行李没多久，我立刻接到电话，湖北省委宣传部、恩施州委宣传部有关领导召集媒体记者8点半开会。对此，我已有所预感。因为在从恩施市到巴东县的路上，我和司机两次遭到交警的拦截和盘查，并被要求登记姓名和身份证号。而在巴东县的道路上，不时可以看到警察的身影。

果然，这是一个小规模的内部会议，参加的媒体只有人民日报、新华社、湖北日报、恩施日报等8家，会议告诉大家，有关方面只给这8家媒体记者发放庭审旁听证，但记者不得携带录音笔、相机、手机进入法庭。

那岂不是白来了？我不甘心。会上，我和新华社记者都提出自采一篇庭审侧记的要求，我则特别要求，和新华社记者一起采访邓玉娇本人。省委宣传部有关负责人恰好是我的一个老朋友，他很快代我向上级请求并获得了批准。

我心情一阵轻松，会后立刻和人民日报视点新闻版和人民网联系，"预告"次日将发回关于"邓玉娇案"一审的消息、侧记和图片报道。

6月16日上午8点半，"邓玉娇案"准时在巴东县人民法院开庭审理。我一边记录一边留意现场细节，如有49张旁听席，邓玉娇有哪些亲人到场，还在休庭间隙和邓玉娇的爷爷有了短暂的交流。湖北省公安厅副厅长尚武恰好坐在我前面的座位，我也在可能的时候尽量和他"套近乎"，请他庭审结束后带我去采访邓玉娇。

11点15分左右，庭审结束，我紧跟尚武副厅长来到法院休息室，采访了刚刚恢复自由的邓玉娇本人和她的母亲张树梅。与网上舆论猜测不同的是，她们都对庭审结果非常满意，对于能够免于处罚当庭释放的结果既意外又充满感激。"感谢党和政府，感谢广大网友。"她们不约而同地说。心情复杂的邓玉娇每次说话前，眼泪总在眼眶打转，看得出，这种感情是真挚的。她说，她现在最大的愿望只是好好生活。事后我听说，邓玉娇把尚武副厅长称为"尚爷爷"，非常信赖。在邓玉娇的家人和政府之间，并不存在网友所揣测的对立情绪。而理性的人都会承认，这个判决对邓玉娇已是最大程度的宽大处理。

短暂的采访结束后，已近12点，我在赶回酒店的途中就向人民网编发短信，将庭审结果发布出去。回到房间，我又用电脑重新梳理编写了一篇短消息发给人民网。

主流媒体应该成为党和政府与普通民众沟通的桥梁，能够通过自身的公信力有力地引导社会舆论。

（作者系人民日报社湖北分社记者）

11. 深入，有许多意想不到的收获

孟海鹰（2011年2月23日）

>>> 改进文风，基础还是改进采访作风。只要走下去，深入扎实采访，文章自然有骨头有肉，鲜活且富有感染力

回避采访"专业户"

到基层采访，可能都遇到过这样的现象：一个地区往往有些采访"专业户"，比较会"说"，媒体来采访，当地就会给你安排。尽管这样的采访对象也并非一无是处，说的往往也切近主题，但由于"专业户"习惯于被采访，会在各个媒体出现，同时也会形成一个被采访的套路，能唱"四季歌"。

在今年的"新春走基层"采访活动中，我们延边小分队考虑到这些因素，明确了采访思路：要做独家，体现民族特色，深入社区农村，进基层发现鲜活素材，而不能被文字材料和当地的安排牵着鼻子走。这样就较好地避免了这种"专业户"。

在珲春，我们既采访了社区和农村，又进入3户居民家，和老百姓进行面对面的交流。这3户居民分别是汉、满、朝鲜族，各具特色。

在吉林珲春市口岸大路1093楼，朝鲜族居民金永录家。老两口，儿子儿媳，小孙子，外孙子，都穿上了民族服装，刚开始，虽然唠着嗑，但还是颇为拘谨。直到我们提议请他们唱歌跳舞时，气氛才变得活跃起来。一家人且歌且舞，我则在各个角度开始拍照。

晚上5点多小分队回到延吉，马上开始写稿。编辑部根据版面，要求本组稿件围绕"过大年、品民俗"，体现民族特色。我们有足够的原材料，按照编辑部的要求来组织稿件。

在挑选体现民族特色的照片时，大家不仅有朝鲜族家庭载歌载舞的照片，而且还有朝鲜族人家餐桌上色泽丰富的食品的照片。第二天，在相关版面头条位置，用了这组稿件。内容鲜活。形式美观。

改进文风重在改进采访作风

在延吉丹英社区和村庄采访时，我们根据主题需要，去了一些没有事先安排好

的人家采访，事实证明，这种原生态的采访很生动。

在采访中，我再次体会到，改进文风，基础还是改进采访作风。只要走下去，深入扎实采访，让材料、数字变成有说服力的事例、鲜明的画面，这样的文章才会鲜活而富有感染力。

在采访中记者要做个有心人，在采访的状态，因为采访对象的一句话或者是一个不起眼的细节，都可能是文章的突破口和主题，是平淡生活中富有新闻性的点。

在珲春市靖和街希望社区市林小区退休教师曲有香家里，小分队就怎么过年的话题进行采访，交谈中，曲有香无意中的一句话引起了我们的注意，曲有香说，年前她们陆续拿到了房产证。一个并不太新的小区，怎么刚拿到房产证？细问下去，文章主题乃至题目自己就"跳"了出来——"房产证终于拿到了"。第二天稿件顺利见报。

在延吉市文河社区88岁的老人崔光勋家，我们去采访他家如何受益于当地政府的暖房子工程。一进屋，与客厅相连的大阳台上的几十盆花就吸引了我的注意，"老人家，花长得这么好，和今年房子改造后，屋里气温高了有关系吧？"果然，老人回答，由于往年冷，屋里只有摄氏14度左右，人得穿棉袄，花也冻得不行，哪年都得冻死好多盆。今年，人暖和，花也幸福，长得特别茂盛。这样，暖房子的好，一下子通过细节立体了，而且，也打开了老人的话匣子。

一段时间的采访下来，让我更深刻地感受到：深入基层，就会有许多意想不到的收获。只要做个采访的有心人，处处皆能发现新闻。

（作者系人民日报社吉林分社记者）

12. 走基层的苦与乐

侯琳良（2011年2月23日）

>>> **采访中再次验证：贴近贴近再贴近，基层基层再基层，才能行笔如流水，笔锋常带感情**

2011年"新春走基层"湖南采访组重点采访地区定为洪灾灾区和革命老区。一路上时刻保持的紧张状态，舟车劳顿之苦，冰雪环境的考验……如今看来，这一切都算不了什么。在采写了一篇篇报道的同时，我更体验到了基层生活的苦与乐，收获了沉甸甸的感动。这些情愫将凝聚成自己今后笔下的文风。

抢时间，写稿"在路上"

走基层要求记者一定要身在现场，要眼见为实，亲眼证实各地的新变化、新气象，而不是对二手资料进行编辑。这就决定了我们在路上奔波的时间占据了所有采访时间的近2/3。

每次现场采访完，我们必须抢时间，与时间赛跑，及时把捕捉到的鲜活新闻发回报社。1月28日下午1时左右，我们从长沙出发前往岳阳平江县，经过两个多小时抵达平江县城。顾不上休息，就直奔城关镇敬老院采访。等回到宾馆已经是傍晚6时。草草吃了几口饭我们便开始写稿，20时10分把一篇800多字的稿件——《湖南平江：敬老院里是我家》传回报社。

抢时间，我们还必须时刻保持在"写稿"的状态：晚上在住处看资料熟悉情况，在去采访现场的路上构思稿子框架，在回来的车上打开笔记本，匆匆写稿。

因此，尽管报纸上展现的都是一篇篇豆腐块似的小稿件，但是我能够深刻体会到每篇稿件的背后都凝聚了各路采访组同事在路上奔波的辛苦以及写稿子的匆忙。

接地气，捕捉"热"新闻

在采访过程中，我们时刻谨记报社对于"新春走基层"稿件的要求：接地气，抓"活鱼"。

由于"新春走基层"属于反映新面貌、新变化、新活力等的成就性报道，稿件极易拘泥于数字，变得空洞，对此，我们自我要求采写的每篇稿件必须有一个最具时效性、最新鲜的新闻由头。

《山区小镇也堵车》就是一个例子。一天，听完当地一位镇党委书记介绍情况后，我们为没有一个很好的切入口而犯愁，于是我们提出前往正在建设中的爽口熟食工业园现场看看。从镇政府去工业园，平常只需20分钟，那天我们花掉了2个多小时。可我们并不为堵车而烦躁，倒是为找到了鲜活的新闻由头而兴奋。当地车辆激增，加上外地务工的老板也开车回来过春节，使得镇上的交通压力陡增。这自然是一面反映当地老板数量众多、产业发展强劲的"镜子"。

《敬老院里是我家》也是如此。在敬老院采访时，我们刚好遇到了一个已经在外打工、特意回孤儿院探亲的孤儿，于是她就成了我们笔下报道的主人公，她对敬老院的感恩之情也成为报道的主题所在。

在现场，登上险境雪峰山

迄今仍记忆犹新的，是我们跟随湖南送变电建设公司巡线员登上海拔1000多米的雪峰山，实地体验他们"雪山顶上守护光明"的经历。

当时湖南送变电建设公司为我们联系采访时，建议去一天能够往返的常德或者株洲的巡检站采访。

然而，带队的刘毅老师提出联系最具代表性、环境最艰苦的巡检站。于是我们从长沙奔赴邵阳洞口，跟随他们登上了雪峰山上的怀化洪江雪峰镇，前往山上海拔最高的杆塔处巡检。

穿着蓝色棉大衣，戴着黄色安全帽，脸上因风吹日晒形成特有的"高原红"，凌乱的黑发里夹着不少银丝，却有着坚毅的眼神……这是国家电网湖南送变电邵阳洞口巡检站站长张勇清留给我们的印象。

"我有一对好爹娘！"回忆起去年大年初一，父亲因病住院的消息一直被瞒着没有告诉呆在雪峰山的自己，张勇清语气迟缓，眼圈泛红，不断伸出手去擦拭。随行的徒弟告诉我们，这是第一次看到师父流泪。

从冰雪覆地、树枝挂冰的雪峰山下来，敲下《雪山顶上守护光明》，无需构思，顺畅自然，得益于心中对张勇清们的深深敬意。这再一次验证了：贴近贴近再贴近，基层基层再基层，才能行笔如流水，笔锋常带感情。张勇清们是一群不能不让人爱的人。他们在各自的岗位上默默无闻地工作，有激情，有追求。正是无数个他们，推动着社会安定、国家发展的历史潮流向前。

推人及己，我能做的，只有拿起笔，迈开腿，走在基层的路上。

（作者系人民日报社湖南分社记者）

第三篇

胸有大局握椽笔　见微知著谱华章
——如何高屋建瓴

1. 要善于在田埂上找感觉

阎晓明（2004年3月9日）

>>> 头条水平应该是个综合测定指标，包括政策水平、理论水平、写作水平、谋划水平和抓新闻的水平等等。头条文章应该是报纸中思想含量最高或者信息含量最高或者新闻含量最高的文章。我经常告诫自己：选好角度思想才能有载体；用读者的眼光要求自己；用最好的笔触写头条。不仅要写出版面上的头条，也要写出自己心中的头条

记者的作品上了头条，没有不喜出望外的。因为头条重要、金贵，上头条难。

就本报而言，头条通常有四种情况：一是新闻事件本身决定了必上头条，比如三峡大坝开工、申奥成功等等。二是"头条工程"，它是由编辑部策划并要求各记者站完成的头条。三是无心插柳或者说赶到了点上的头条，比如送温暖、农田水利基本建设，等等。四是记者精心选题、精心写作、敏锐发现而成的头条。

四种情形都有一个共性的问题：那就是头条水平是什么？我以为，头条水平应该是个综合测定指标，包括政策水平、理论水平、写作水平、谋划水平和抓新闻的水平等等。头条文章应该是报纸中思想含量最高或者信息含量最高或者新闻含量最高的文章。

作为驻站记者，不具备"站在天安门上看问题"的便利，更多的时候是"站在田埂上看天安门"，上头条的机会本来不多。只是因为近年来"头条工程"的实施，才使得驻地记者上头条的机会增加了许多。驻站记者写头条，首先必须解决地方特色如何与全局接轨的问题。如果说"头条工程"是寻求全局性工作的地方特色，那么记者自己精心采写的头条就是挖掘地方新闻的全国意义。由此我觉得头条的全国意义和地方特色应该是驻站记者写出头条水平的重要着力点。

要善于在田埂上找感觉。作为驻站记者，无论多大的题材，如果在写作时非要拉开架势，就失却了本身的优势。从小处入手既是驻站记者题材选择上的特色，也是新闻写作上的特色。比如一条报道基层落实中央精神的新闻就可以写成：新闻联播一结束，刘家圪塔支部书记陈步亮就披上棉袄，打着手电来到村委会。不一会儿，大喇叭上就传出了人们熟悉的声音：大家注意了……这样的画面，既贴切，又是新

闻的有机组成。其实，田埂上的感觉很大的成分是感情，就是说要带着感情，一条有特色的头条新闻一定是有感情的新闻。

我自己体会，作为驻站记者要写好头条需要具备几个功夫：第一、主题先行。或者说先发现或者涵养思想，再寻找事实。这一类的头条在我们目前见报稿中占很大比重。这类头条目的性很明确，通常采访写作都比较深入、扎实，质量也较高，但容易架子端得大、气势大、题材大、道理也大，考验的是题材的驾驭、材料的取舍、结构的合理。第二、锻炼一个有准备的头脑。当一个新闻事实出现时，决不放过其中的头条含量，充分用足载体。这类头条相对于前者，虽然显得"小"、"轻"，但有很强的新闻性、可读性，它考验的是新闻敏感性和选择新闻事实的视觉，是一滴水见太阳的功力，但只有写得见人、见事、见情、见理才能弥补题材分量的不足。第三、皇帝的女儿也要精心打扮。命题性头条相对属于囊中之物。这类头条不可能以独家取胜，但丝毫不比非命题文章好做。首先因为是命题文章，主题未必是记者熟悉的和深思熟虑的，而且因为同主题，记者相互之间有很强的比较性，竞争最为激烈。这类题材的着力点在于写出"全局工作的地方特色"，写很容易，写好太难。

我经常告诫自己：选好角度思想才能有载体；用读者的眼光要求自己；用最好的笔触写头条。不仅要写出版面上的头条，也要写出自己心中的头条。

（作者系人民日报社编委、秘书长，时任人民日报驻北京记者站站长）

2. 头条还是要说事

张帆（2004 年 8 月 16 日）

>>> **头条还是要说事。事件性新闻应当是新闻的主体，这是一条重要的新闻规律。这样的消息，既有新闻性，吸引读者，又有很强的指导性，读者容易接受**

与大部分宏观调控主题的头条稿件一样，8 月 13 日的一版头条《福州为市民凉爽度夏装上"保险"》，也是总部与记者站沟通、修改的结果。不同的是，这次记者和编辑的工夫不是花在补充新闻事实、提炼新闻主题上，而是把一篇非事件性新闻改造成事件性较强的新闻，对宏观调控主题稿件的报道方式、报道内容和报道角度进行了一次重要的调整。

8 月 10 日，福建记者站传来重点稿《福州：宏观调控惠及普通百姓》，编辑组经过研读后认为，此稿从宏观调控给群众生活带来的变化着力，切入角度新，事实较充分，与前段时期的报道相比，拓展了报道视野，主题有所深入和突破。经过编辑后形成初稿——肩：遏制过热行业投资　增加为民解困投入；主题：福州市民在宏观调控中受益；副题：全市合并撤销开发区 51 个，严格控制向过热行业投资；投资 23 亿元实施涉及市民用电、交通、住房、食品安全等领域 20 多个项目，市民生活条件不断改善。

8 月 12 日，原本以为可以"顺利过关"的稿子，没想遭到梁衡副总编的"挑剔"和激励——"能否把原稿中福州投资安装'分电'设备、确保市民凉爽度夏的举措单独拎出来，以宏观调控为背景，写成一篇事件性的新闻？题目就用福州为市民凉爽度夏装'保险'。"下午的编前会上，梁衡副总编的意见得到张研农总编的赞成："若改得好，当晚上版作头条！"值班副总编江绍高叮嘱记者部的同志一定要把稿子改好。

难题出来了。扫描近半月的宏观调控头条，多数稿子是以针对性取胜，缺少贯彻工作部署的动态性的新闻事件，偶尔会冒出一两个场景点缀一下，但大都不是构成新闻的事件性要素。福州为市民度夏安装负载控制设备，能否成为一条担当头条的新闻呢？只有一试。

编前会没结束，总部指令就已传到福建站。会后，杨振武主任多次询问此稿的采写进展，蔡小伟的每次回答都是"在采访"，最后一次回答是"晚上保证将稿件传回来"。

当晚，杨主任特地赶来"坐镇"。7时30分左右，编辑组收到福建站的新写稿，将上稿中福州在交通、住房、食品安全方面的为民举措全部删去，用重新采访的材料集中充实、完善了保证居民度夏用电的内容。初编后的稿件传给杨主任。他对稿件做了精心编辑，并提炼新闻事实制作了与事件性新闻相般配的肩题"企业拉闸限电 小区空调照转"和副题，导语一开头就突出核心新闻事实"到今天为止，福州市城区30万居民终于能够免受同企业一道被拉闸限电之苦了。"接着两段背景交代，前一段说采取安装负载控制设备的必要性——酷暑中的市民用电之苦，后一段说采取该项措施的可能性——宏观调控后，政府能有效腾出资金为群众解难题、办实事，改善群众生活条件了，这也是宏观调控的重要内容和目的。末段的场景是记者最新采访得来，饶有生趣，从市民的角度支撑了主题。稿件当晚顺利上版。

回头来看，这次头条采编的调整，至少给我们三点启示：

1. 头条还是要说事。事件性新闻应当是新闻的主体，这是一条重要的新闻规律。但我们的头条往往要宣传中央一个阶段的工作重心、重大部署和地方实践、创新的成绩和经验，一般不具有很强的事件性。处理好这对矛盾的途径还是要"找事"、"说事"，而且这些事情大多也只有在基层才能找得到，这是驻地记者的优势。这就需要我们"目光如炬"，时刻关注中央的方针、政策在地方落实时发生的最近、最新的典型事件，如福州为市民凉爽度夏装上"保险"，通过具体、鲜活的新闻事件来体现导向性。这样的消息，既有新闻性，吸引读者，又有很强的指导性，读者容易接受。

2. 事件性新闻要处理好新闻背景与新闻事件的关系。调整福州的头条中最担心的是——一个单独的新闻事件能否撑得起头条的分量，好在记者提供的新闻背景足够厚实，事件本身也并不单薄，相互之间形成一种紧密的逻辑关系；否则，就有可能造成"小青蛙吹成大水牛"的尴尬。

3. 不要"点缀"新闻场景。消息导语里"点缀"一个新闻场景，往往是记者因为通篇新闻缺乏事件的无奈之举；刚开始还可以接受，一泛滥就失去可信度，这样出台的"场景"无重要性、知名性、时效性，不具备构成新闻的要素，与其炮制这样的"场景"，还不如花点工夫，深下去写点儿真正的新闻事件。

（作者系人民日报社云南分社社长，时任人民日报驻云南记者站采编部主任）

3. 喜看小村上头条

陈伟光（2004年8月20日）

>>> 一个村能上头条，一个镇、一个县甚至一个企业自然也能上头条。关键看它写什么，怎么写。不怕主体小，只怕主题小。要以小见大，不要以小见小

2004年8月19日，本报头条《房干村锦绣田园土生金》在当天的编前会上受到肯定。

不是全国典型，没有上级指定，完全是记者自选动作，一个小村庄上了人民日报头条，本身就不寻常，充分体现了编委会"不拘一格选头条"的态度。

一个村能上头条，一个镇、一个县甚至一个企业自然也能上头条。关键看它写什么，怎么写。不怕主体小，只怕主题小。要以小见大，不要以小见小。

房干村虽小，但其折射的意义重大，是科学发展观的生动例证。生态环境和经济建设协调发展，人与自然和谐相处，是科学发展观的重要思想观点。这篇报道用充分的事实反映了这个思想观点。房干村人一手抓环境治理，植树造林，"不留一片裸土"，兴修水利，使"水浇地面积达100%"；一手抓经济建设，开发旅游资源，耕地种粮食，坡地种生姜。由此过上了有粮吃、有钱花、住别墅的小康生活，享受着"出门是花园，耕地是田园，近山是果园，远山是公园"的美好风光。更可贵的是，他们不急功近利，为保护生态，毅然关掉眼前利益丰厚的污染企业。他们富而思进，投巨资建设教育、文化、卫生事业，促进经济和社会协调发展。他们展现了一幅小康社会的现实图景。正因为有了这些厚实的"内核"，具备了上头条的分量。

新闻事实总是具体生动的，但如果形诸文字是抽象生涩的，纵有很好的主题，也难上头条。这篇见报稿行文简洁、轻快、紧凑，因果清晰，层次分明。"生态"作为主线贯穿始终，而切入口竟是一条雨后清浊分明的河流，多么形象！"记者溯清流而上，来到群山环抱的山东省莱芜市房干村，眼前是一幅'山如碧浪翻江去，水似青天照眼明'的宜人景象。"多么自然！而时间又近在"8月中旬"。这样的"由头"宛如天助。记者若非亲历其境，不可能编出这样的"入口"。

这篇报道能顺利见报并受到肯定，也是采编互动协力的结果。记者先报选题，在编前会上得到认可，梁总又多次过问，记者再次深入采访，先后写了两稿。第一

稿在导语之后，先讲保护环境，次讲改造环境，再讲社会事业。段落之间缺乏紧密的逻辑关系，尤其是缺乏"经济发展"的内容，使"人均收入12000元"成无本之木。因此，记者部领导和编辑组要求记者修改。第二稿充实了"经济发展"的内容，但行文用语多抽象概念，尤其是从"生态"到"发展"的过度显得生硬：

"有了青山绿水，就有了优化农村经济结构的资本。房干村经过两步调整，实现了三级跨越。

"对种植业内部结构的调整，使农民的粮食和人均纯收入都上了一个大台阶。房干村的山坡地，由气候、沙土和植被环境所决定，最适宜种植生姜。于是在一二年间，房干村山坡地全部种上了生姜。有了充足的灌溉水源，土质较好的平地精耕细作种粮食。结果……

"第二步结构调整是在产业之间，发挥生态资源优势，大力发展旅游业……"

这样的行文是"经验总结"式的，而新闻语言崇尚直截了当。因此，编辑时作了相应修改：

"有了青山绿水，旅游产业应运而生……

"有了充足的灌溉水源，平地精耕细作种粮食，粮食产量稳定提高，全村实现了由吃'统销粮'到自给的跨越；山坡地适宜种生姜，亩均收入上万元，人均只这一项收入就5000元。"

这样一改，"生态"之因与"经济"之果一目了然，又省却了一堆概念的缠夹。

上面讲了这么多，无非想说明，小地方也能见大报上头条，但须做到：提炼好主题，找到好"由头"，事实要充分，语言要简洁，逻辑要清晰。

还有一点遗憾，就是当天缺少言论配合。第二天的"今日谈"《小山村也要有科学发展观》弥补了这一不足。

（作者系人民日报社海南分社社长，时任人民日报记者部采编协调组组长）

4. "政策零距离"是头条的第一要素
——兼谈《浙江有保有压破解发展瓶颈》的采编

鲍洪俊（2004年10月15日）

>>> "政策零距离"是头条的第一要素。好的头版头条当然应该兼具导向性、新闻性、可读性，但是，这三性并非同质并行的等量要素

参加8月初记者部举办的"头条业务研讨会"至今已经整整两个月了。成文稿却迟迟拿不出来，主要是思考不成熟。国庆节期间，认真琢磨了社领导的有关指示，以及部领导和几位同事在《记者工作》上发表的见解，又联想到我和袁亚平、江南合作的《浙江有保有压破解发展瓶颈》消息稿的采编过程，恍然有所觉悟。这篇消息获得7月份报社好稿一等奖，从而增强了我的基本观点："政策零距离"是头条的第一要素。

先说这篇获奖消息稿件的写作润饰过程。7月上旬，宏观调控近半年，作为国内缺电缺地最严重省份的浙江坚决贯彻国家政策，紧紧把住信贷和土地两个总阀门，立足省情，有保有压，切实转变经济增长方式，走依靠科学技术、节约资源、提升内涵的发展之路，取得经济社会协调发展的好成绩。连续参加省委、省政府召开的几个经济形势分析会，体会领导专家对浙江上半年各项发展指标的解析，我深感浙江贯彻国家宏观调控政策的成效，油然产生报道浙江的冲动。

反复谋篇，我决定从三个层次——是挑战更是机遇、破解新瓶颈、走内涵提升之路——采写一篇通讯，争取发头版显著位置。7月下旬，就在此稿几近完成时，接到编辑部报道指令。我很自然地把采写中的通讯和其他两个选题，向记者部杨振武主任报告。杨主任马上认可我们的报道计划，但强调开篇宏观调控稿要快，而且必须写成消息，并说这是总编辑的最新要求。我考虑到通讯已经成稿在即，心有不甘，马上打电话请示老总，以主题大、容量大为理由，坦陈写通讯的想法。老总要求我还是写消息，强调消息一样能够承载大主题、大容量。老总和部主任的态度如此坚决，说实在话，我是在并不十分情愿的心理状况下，调整稿件体裁，开始采写消息稿件的。

令人尴尬的是，当我动手付诸文字时，在宏观调控这个政策主题下，如何选点

着墨，让我犯了难。宏观调控内容很多，写什么才能聚焦浙江特色呢？把通讯内容浓缩？文字再精练，千字篇幅也写不清楚；写突破土地、电力要素新瓶颈制约？有浙江特色，但此主题似乎并非宏观调控的政策要旨，而且题材也不是很新；写发展循环经济，走资源集约型发展道路？别人已经有过同主题报道。

此时，我真切体会到，写作一篇消息稿，并不比通讯容易，写好了同样需要烦心费神，茶饭不思。从政策导向性的要求看，通讯是整体指向，是掌击，触摸政策穴位要相对容易一些；消息则是单刀直入，是点射，是用一个指头点穴，不允许有半点闪失。经过一个失眠之夜，我最后还是难以抉择，最终只能以《浙江勇破增长瓶颈》为题，写浙江开始探索一条资源集约型经济发展道路。稿子写完了感觉还是没有点中政策穴位，但又没有更合适的主题，只好忐忑着于7月27日把稿子发回记者部。

询问杨主任对稿子的意见，他说内容基本可以，但主题还要推敲，就由他加工了。7月29日，这篇消息《浙江有保有压破解发展瓶颈》在本报头版头条刊出，我一看见报稿件，仔细鉴别与原稿的区别，心中豁然开朗：见报稿实现了与中央宏观调控政策导向的"零距离"，的确高出一筹。

具体说，见报稿与原稿相比，有着质的差别：其一，见报消息题目"浙江有保有压破解发展瓶颈"，比原题《浙江勇破增长瓶颈》多了"有保有压"四字。这四个字恰恰是消息的魂魄，胡锦涛总书记7月下旬考察上海时指出，贯彻宏观调控政策要坚持"区别对待，有保有压"。原稿眉题"痛下决心调整　抢抓机遇提升"，说错不错，特点还是没有凸显，有点不痛不痒。见报眉题为"宏观调控成为转变增长方式的新契机"，还做了一个解释性的副题"上半年停建、暂停、取消立项154个项目，撤销九成多的开发区；完成农村公用事业和科教文卫基础设施投资310亿元"，把宏观调控在浙江的落实特色和效果全部画龙点睛般地展示出来。其二，从内容组织看，原稿和见报稿结构基本一样，第一段导语、第二段背景、第三、第四段为举措、效果，但内容组织不可同日而语。见报消息将原稿第三、第四段体现"有保有压"举措、效果的核心内容，提炼出来，放到前面的导语和副题中，政策导向得到了最大程度的强化，也可以说，完全点准了中央政策的穴位。这看上去只是排列次序的调整，却使稿子的主题内容和政策导向作用发生化学变化。就是这一变化，使得原稿由一杯温水变成滚烫的开水。

我之所以不厌其烦地解析这篇小消息见报前后的差别，也是想借此说明，我对本报头条政策导向性的一点新认识。人民日报头版头条应该怎样写？我觉得，好的头版头条当然应该兼具导向性、新闻性、可读性，但是，这三性并非同质并行的等量要素。从本报作为党中央机关报肩负的舆论导向的使命看，导向性是第一位的要素。王晨社长8月31日批示要求记者部："要继续努力，在抓新闻上有更大突破，多出导向性、新闻性俱强的稿件。"张研农总编辑9月7日在编前会上强调："头条要兼顾指导性和新闻性，独家报道的头条，不宜只是单纯的成就。"社领导首先强调的还是政策导向性。我觉得，真正导向性强的头条稿件，可能隐含或派生着新闻性和可读性。也可以说，如果一篇头条点准了中央即期宏观政策的穴位，它本身就具有了新闻性，而且一般说来，也一定是本报读者所愿意阅读的。

我静静回顾了去年以来本报头条工程的变迁脉络，包括我自己采写的十几篇头条，觉得头条的政策导向性太重要了。本报头条无论取材一省、一地、一县，乃至一乡一村，都要以政策导向为第一选择标准。报道一个地方局部工作的稿件，能够上人民日报头条的理由，就是其政策导向作用，否则，稿件的新闻性再强，可读性再大，也没有必要占据人民日报头版的第一空间。比如，如果稿件仅仅是对局部地域的政绩展示，上地方报纸就可以了，为什么一定要上党中央机关报呢？！毛泽东同志曾经讲过，党报对新闻事件有些要马上报道，有些要压成旧闻再报，有些则可以充耳不闻。这里强调的也是党报的政策导向作用。

问题是，政策导向性的内涵太深。中央的大政方针是一个庞大系统，包括经济、社会、民生、外交、国防等方方面面；中央正在着力抓的中心工作，也会因时制宜，不断变化。中央政策要求那么复杂，并不是所有符合政策的稿件都能上头版头条。能够竞争头条的稿件，就只能是中央当前着力推进、形成社会热点的中心工作。比如，去年的抗击非典，今年的宏观调控，就是本报头版头条报道聚焦的政策热点。我们尤需努力的是，对于热点政策的宣传，要敏锐地把握中央工作节奏的细微差别，并准确地在头条稿件上反映出来。同样是宏观调控，今年春天，中央强调较多的是粮食安全问题，六七月开始，似乎格外看重各地有保有压落实宏观调控的措施效果。本报作为党中央机关报，去年以来能够以不断出新的头版头条，持续保持引导社会舆论的强势地位，就是因为编委会统筹策划了对中央即期政策热点的系列报道。其中一些精彩报道实现了与中央中心工作、政策重心的零距离，所以才产生了较大的社会反响。

（作者系浙江省委宣传部副部长，时任人民日报驻浙江记者站站长）

5. 有"异质"才有新意
——兼谈《油气开发给南疆少数民族送来"福气"》采写体会

王慧敏（2007年3月21日）

>>> 党报的特质决定了我们任何时候都必须坚持宏观真实和微观真实的统一。记者任何时候都不能忘了新闻的导向作用，不能忘了一篇新闻的社会效果。惟有如此，才能真正做到"以科学的理论武装人，以正确的舆论引导人，以高尚的精神塑造人，以优秀的作品鼓舞人"

《油气开发给南疆少数民族送来"福气"》（2006年9月9日一版头条）一文，有幸忝列本报年度精品奖。编辑嘱我写篇采写体会，接到任务，我把采写过程简单梳理了一下。

不能否认这一事实：随着传媒业的迅猛发展，信息资源共享的局面已经形成，独家发现新闻、垄断新闻的时代已基本不复存在——无论什么级别的媒体恐怕都概莫能外。而视听媒体和网络媒体的出现，使传统党报面临又一严峻局面：无论是求新还是求快，都没有了绝对优势！

几年前，我曾遇到过这样一件尴尬事，某县党政机关把订阅党报的费用都挪用于订阅都市报，我问一位熟识的县领导："党报是我们了解中央精神的重要窗口。你们为什么放弃党报却去订都市报呢？"这位县领导回答得很干脆："党报上真正能称得上新闻的到底有多少？再就是党报的新闻还存在一个重复问题：国家的大政方针、领导人的动态，电视放了，报纸跟着登；中央级报纸才说完，省报、市报又比着葫芦画瓢。内容几乎如出一辙，大家怎能有阅读兴趣？"

想一想，此公说的也不无道理。那么，党报如何才能吸引读者眼球？

前提是，必须在同场竞技中要高出一筹。怎样才能高出一筹？通过采写《油气开发给南疆少数民族送来"福气"》一文，我的体会是：恐怕应在突出新闻的"异质"上下些功夫。文章有"异质"，才有新意。

所谓"异质"，我的理解是：用独特的视角去观察生活，用深邃的思想去解读生活，用独到的笔触去描绘生活。

新疆油气开发，早已不是一个新话题。作为我国的重要战略资源后备区，这些年，随着石油工业"稳定东部，开发西部"方针的实施，随着油气与人民生活越来越密切，人们对油气开发的关注度也越来越高，有关新疆油气开发的新闻在各类媒体上几乎都是"常流水"。本人到新疆驻站以来，就写了有几十篇之多。有关"西气东输新进展"、"勘探开发新突破"、"石油工人艰苦奋斗"、"科技人员建功立业"等等题材，可以说早就写滥了，很难再吸引眼球。

在这样的情况下，怎样才能写出新意？我决定从"异质"入手。

经过分析，我认为，与内地油气开发相比，新疆油气开发至少在三方面有"异"：

一是背景相"异"。新疆社情区情复杂，恐怖主义、分裂主义和极端主义"三股势力"出于卑劣的政治目的，时时想制造些"风浪"。连续十几年，新疆油气产量每年以百万吨递增，目前石油、天然气的总产量约占全国陆地总产量的一半。这一发展速度，却让境内外敌对势力食不甘味，大肆造谣说"汉人从新疆掠夺资源"。

二是目的相"异"。现在，不少企业生产的目的都是为了利益的最大化。而新疆的油气开发在注重效益的同时，更注重政治责任和社会效益。无论是塔里木油田、克拉玛依油田还是吐哈油田，均把带动当地经济发展，带动新疆各族群众脱贫致富作为首要任务。以塔里木油田向南疆三地州输送天然气为例，一方天然气输往南疆要比输往内地少收一半的钱。尽管明摆着是吃亏，塔里木油田多年来仍坚持不懈地干着这样的"傻事"。

三是考量指标相"异"。内地油气开发，较少虑及环境因素。而新疆油气开发一直把优化环境作为一个重要的考量指标。新疆是我国生态最脆弱的地区之一，南疆地区一年到头沙尘暴不断，与植被稀疏有着直接的关系。燃料缺乏导致群众不断砍伐胡杨，而胡杨锐减导致生态进一步恶化。因此，新疆在油气开发的各个环节里，都充分考虑到了可持续发展、考虑到了环境因素。

认清了这些"异质"，我认为，如果以"异质"为线，将笔触放在油气开发为新疆各族人民造福这一主题上——这里的造福，不单单是解决生计问题，更重要的是促使南疆人民的生活实现历史性飞跃，由"柴薪时代"一步跨入"天然气时代"。这样着墨，就突出了新疆油气开发的特色。这一特色，较之单纯报道产量、产值、利润会更有新意，同时，也符合新疆油田开发的实际，起到正本清源、正确引导舆论的效果。

循着这一思路，我深入塔里木油田采访，经过近一个月的奔波，掌握了大量的第一手资料。1996年9月6日，"福气进户"超过南疆总人口的一半时，我抓住这个由头连夜写出了此稿。稿子发回后很快就在头版头条刊出。

正因为突出了"异质",文章的新闻价值得到了彰显。文章发表时,正值胡锦涛总书记在新疆考察工作。总书记在同新疆石油战线的职工座谈时说:你们为新疆各族人民送来了"福气",最近我看到人民日报也报道了你们的事迹。稿子见报当天,香港凤凰卫视台"有报天天读"栏目便介绍了这篇文章。新疆的主要媒体也纷纷转载。前不久,新疆维吾尔自治区政协主席艾思海提在和驻疆新闻单位座谈时也专门提到了该文,说:"新闻界应多发表这样的文章。用事实说话,才能入脑入心。我们在会上喊破喉咙强调开发油气多么多么好,不如媒体用铁的事实客观地去证明这一点。"

当然,要想突出"异质",仅有独特的视角和深邃的思想还不够,新闻,最终要落实到纸上。所以,行文也必须有特色。材料取舍,谋篇布局,都要为突出"异质"服务。

成就类消息一般容易变成工作总结或数字罗列。这种写法,往往会使一个很好的新闻主题"明珠暗投"。可以试想一下,如果本篇文章开头这么写:"塔里木油田为了南疆人民的福祉,不惜牺牲自身利益,先后投资××亿元,建成了××条输气管线,解决了××万人口的用气问题",那么,读者会认真读下去吗?我想,大抵是不会的。

所以,在写作时,我进行了一些探索,力避平铺直叙,以特写镜头开路,时而场景描绘,时而背景衬托,时而算账对比,这种错落有致的写法,增强了文章的张力。有同行评价这种写法说:"起到了文约事丰、引人入胜的效果。"

不过,这里特别要说明的是:本文所说的求"异",不是追求怪异,更不是为了吸引人的眼球而去强扭角度硬做文章。党报的特质决定了我们任何时候都必须坚持宏观真实和微观真实的统一。记者任何时候都不能忘了新闻的导向作用,不能忘了一篇新闻的社会效果。惟有如此,才能真正做到"以科学的理论武装人,以正确的舆论引导人,以高尚的精神塑造人,以优秀的作品鼓舞人"。

(作者系人民日报社浙江分社社长,时任人民日报驻新疆记者站站长)

6. 关键是事实过硬
——读《从"大粮仓"到"大厨房"》

张忠（2007年4月28日）

>>> 即便一些稿件得益于"巧做"，但细究之下，毕竟还是"做"的境界，仍难掩"事实的贫乏"。事实过硬才是硬道理，否则搭起的架子再漂亮，也毕竟是"空中楼阁"

把什么样的稿子放在版面突出位置，大体不会出乎下列情形：一是"要"（重要，举凡时政、民生要闻），二是"新"（内容新，或许还可包括形式手段新），三是"重"（主题重、分量重），四是"需"（出于某种特殊需要）。

《从"大粮仓"跨向"大厨房"》在4月26日一版头条见报，应是因为其"重"。说其"重"，是因为主题重、事实硬。主题重，毋庸赘言，事关全国第一产粮大省发展现代农业；事实硬，可从文中轻易选取若干例证：粮食产量占全国1/10，"中国大陆人吃的每10碗饭中，有1碗来自河南"；连续3年平均增产100亿斤，占同期全国增产总量的22%；70%的农业综合开发资金集中支持24个产粮大县；粮食种植面积3年累计增加近千万亩；科技对粮食生产的贡献率已达45%；食品工业成为全省第一支柱产业……

有了这样的过硬事实，素材的调度就有了清晰的骨架，报道的主题就有了核心支撑，河南传统农业向现代农业的转变就有了说服力。事实硬，全盘活。

有了这样的过硬事实，这篇报道成为近年来河南农业报道的"集大成者"，也就顺理成章。河南是个农业大省，就其相关领域，本报年年都有重头报道，此篇则萃聚了一段时期以来的标志性新闻事实，并将之有机贯穿。这背后，得益于作者对选题的持续关注、对事实的不断筛选、对主题的反复提炼。"博观而约取，厚积而薄发"，非一日之功。

有了这样的过硬事实，非事件性新闻容易出现的"软肋"不攻自克。如何"把软新闻做硬"是我们多年研讨和探索的课题，时有可喜进展，尚未根本解决。通常情况下，判断主题的重要度，大多不是问题，而支撑主题的核心事实的缺失则常常成为一些稿件的"软肋"，并在框架上导致"主体不足背景凑，主干不丰枝叶凑"，形聚而神散；在行文上导致"平面罗列多,梯度递进少",主题开掘不深。即便一些稿件得益于"巧做",但细究之下,毕竟还是"做"的境界,仍难掩"事实的贫乏"。事实过硬才是硬道理,否则搭起的架子再漂亮,也毕竟是"空中楼阁"。

(作者系人民日报社四川分社社长,时任人民日报记者部副主任)

7. 大局观的聚焦

李忱（2007年7月25日）

>>> 对大局观重要性的认识，应该没有疑义，但要使其成为工作方法，从认识论变为方法论，需要不断地学习、不断地探索、不断地实践

7月19日下午4点，编前会上要求在抗洪救灾报道中突出水利建设成就，第二天，本报五版热点解读栏目就推出了《治淮工程见效了》。为什么在这么短的时间里，这篇采访扎实、点面结合、信息量大、有说明力的报道能从容见报？

这实际是一篇有准备之作。关于水利基础设施建设的成就和作用，在7月11日的编前会上，人民日报总编辑张研农谈到安徽淮河抗洪救灾报道时部署过；记者部在周例会上提出过；在记者部编辑组与记者站的电话沟通时，曾商量将这一题材作为头条选题。为此，驻站记者认真采访已积累了大量素材。这一切都集中表现在19日五版编辑具体策划这一点上，并最终落实到版面。这篇报道的产生过程，可以说是从领导到编辑、记者的大局观与中央的精神凝聚到了一点。

正是由于有大局的考量，近一个月来，本报通过消息、通讯、特写、图片等各种新闻体裁全方位地记录安徽淮河流域发生的五十年一遇的洪涝灾害，报道涉及党中央国务院的关心和地方党委政府采取的有力措施，领导干部深入一线靠前指挥，水利基础设施建设的成就，广大党员的先锋模范作用，解放军和武警官兵英勇行为，受灾群众舍小家顾大家的奉献精神等方方面面。特别是7月13日一版《人民的利益高于天——安徽沿淮党员干部抗洪救灾纪实》、7月17日八版摄影报道《庄台上乡亲还好吧——安徽淮河蓄洪区采访纪实》，7月23日五版人生境界栏目《蒋道德　流泪挖下第一锹土》等文章，读来使人感动、振奋和自豪，有的还受到中宣部新闻阅评的肯定和读者的欢迎。

新闻报道为全党全国工作大局服务已经成为中国新闻工作者职业道德准则，但对党中央机关报的采编人员来说，对大局观的要求更高。对大局观重要性的认识，应该没有疑义，但要使其成为工作方法，从认识论变为方法论，需要不断地学习、不断地探索、不断地实践。

大局观体现在政治判断中。当前最大的政治就是深入贯彻落实科学发展观，继

续解放思想，坚持改革开放，推动科学发展，促进社会和谐，全面建设小康社会。近一阶段就是为十七大召开营造良好的舆论氛围。新闻宣传的舆论导向、工作重点、选题策划、具体报道，都要围绕这个中心，记者思考问题和判断事实都要依据这个中心。要跳出区域和单个事件真实的局限，学会在全局上、总体上、本质上、发展趋势上把握事物的真实性。在事关政治原则、政治方向的问题上，要头脑清醒、旗帜鲜明。所谓政治家办报就是这个道理。

大局观体现在责任把握中。江泽民同志在视察人民日报时说，同样是实行舆论引导，人民日报社的同志就显得担子格外重，责任格外大。记者对遇到的问题要有分析，要有正确的看法、正确的态度。不能人家说什么，你就反映什么，也不能人家不愿意说的，你就不反映，要有冷静的头脑，时刻想到党中央机关报记者的责任。写什么，不写什么，都要从全局出发，从党和人民的整体利益出发。对拿不准的问题，按有关规定办，走程序，多请示。不能想当然。

大局观体现传播效果中。对于一个新闻事件，无论是正面宣传，还是舆论监督，能不能报，怎么报，都要预测和考量其传播效果。正如总编辑张研农在编前会上说的："对国内问题的报道，要事先评估可能引发的国际反响。在报道问题时，既要有事实的揭露和批评，又要有政府的鲜明态度，还要有改进的措施和成效，不要授人以柄。对突发事件的报道，要及时、准确、全面，占得先机。特别要注意从权威部门获得权威信息，不能道听途说。对于从其他渠道获得的信息，要科学研判，不能人云亦云。面对突发事件，及时推出政府声音，先入为主，掌握主动。"这方面值得一提的是本报关于山西"黑砖窑"事件的报道，山西省有关方面表示："鲍丹的稿子写得好，尤其是《95人失职渎职被问责》一篇，不是简单用新闻通稿，而是选择社会舆论关注的热点问题，一一给予回答，并且作出分析，这对正面引导舆论起了很大作用。"报道要追求传播效果，但决不是一味追求轰动效应、抢夺眼球，而是要有利于解决问题、引导舆论，使读者有正确的认识。

（作者系人民日报社发行出版部主任，时任人民日报记者部副主任）

8. 信息公开　激情报道　震撼世界
——汶川抗震救灾报道之我见

王弢（2008年7月30日）

>>> 让世人了解灾情，让全球认识中国，这一切都源于信息的公开和激情的报道，人民日报独树一帜，前线记者功不可没。这次地震报道空前透明、空前详尽，是灾难性新闻报道的一次重大突破，在中国新闻史上具有里程碑意义

"5·12"汶川发生里氏8级特大地震，举世震惊，全球关注。地震发生后，人民日报迅速成立抗震救灾报道前线指挥部，驻站记者奉命以最快的速度从各地奔赴灾区一线，并在第一时间及时、准确、详尽、公开地报道了震区灾情和党、政府心系灾区百姓，军队及当地干部群众抢险救灾的现场情景。

汶川大地震的破坏性，在我国地震史上是少有的，而党中央、国务院面对灾情的处置，及普通百姓所表现出来的顽强精神，更为世人所震惊。让世人了解灾情，让全球认识中国，这一切都源于信息的公开和激情的报道，人民日报独树一帜，前线记者功不可没。

信息公开，表明政府高度自信

就在汶川大地震发生前不久，温家宝总理颁布国务院令：《中华人民共和国政府信息公开条例》自2008年5月1日起正式施行。汶川大地震无疑是对《条例》正式实施的一次实践检验。实践表明，此次抗震救灾新闻报道，是我国政府实施信息公开后，所交出的让全国人民满意、令世界各国佩服的第一份合格答卷。从大地震发生的那一刻起，政府相关部门就毫无保留地允许媒体发布真实的新闻，支持媒体报道灾情和救灾抢险活动。这次信息公开的程度，在我国新闻史上是史无前例的。

汶川大地震信息公开有三个显著特点：一是信息发布快。国内媒体都是在第一时间报道重要资讯。大地震发生不到10分钟，国家地震局就迅速通过新华社向社会发布消息，并及时公布了各地的震感信息；在灾情发生的两个小时内，我国以前所未有的速度举国应对，国务院总理温家宝立即飞往灾区指挥抢险救灾。二是信息透明度高。无论是国家相关权威部门，还是各家新闻媒体，对地震引发的灾难性后

果，以及灾后重建工作，都毫不隐瞒，实情实报。三是信息内容全。这次媒体展示的是：全方位、立体式报道，既有党中央的英明指挥，又有解放军的英勇奋战；既有党员干部的模范带头，又有灾区群众的自救互救；既有全国志愿者的无私奉献，又有国内外的大力援助，内容丰富，令人感叹。

此次抗震救灾信息的公开，有力表明了我国政府的高度自信，表明了党对人民群众的高度负责，也表明了我国政治文明的重大进步。公开信息实践表明，由于政府主动、准确地发布信息，新闻媒体及时、公开地报道，保障了公众的知情权，使民众在抗震救灾中增强了对于政府的高度信任，也增强了民众对抗震救灾的信心和参与、支持力度。

同时，这次大地震并没有造成社会恐慌，各地很快恢复了常态，社会秩序井然，人们在强震面前保持了前所未有冷静和理性。显然，这种理性应归功于及时的信息公开和透明、通畅的信息传播，政府和媒体在这次灾难事件中发挥的积极引导和服务作用。政府信息的公开和媒体的准确报道，及时澄清了虚假信息，消除了不必要的恐慌情绪和盲目行动。

激情报道，凸现记者敬业尽职

面对这次灾难性突发事件，人民日报记者在第一时间赶往第一现场，获取了第一手信息，并以最快的速度向外界报道，这不仅凸现记者高度的敬业精神，也显现了我国新闻传播的回归与进步。

人民日报抗震救灾报道前线指挥部及所有参战的一线记者，在抗震救灾中的表现可圈可点，他们在采访条件异常艰苦、随时发生危险的环境中，表现出英勇顽强的战斗精神，被誉为"在前线，记者也是战士"，"是另一支抗震救灾的先遣队"。

5月12日下午，四川记者站刘裕国正在乐山市新光多晶硅厂采访。当大地震发生后，出于记者的职业敏感，马上结束多晶硅厂的采访，连夜赶回成都。他想，这个时候记者的第一要务是去灾区现场。晚上9点，他进入成都市区，看到满街都是车辆，沿路都是群众，就地打起地铺，地震发生后的第一个夜晚，500多次余震把400多万成都市民逼上了街头。他连夜采访，凌晨2点，在车里写出第一篇反映地震的报道《成都震后第一夜》，从多角度反映地震当晚成都的社会稳定和群众互助的情景，对鼓舞和稳定人心起到了积极作用。

13日凌晨，人民日报驻川记者站兵分三路，向地震最严重的汶川、北川等地进发。成都到北川境内，需要4个多小时的车程，而通往县城的盘山公路，地震造成断裂，水泥路面出现沉降缝，最大的有4米多的高度差。山体严重垮塌，公路完全被大小岩石阻断。进城的公路更是一片废墟，不能行车，就徒步，记者们克服重重困难，以最快的速度赶到北川。本报第一个赶到重灾区现场的就是刘裕国。他在灾区前线干了一个多月，跑遍了绵阳、北川、青川、安县、江油、平武、彭州市等县，去了受灾最重的擂鼓、桂溪、南坝、平通等10来个乡镇和几十个村组。抗震救灾中的抢通生命线、废墟中救人、医疗救治、决战堰塞湖、安置受灾群众、重建家园等每一个阶段，他都亲身经历了。6月中旬，在人民日报前线指挥部领导的多次催促下，才回到成都指挥部休整。

米博华副总编辑对刘裕国抗震救灾报道体会《面对灾情，记者要像抢险的战士一样》作出批示："蘸着泪水和汗水，裕国同志写下了这篇令人震撼的体会。他是首个到达北川的人民日报记者，也是亲历生死大营救全过程的记者。哲人说，经大苦难者必获重生。四十天风雨兼程，一百多篇报道落地，此番经历和作为，仰不愧天，俯不怍地。谨向裕国同志致崇高敬意！"

这样的典型事例何止刘裕国，前线几十名记者人人如此：危险，阻挡不了杨彦奔赴现场的脚步；地震袭来，曲昌荣第一时间战斗在一线；王科以生死文字书写党报记者使命；曾华锋在"刀锋"上抢新闻；曹红涛用报道向英雄的中国人民致敬；彭波以灾情为命令，到现场抢新闻；侯露露艰险激励、勇敢前行；汪晓东在灾难中汲取成长的力量；马跃峰感受灾区的人性美；朱磊在感慨与感动中领悟，愿为这份职业奋斗终生；余荣华身处灾区，不负党报记者职责；徐元锋在灾区历练、洗礼……他们战斗在一线，以责任和激情采写了一篇篇感动中国、震撼世界的报道。

正如米博华副总编辑在阅读了记者抗震救灾报道体会后作出的批示：面对桥断路绝、滚滚落石，他们无所畏惧地冲在前面，经受了生死考验。这不仅是对他们思想意志的考验，也是他们人生道路上的一笔弥足珍贵的精神财富。这种特别能战斗、特别能奉献的精神在前线记者身上得到充分体现。当人们纷纷撤离危险地区时，记者却奋不顾身地挺进；当人们疲惫不堪躺下休息时，记者却开始了紧张工作。在前线，他们饱受了灾难之苦，都也意外收获一笔财富。

这就是我们的主流媒体，这就是新闻工作者的良知和责任，在他们身上折射出高度的敬业精神和社会责任感。

震撼世界，引起全球强烈反响

这次汶川大地震，前所未有的公开信息，震撼人心的激情报道，不仅在全国，而且在全球，都引起强烈反响，赢得满堂喝彩，共赞中国政府的执政能力，共赞中华民族的顽强精神。

为什么会有如此反响呢？

首先，在于政府信息的公开透明，使大家真真切切看到抗震救灾工作做得成功，干得漂亮。汶川大地震发生后，我国在第一时间启动了应急机制，党和国家领导人亲临灾区现场指挥救灾；在第一时间报道了四川汶川大地震的发生，尤其是地震引发的灾难性后果，城乡破坏的程度，人员死伤数字，抢险救灾进展情况，都如实发布，阳光操作，毫不隐瞒；在第一时间动用部队和装备，从地面到空中，从陆地到水路，全方位立体式救援；在第一时间组织和动员起来，举全国之力抗震救灾。公开的信息为我国树立了良好的国际形象。

其次，在于各种媒体丰富多样的现场报道，把汶川大地震的发生以及抢险救灾的场景，都详尽地展现在读者面前。震灾发生以后，从第一时间开始，我国的报纸、电视、广播、网络、通讯等各种媒体不间断地报道灾情，不间断地报道抢险救灾的动人场面，感动了中国，震撼了世界。

再次，透过现象看本质，这次抗震救灾报道折射出我国经济改革取得的巨大成就，中国有能力、有力量战胜如此重大的毁灭性灾害；折射出中国政治改革、新闻改革取得的突破性进展，是精神文明、政治文明的重大进步。这次地震报道空前透明、空前详尽，是灾难性新闻报道的一次重大突破，在中国新闻史上具有里程碑意义。

（作者系人民日报社地方部新闻编辑室主编，时任人民日报记者部编辑组副组长）

9. 找准定位树立党报影响力

宣宇才（2009年1月19日）

>>> 无论是人民日报的报道，还是人民日报事业的发展，安住本位，则事事无碍，一言九鼎；离开本位，则步履维艰，说话不响

人民日报是党中央机关报，是党的执政工具，是党的耳目喉舌，代表中国最主流的声音，是全国媒体的旗舰，是中国第一报，是世界性大报……这些话，似乎老生常谈。然而，这些话恰恰须臾不可离。因为，这就是人民日报的地位，即在中国大地上的位置。

从云南记者站的实践证明，无论是人民日报的报道，还是人民日报事业的发展，安住本位，则事事无碍，一言九鼎；离开本位，则步履维艰，说话不响。

《在实践中践行宗旨》（作者：宣宇才、朱思雄、徐元锋，2008年9月18日11版党建周刊）一文，之所以在云南产生巨大反响，省里台报转播转载，再一次扩大人民日报影响力，就是因为，这篇报道与人民日报地位相称，充分发挥了人民日报独特的政治优势。试想，放眼国内，没有一家媒体有资格、有条件，按照中央的要求，全面报道一个省的省委工作情况。除了人民日报，省委也不可能认可、配合、支持其他媒体搞类似报道。该报道对人民日报的第一读者，即执政党内部的执政者，首先产生了重大影响。当地人评价说："这就是人民日报的报道！"

《在实践中践行宗旨》一文，之所以在云南再一次彰显人民日报影响力，就是因为，报道所迸发的深刻思想力。思想的高度，决定报道的深度；报道的深度，体现思想的高度。高度就是政策把握水平、时代的领悟程度，深度就是地方典型实践的透彻剖析。思想引导思潮，思潮引导舆论。人民日报的战略性竞争优势资源，就是拥有一大批政治过硬、思想深邃的意识形态领导者和编辑记者。人民日报新闻的根本优势，是新闻报道背后，是新闻背后的大视角、大阐释、大先导，让读者大思、大悟、大变。这篇报道，没有新闻的浮躁，体现了高度与深度的统一。当地人说："这就是人民日报记者的眼光！"

《在实践中践行宗旨》一文，之所以在云南再一次树立人民日报影响力，就是因为，报道的影响力有的放矢，紧密结合了云南新近发生的、最敏感、最关注的事

件。"孟连群体性事件"发生后,中央关心,社会关注,省委、省政府关切。为吸取教训,增强在新的历史时期作好群众工作的本领,结合学习实践科学发展观活动,省委决定对全省省级部门主要领导以及州市县党政主要领导进行教育培训。对此,中央领导予以肯定。本篇报道,以此事件及时切入。当地人说:"这就是人民日报云南记者站的新闻敏感!"

《在实践中践行宗旨》一文,之所以在云南再一次产生巨大影响力,就是因为,采编配合互动。记者站的想法,一向国内部领导汇报,国内部领导立即想办法与版面的策划主题对接,为报道琢磨出口。为树立和扩大影响力,体现报社对地方工作的重视,于是,记者站想方设法把编辑部朱思雄请来。站里的想法有二:有北京来人,有资深的、有分量的人,可壮大声势;与记者站组成采访小组,可壮大规模。

出师有名,省委给予高度重视,省委组织部前所未有的重视。

连续一个多星期,采访小组连夜奋战,一直到满意为止。朱思雄感慨地说:"以前,排版时,没有体会到稿件中的一句话、一个例子,对地方,对记者站工作多么重要啊!"国内部领导敞开版面,甚至拿掉自己的文章。有足够的、突出的版面做支撑,好文章才能发挥好威力。

值得一提的是,在地方采访,与地方党政要员打交道,与高手"过招",是做人做事的全面交锋和交流。采访小组,谦虚、谨慎、认真、玩命,赢得了地方领导以及工作人员发自内心的尊重和敬重,树立了人民日报影响力。

(作者系云南省委宣传部副部长,时任人民日报驻云南记者站站长)

第四篇

深思提炼抓要害　求真求新塑精品
——如何打磨精品

1. 巨龙巨龙，你擦亮眼

龚永泉（2004 年 7 月 14 日）

>>> 秧好一半谷，题好一半文。题目是文章的眼睛，谈恋爱讲究"第一印象"，标题就是文章的"第一印象"！

张研农总编辑在值班手记上提出："把作好标题作为增强可读性的切入点。"所言极是。

曾听说有个别记者因"反正标题要改的"心理作祟，于是就往往传回"无题"稿子，这是很不负责任的。说起标题，我小有体会，愿与青年同仁一叙。

教科书说"题目是文章的眼睛"，谁不喜爱顾盼流连的丹凤眼？谈恋爱讲究个"第一印象"，而标题就是文章的"第一印象"！农谚云："秧好一半谷"，我翻版："题好一半文"。

要做好标题，可以向诗词、歌词学习。以我的年岁，古文功底并不蕴厚，但就凭半瓶子也得益非浅。我"拿来"或点化的有："青春作伴好还乡"、"言志已酬便无志"、"小荷争露尖尖角"、"老红新绿两相宜"等。经过文化大革命，对毛泽东诗词是烂熟于心的，相关制题的有："巡天遥看一千河"（天文学家张钰哲）、"装点此江山"（雕塑家刘开渠）、"宜将剩勇写春秋"（惠浴宇撰回忆录）等。脱胎于歌词的有："大江跃起一条龙"、"我爱莱茵河，我爱胥浦水"、"七十年后重相会"、"全凭心一颗"。最后一题目范敬宜总编辑还在值班手记中予以肯定。

当然，最好的题目还是原创为佳，记忆中以下几题尚可："不让心上有皱纹"、"把星期天变成星期七"、"熊猫'三级跳'"、"华西村的特色思维"等。

向古典诗词学习，要多读多品味，起码，案头要备一两本工具书。我翻检最多的一本是百花文艺出的《古典诗词百科描写辞典》，该书是李瑞环同志提议编纂的。原来，1985 年中秋，瑞环同志应邀参加某市政协的赏月会，自己能吟诵的几首赏月的诗词，已被人先上口，深以"赏月有情情满怀，颂月无诗诗难觅"为憾，遂提议编一部按描写对象分类的古典诗词辞典，"以供平时浏览欣赏，用时检索研究，当方便良多"。对我来说，果然是"方便良多"！

据说，张艺谋当年拍摄《大红灯笼高高挂》时，因两位女演员旗鼓相当，难以决断,是通过抛硬币决定的。我在写稿时,碰上两个甚至三个题目,一时难以取舍,干脆一并传回报社,由编辑去定夺。

一位我所敬重的老记者,见报通讯的大题目挺靓,但分节却用了一、二、三,我骨鲠于喉,面陈直言:"我有意见!说不客气点,是懒汉做法,这正是您施展功力的寸金地啊!"老记者首肯:"有道理,有道理"。

我写过一篇关于小天鹅洗衣机公司的通讯,原题为《直项向天歌》,见报题为《晴空天鹅排云上》,我一见便大呼:"高,实在是高!"但一直不知是哪位大笔所点(点石成金),在这里致以迟到的谢意。

这篇业务研讨的标题也是借用了一句歌词,不知"画眉深浅入时无"?

(作者时任人民日报驻江苏记者站站长,现已退休)

2. 我学会了写出心中的感动
——采写《"生命禁区"的守护者》有感

朱虹（2004年11月23日）

>>> 端着架子写文章，反倒模糊了内心的感受。感动不了自己，怎么能感动读者？我想不一定每次都能写出优秀的稿子，但每一篇我都会竭尽全力。即便做不成最优秀的记者，也要做最勤奋的记者

11月11日，我采写的通讯《"生命禁区"的守护者》在本报"科教周刊·人与自然"发表。手捧报纸我感慨万千，从采访到写稿的点点滴滴，历历在目。

作为一名报社新兵，到可可西里国家级自然保护区采访，是我第一次独立采访，也是我一生中难忘的经历。可可西里蒙古语意为"美丽的少女"，但实际上这里是气候恶劣的"无人区"。这里虽有城市无法相比的湛蓝天空，更有城市人体会不到的荒凉。在这里的每一天我都有想要流泪的感觉，为这里顽强的生命力，为这里高尚的灵魂，为这里血腥的屠杀。我感觉到了肩膀上沉重的担子，我想把心中的感动写出来，想让全世界的人知道：有一些人为了挽救脆弱的环境和濒危的物种付出怎样的代价。

在去可可西里的途中我心里就忐忑不安，因为没有采访经验，生怕漏掉了什么新闻素材。因此，我把所见所闻几乎都记在了采访本上。汽车驶过昆仑山口，一副写着"让我们的心灵像雪域般纯洁"的标语深深震撼了我的心。在可可西里国家级自然保护区管理局，我和管理局局长、反盗猎队员和志愿者们聊天，把听到的感人故事记满了一个采访本。就这样，在整个采访过程中我白天找素材，晚上整理资料，逐个核实人名、地名。离开的那晚，可可西里管理局局长才嘎对我说："我看出来了，还是人民日报的记者最认真呀。"听了这话，我心里暖烘烘的，下定决心一定要写出一篇好稿子来。

回到北京立刻开始动笔，但是面对如山的材料我却不知从何处着手。脑子里一直记着入社时领导反复强调的"站在天安门上看问题，站在田埂上找感觉"的要求，却不知道怎样才能满足这个要求。写了一稿又一稿，自己都不满意。把自己关了3天，终于写出2000多字的稿子，发到编辑组。当晚到编辑组求教，陈伟光老师只

问了我一句话："你这篇文章到底想说什么？"我却回答不上来。我想说的太多了：可可西里对全国环境的重要，藏羚羊对物种进化的重要，反盗猎队员的伟大……想说的太多，反而让文章变得琐碎无章。于是稿子被退了回来。晚上睡不着，想着在可可西里最让我感动的还是反盗猎队员们的无私奉献精神，于是立刻爬起来，熬了一个通宵，又写了2000多字，美滋滋地又传到编辑组。再次到编辑组求教，陈伟光老师看完稿子后还是摇头，他对我说："你把你在可可西里感触最深的人和事不加修饰地写下来，怎么想就怎么写，就在这里写，写完给我。"我当时真有点紧张了，索性就在编辑组的一台电脑前坐下来，豁出去写吧。这一坐，在可可西里的情景像放电影一样在脑海中涌现。我就把一路上的高原景色，听到志愿者的讲解，在保护站的见闻以及巧遇被救养的藏羚羊的片段全部写了出来。第二天，陈伟光老师将改好的稿子交给了我，我随便写的那些片段几乎没有怎么修改保存在文章里。看着改后的稿子我如梦方醒。陈伟光老师说："你前两稿一直端着架子写文章，加入了太多议论性的东西，反倒模糊了内心的感受。"这样的稿子感动不了自己，怎么能感动读者呢？

通过采写这篇通讯，我总结了三点：1. 自己把好第一关。非新闻科班出身的我，始终把新闻看成是深奥的东西，遇到什么选题都觉得无处下手。总想一动笔就写出惊人的语言，但又总觉得没说清楚，下笔数千言，枝枝蔓蔓，给编辑老师增添了很多负担。我要向前辈们学习，争取把稿子写得精当些。2. 多请教，多沟通。初到报社，前辈们的言传身教，给我很大的鼓舞和启发，今后还会更多地向他们请教。3. 要勤奋，要敬业。编辑组的老师真的很了不起，每天要看那么多稿子，还要把我写的这种干涩散乱稿子改成能上版的稿子。敬业是一种美德，对于我这样的新记者来说是一种必须。跑到可可西里一个多星期，回来又对着电脑好几天，才写出一篇稿子。我想，在以后的采访中，不一定每次都能写出优秀的稿子，但是对每一篇稿子我都会竭尽全力。即便做不成最优秀的记者，也要做最勤奋的记者。

（作者系人民日报社天津分社记者，时任人民日报驻河北记者站记者）

3. 三推敲推出"三重唱"

刘杰（2005年4月21日）

>>> 好稿不怕改，好稿不怕磨，反复推敲，反复打磨，稿件才会提起"精、气、神"

4月5日，本报头版头条报道了《安徽煤炭基地建设奏响"三重唱"》，在当地引起很好反响。党政部门领导感谢人民日报的支持，自在情理之中，而新闻界同仁们由衷地赞赏，才更让我们为之高兴。总结采写过程，深深感到，采编互动见成果，用心写稿才出新，三推敲推出"三重唱"。

根据记者部重大选题预报制，我们按照科学发展观要求，结合安徽实际，认真推敲琢磨后，上报了安徽高水平建设两淮煤炭基地的选题，得到记者部编辑组和钱江副主任的认可，并要求安徽站立即投入采写。

我们先后采访了省政府分管副省长和省发改委主任，又赶赴淮南、淮北采访了市委、市政府和矿业集团的有关领导、专家，匆匆草成一稿传去。钱江同志回复说，稿件立意不错，但多为办公桌上的事情，缺少现场感，缺少鲜活的东西。

采访了那么多人，写了那么多事，为什么还会有这样的问题？我们认真反思，仔细推敲，发现确实是深入现场不够，只是急于发稿，满足于办公室的采访，缺乏现场的观察和体验。现场的东西是编不出来的，现场的感觉只有深入了才会找到。

我们只有老老实实地再次下到矿区，下到正在建设中的电厂、煤矿，与建设者们边走边看边谈，真正找到了安徽提出煤电一体化和煤化盐化一体化的现代工业的真正意义，也有了写好此稿的冲动。坐下来重新修改，那感觉真的大不一样，不光敲出的东西词语活泼了，而且事例也生动起来，比较第一稿自觉大有长进。

然而，钱江同志看后又提出要求，认为稿件鲜活感虽有增强，但还显精神不足。

好，那就沉下心来，再推敲琢磨，话挑新鲜的说，事找最近的写，关节点集中在打造"火电三峡"、实施"绿色开采"、倡导"吃干榨净"上。经过再三打磨后的稿件，文字清新，思路清晰，感觉又不一样了。

这次吸取上两次教训，没有急于发稿，而是自找不足，"回头看"，细品味。结果发现标题还是不够响亮，主标题"安徽高水平建设两淮煤炭基地"，虽"高"不奇，强调高水平，却高不上去，提不起来。副标题"打造'火电三峡'、实施'绿色开采'、倡导'吃干榨净'"，观点虽然新鲜，又明显太散。推敲琢磨了半天，记者何聪提议将副题作肩题，主题变成"三重唱"，如此一番调整，果然豁然开朗，整个儿亮了起来。稿件传回，经夜班编辑同志精心打扮，第三天就亮亮堂堂地上了头版头条。

好稿是逼出来的，好稿是跑出来的，好稿也是反复修改出来的。我们觉得好稿不怕改，好稿不怕磨，只要让修改，就会有出路，反复推敲，反复打磨，稿件才会提起"精、气、神"。

（作者系人民日报社安徽分社社长，时任人民日报驻安徽记者站站长）

4. 在"挤劲"和"钻劲"交织的时候

钱江（2006年4月20日）

>>> 一个作者，再高明也需要编辑把关，因为所处的位置不同，视角就不一样。"挤压"可以进一步发挥作者的潜能。换过来，再高明的编辑去写稿的时候，也需要有人为他当编辑。记者的"钻劲"和编辑的"挤劲"交织，撞击，佳作才可能产生

胡跃平写的《贵州铜仁科学发展山区水利》上了本报4月16日的头版头条，即在贵州当地引起热烈反响。其实，这篇稿件编成后一送到总编室，就受到谢国明主任好评，当场表示欢迎记者们多写这样的头版头条。

这篇稿件好在哪里？我认为有两点值得重视，一是它不走农村建设中大搞新住宅建设的套路——这种做法因为各地条件不同，人们的认识也很不相同，胡跃平对此有很深的体会。他抓住兴修水利这个新农村建设的着眼点，弘扬它的积极意义。全文连标题970字，其中并没有"科学发展观"字样，但是通篇报道充满科学发展观精神，指出实事求是、因地制宜地兴修水利对贵州东部山区的意义，读来令人信服。

其二，这篇报道有语言特色。文中有多处生动的言语，富于跳跃和色彩感，由于前后的逻辑关系紧密，全篇看起来一气呵成。头版头条消息写成这样很不容易。这说明，头版头条应该追求、事实上也可以写出语境和语言特色，实现思想指导性和报道可读性的融合，在庄重之间透出活泼，在重要题材的表述中带出生动和色彩。

这篇稿件的成功，是作者努力的结果，也包括了记者和编辑思想的撞击、互动，应予总结。

这篇稿件于4月4日刚刚发到编辑部时，还不是现在的样子，时空逻辑关系还不那么紧密，粗看还有些凌乱，报道主题比较强调"办老百姓最想办的事"。我第一遍阅读的时候甚至出现了一分犹豫，但是已感到文中藏着什么值得亮出来的东西，于是再读了一遍。第二遍阅读使我立即拿起电话和作者讨论。

我们首先讨论确立主题：是讲究科学地兴修山区水利，还是落笔于"办百姓最想办的事"？讨论时，胡跃平很快就同意将立足点转移到前者上来，因为这样做明

快，材料便于集中，对"科学"更加强调。而对后者，我们意识到，在具体的采写实践中，某项工作都可能被当地介绍为"最想干"的事。

主题确定了，下一步是理顺时空逻辑关系，发挥作者的长处，加强语言的生动和色彩的鲜明感。确定把菜花金黄铺山岭，小水池银亮闪烁其间作为报道基色来处理。看法趋于一致的时候，胡跃平活泼地说了一句："你已经说得很顺了，你就动笔改吧。"

编辑应该下"狠心"，要把作者再"挤"一遍。事实上编辑也不具备记者那样的写作心态和环境。我就这样对胡跃平说了。他马上理解，说再钻一遍材料，再写上一稿。

这里就是一个编辑和作者的关系问题。一个作者，再高明也需要编辑把关，因为他们所处的位置不同，视角就不一样。作者看不到地方，编辑往往能看到。所以，编辑在记者面前要有信心，要通过"挤压"进一步发挥作者的潜能。换过来，再高明的编辑当他去写稿的时候，也需要另有一人为他当编辑。如果一个人为自己写的稿件当编辑，容易出错，更容易出现"低招"，所以是要避免的。胡跃平是一位资深记者了，佳作迭出。在这个时候，他仍能心平气和地接受编辑的挤压，为把文章写好再加一把力，这是要向他表示敬意的。

胡跃平的新一稿第二天就来了，焕然一新！这时，轮到编辑来努力了。编辑的工作，就是通过工作实践练就的辨识能力，看出稿件中有些零散的词句和段落中埋藏着的那条闪亮的金脉，拂尘抉微，梳理语句，理顺前后因果和逻辑关系，保留原文中闪亮的语言，准确地将它们打磨得更加鲜明。这样做了，记者的"钻劲"和编辑的"挤劲"交织在一起，撞击在一起，佳作就要产生了。

新中国成立以来，贵州铜仁地区还是第一次上人民日报的头条。这条消息，对铜仁的各方面建设是一个有力的鼓舞，对科学发展观是一次有力的弘扬。

这也是我们的责任所在。

（作者系人民日报社新闻研究中心副主任，时任人民日报记者部副主任）

5. 跟踪一个好故事

徐元锋（2007年3月16日）

>>> 两年时间里，故事一大堆。如何在庞杂的材料里，理出清晰的故事脉络，概其貌又能明其理，还要吸引读者读下去？

《鲁园农民工工会维权日记》在本报1月24日"民主与法制周刊"的"身边故事"栏目刊发后，受到一些好评。有同行说，是故事让鲁园农民工工会"活"了，也让报道"活"了。对笔者来说，这一报道的得意之处是：用两年时间跟踪了一个好故事。

建立自己的调研基地

社领导一再强调，驻站记者要认真研究一两个问题。作为年轻记者，受阅历和经验的限制，我选择了持续跟踪的调研方式，对选定的问题边观察边思考边学习。

2005年4月24日，我国首家建在零工市场的工会组织在沈阳建立。我预感到这个新事物值得关注。此后，我经常到零工市场走走，顺便到农民工工会"串门"，同其上级工会、相关政府人员也接上了头。在摸清情况的同时，我也针对农民工工会的人员组织、工作内容、经费保障、发展步骤等问题，与有关人员探讨。成长中的鲁园不断有新情况发生，加之地处市区、交通便利，很快成了我的调研基地。

用讲故事"激活"报道

鲁园农民工工会走过了近两年的历程，我不再满足于一时一事的报道，渐渐酝酿一篇全景式、追溯式的阶段性总结报道，并以此表达自己的一些思考、心得。

两年时间里，故事一大堆。难点是，如何在庞杂的材料里，理出清晰的故事脉络，概其貌又能明其理，还要吸引读者读下去。

选取典型的素材和有冲突的情节是讲好故事的关键一环。笔者写了农民工工会副主席杨春文、鲁园零工市场和鲁园农民工工会三者的命运波折。杨春文从农家子弟到大学生和公司白领，"沦为"农民工后又成为工会副主席、沈阳市劳动模范，其戏剧化的经历既是故事线索，也是文章的看点。零工市场几经取缔的命运，农民工工会从被质疑到发扬光大的历程，都生动地折射出农民工从被城市排斥到接纳、尊重的历史变迁。这些跌宕起伏的故事情节，让文章可读、耐读了。

读者认可才是硬道理

"身边故事"栏目编辑说，选题除了要求故事本身吸引人外，还希望有一定的制度、经验作支撑，不讲个案和特例。如何将文章的故事性和经验价值有机结合起来，给作者提出了更高要求。

遗憾的是，鲁园一稿注重了可读性，但对经验的提炼却稍嫌凌乱、粗疏。从中也体会到，通讯怎么写，要看读者需求什么：是学习他人经验，还是认知新鲜事物。工作通讯是针对介绍经验的需要取舍故事，往往先选好经验框架，尔后填充故事；而反映新事物的通讯，譬如鲁园稿，则是在讲清一个完整故事的前提下，或夹叙夹议，或背景链接，来呈现其经验价值。

此外，"全景式"会不会降低报道的新闻性？笔者以为，江河的魅力，既在于一湾一浪之局部美，也在于百转东去的整体感。记者作为报道者，对新事物说清来龙去脉，有利于读者认知理解。展现故事发生的场景、细节，还能增强文章的画面感和可信度。历史感也好，情节冲突也罢，读者认可才是硬道理——在内容真实可靠、舆论导向正确的前提下，追求最佳的传播效果，才是讲故事的目的所在。

（作者系人民日报社云南分社采访部主任，时任人民日报驻辽宁记者站记者）

6. 得益于形式创新
——《一个法援人的日记》采写体会

何聪（2007年4月18日）

>>> 再度报道，需要格外注意"写什么"、"怎么写"的问题，博采众长，力求创新。要说"有创新"，主要是这篇报道为展现主人公的内心世界和精神风貌找到了合适的报道形式

刘杰站长和我采写的《一个法援人的日记》（本报2月28日"法律与生活"头条）获报社2月份好新闻一等奖。时任人民日报副总编辑杨振武称赞："这篇稿子生动感人，有创新。一是写法新颖，二是编排别致，好稿子加上好编排，可谓锦上添花，可喜可贺。"

要说"有创新"，主要是这篇报道为展现主人公的内心世界和精神风貌找到了合适的报道形式。

我们采写的人物大多是比较"成熟"的面孔，已经地方媒体充分报道，因此在再度报道时，需要格外注意解决好"写什么"、"怎么写"的问题，博采众长，力求创新。接到编辑约稿后，我们就一直在琢磨，该用什么样的形式，把一个甘于清贫、乐于法律援助的律师写好写活。

采访决定写作。采访中，赵玉中详细介绍了他从部队转业到司法部门，从公律科副科长到办法律援助中心的原因、过程、感受，也说了其中的一些曲折和无奈。这些，真实地展示了他的内心世界和做人做事的本分。当时我们就想，如果用第一人称来展现他的法律援助生涯，介绍他一步一步走上法律援助工作的心路历程，应该是增强报道感染力的有效途径。

写人就要写精神。在采访中感觉到，赵玉中的事迹过硬感人，其中，他的内心世界更让人感动，也更能印证他的事迹。怎样让读者走进人物的内心世界，感受他的精神风貌？与编辑沟通后，我们最终决定采用日记体写法，以第一人称手法，让赵玉中展现其丰富的内心世界。此外，通过第三人称的叙述，补充"背后的故事"及社会评价。

由于选择了合适的形式，这次人物报道相对轻松。我们将采访素材整理成篇后，

传给赵玉中确认。他告诉我们,记者的笔触真实地再现了他的内心世界,尽管是自己做的事情、自己提供的材料,看后也被感动了,流泪了。他说,尽管也有许多媒体报道过他,但这篇让他最感动。稿件经过编辑认真修改加工,精心编排,又提升了一个层次,使人物的"衣裳"更鲜亮、长精神。

(作者系人民日报社安徽分社采访部主任,时任人民日报驻安徽记者站记者)

7. 不拘一格攻头条
——《深圳15万注册义工服务社会》采写后记

张忠　胡谋（2007年11月30日）

>>> 我们体会到，在尊重事实、遵循消息采写基本要求的前提下，注重量体裁衣、灵活运用，稿件笔法、文风的转变以及可读性的改善，还是有较大空间的

《深圳15万注册义工服务社会》获报社好新闻一等奖，不能算是实至名归。作为过硬的新闻来要求，它所涉及的题材毕竟不是动态概念上一件很新的事情。

如果说这条消息有些长处，窃以为，应是其选材和写作上的特点。不囿于既有模式，力求有所创新，不拘一格攻头条——这一想法，贯穿整个采写过程。

我们关注深圳义工现象，由来已久。

深圳是我国内地最早开展义工服务的地区。随着队伍壮大、服务拓展，最近两年，深圳出台内地首部规范义工服务的地方性法规，相继确定"义工节"、设立"市长奖"。从已有报道和各方面信息来印证，深圳是迄今我国内地开展义工服务最具代表性的地区。

作为群众基础较为广泛的社会志愿活动，义工服务也正是当前构建和谐社会中有着鲜明特色的实践，契合中央提出的"广泛开展和谐创建活动，形成人人促进和谐的局面"、"以相互关爱、服务社会为主题，深入开展城乡社会志愿服务活动，建立与政府服务、市场服务相衔接的社会志愿服务体系"的要求。

因此，这是一则有别于政治、经济及其他常见领域头条报道的特色选题。

确定了共性的内涵和价值，我们在采写中努力探寻并回答一些个性问题：深圳市场经济发达、社会竞争激烈，为什么在这样一块土地上，义工队伍生长得格外茂盛？义工是一群什么样的人，社会怎么看他们、他们怎么看自己？在共建共享和谐社会中，义工服务有着怎样的独特价值？同时，借助"编后"，凸现义工实践在构建和谐社会中的普遍价值。

按照设想，我们尝试以消息体裁写社会现象，并在行文和笔法上做了一些探索：一是在有限的篇幅里，体现多种采访角度，既保证所涉事实均有一手来源，也提高了信息含量，体现出多维视角基础上的客观性；二是以采访对象的叙述为主，展现

新闻事实，传达新闻主题，有针对性地避免通常因"采访缺失"而导致的"材料味"，提高稿件可读性；三是稿件主体和背景有机穿插，行文结构和过渡自然，摆脱沉闷感，增强流畅性，努力做到文风清新；四是精短的导语借用通讯笔法，不足百字，具有较强的概括力和引导力。

通过这则消息的采写，我们体会到，在尊重事实、遵循消息采写基本要求的前提下，注重量体裁衣、灵活运用，稿件笔法、文风的转变以及可读性的改善，还是有较大空间的。

而要做到这一点，关键是要以深入细致的采访为支撑，并在稿件中努力体现采访成果。采访期间，我们分专题召开了两个小型座谈会，并到社区、医院等义工服务点现场观摩采访，与相关部门负责人作了深入交流。短短千字消息背后，涉及的采访对象达 20 多人。

（张忠系人民日报社四川分社社长，时任人民日报记者部副主任；胡谋系深圳市委副秘书长，时任人民日报驻深圳记者站站长）

8. 汇聚"三响"成"一响"
——浅说"叫得响"的报道

李战吉（2008年3月31日）

>>> 一篇内容空洞的作品，就像一个没有演员的舞台；一篇形式粗陋的作品，就像一个没有舞台的演员；一篇底蕴干瘪的作品，就像一个没有导演的戏剧。形式是岸，内容是水，底蕴是床。记者在采写中，感触——感悟——感发，读者在阅读时，感悦——感染——感奋

我们做新闻的，都希望自己的报道能够摆脱"一日鲜"的命运，在自己的新闻生涯里，哪怕是有那么几篇、甚至一篇能够让人们记住，能够流传下来，也是天大的幸事。于是，"叫得响"的报道，就成了大家追求的一个目标和评判的标准。

那么，什么才是"叫得响"呢？自然是见仁见智。从新闻采写到稿件刊发，或者说从作者到读者，我以为有这样几个角度：在自己眼里"叫得响"，在行家嘴里"叫得响"，在读者心里"叫得响"。

在自己的记者生涯中，没有什么可以属于"叫得响"的新闻作品，只有一篇《庄浪人的骄傲》差强人意；为了现身说法，就以这篇通讯为例谈点粗浅的感想。

在自己眼里"叫得响"

新闻是第二性的，它永远跟在实践的后面。记者就是做记录的人，记下的是当下时代的人和社会的实践过程及结果。一位伟人说过，理论是灰色的，而生活之树常青。为什么整天"泡会"的人写不出"叫得响"的报道，或许那是因为会议是实践的思想总结，而生活才是活生生的实践自身。

真正的新闻来源于生活，"叫得响"的新闻作品来源于"叫得响"的新闻素材和"叫得响"的素材挖掘。我们做记者的，每天都会接触很多的人和事，但那些并不一定会成为新闻素材。能够成为新闻素材的，一定会具有自身的特点，而最大的特点就应该是新颖性和蕴含其中的时代精神。生活的纷繁复杂和循环往复往往会磨钝人的感觉。就像沙中淘金和蚌里寻珠一样，记者的本事就在于他能在旁人司空见惯的生活中发现新鲜事物，发现在自己眼中"叫得响"的新闻素材。

人们常把记者会发现新闻素材的能力归结为新闻眼、新闻鼻，我认为还应该加上一条——记者应该具有新闻心。就是说记者在采访中必须带着感情，必须十分重视那些能够打动自己的东西。因为新闻作品是要给人看的，只有感动了自己的东西才能感动读者。情感就像一个动力十足的搭载火箭，会把记者带到异彩纷呈的素材园地。有了感情，记者才会在采访的过程中，对潜在的新闻素材产生感觉——感受——感动，和它产生共鸣，进而不遗余力地从生活中去深入开掘。

1998年4月，甘肃省庄浪县的书记、县长、水保局长一起来到了兰州，跟我说他们的梯田修得如何如何。当时我想，庄浪修梯田会有什么写头呢？全中国人民都知道，大寨从五六十年代就修梯田，修出了"农业学大寨"，修出了赫赫有名的陈永贵；在市场经济的今天，修梯田还具有什么样的时代意义和社会价值呢？他们诚恳地邀请我去庄浪看看。

到了庄浪一看，我就有了感觉——402个梁峁、2553条沟壑修整得平平展展；全县梯田总数占了坡耕地总面积的91.74%，除了不适宜修梯田的山地以外，庄浪县实现了梯田化。

随后，我又有了感受——4年中，庄浪人移动的土量如果排成一米见方的土方，可以绕地球六圈半。眼前的"庄浪县梯田满山，林带泛绿，一湾湾碧水静卧在沟底的塘坝，几十只野鸭奇迹般地在陈家山安家落户。曾经在沟沟坎坎间徘徊千年的饥饿与贫穷，终于被青山绿水挤走了。"

进而，我就有了感动——我受到了强烈的震撼。我认为，这是人类在地球上留下的一个能够与万里长城相媲美的伟大工程。于是，我和另外两位记者在庄浪采访了两个星期，跑了13个乡（镇）、24个村，转了200多个梁峁，行程400多公里，写下了《庄浪人的骄傲》。

在行家嘴里"叫得响"

俗话说，外行看热闹，内行看门道。一篇"叫得响"的新闻作品一定会被行家挂在嘴边，而行家关注的是作品的专业水准。其重点无外乎是报道的内容和思想，写作技巧和作品内涵。

时下的社会非常讲究包装，商品要包装，歌星要包装，但凡是需要社会接受的，都要包装。一篇好的新闻作品，一是必须内容过硬，二是必须形式清新。这样的作品才具有灵动性。古人说，质胜文则野，文胜质则史，文质彬彬，然后君子。这话没错。不论做人做文，它都是一条不可违背的铁律。

"叫得响"的新闻作品必定有一个"叫得响"的内容，也必定有一个"叫得响"的形式，更必定有一个"叫得响"的底蕴。一篇内容空洞的作品，就像一个没有演员的舞台；一篇形式粗陋的作品，就像一个没有舞台的演员；一篇底蕴干瘪的作品，就像一个没有导演的戏剧。当然，在一场戏当中，演员是第一位的，舞台是第二位的，导演是隐在幕后不能出现在前台的。

因此，"叫得响"的新闻作品应该是在丰厚底蕴的承托下，实现鲜活内容与精美形式的协调和统一。形式是岸，内容是水，底蕴是床。坚实的河岸会把丰满的河水送向浩瀚的大海，深厚的河床会使不息的河水涌起漩涡和浪花。这就要求记者还必须在采写中，深入生活，发掘内涵，经历并完成一个感触——感悟——感发的过程。

在庄浪转了一圈，我有了感触——庄浪值得一写。写什么呢？当然是梯田。但是，我们不能就梯田写梯田，不能只写庄浪人几十年来怎么修梯田；而要通过梯田写出人，通过人写出精神。

在采访中，我就时时留意搜集那些能够反映庄浪人精神风貌的素材，留意从素材中提炼庄浪人的精神。于是，我有了感悟——

40万庄浪人因地制宜，34年在"烂塌山"、"滚牛洼"上，"人机结合修梯田"，变跑水、跑土、跑肥的"三跑田"为"三保田"；"沙棘戴梁峁，梯田绕山腰，林草穿沟底"，40万亩经济作物、55万亩粮田相映生辉，形成新的种植结构；庄浪山水之间，成长起一批带领乡亲治穷致富的经济能人，"建成了全县的高效农业示范区"；庄浪人打好、用活"梯田牌"，从传统农业跨向市场农业，在第二次创业中奔向小康。由此，我有了感发——提炼了反映庄浪人业绩内涵和底蕴的"庄浪精神"："实事求是，崇尚科学，自强不息，艰苦创业"。

我注意选取能够展现庄浪底蕴的素材，注意在行文中紧扣主题，集中体现"庄浪精神"，再加上精心锤炼的标题、倒卷珠帘式的开头和一些起到"文眼"作用的段落，就形成了得到责任编辑和其他同行好评的《庄浪人的骄傲》。

在读者心里"叫得响"

一篇新闻作品，只是在记者眼里、行家嘴里"叫得响"，那还算不上真正的"叫得响"；只有当它能够活在广大读者心中的时候，才称得起"叫得响"，因为新闻作品阅读、消费、流传的对象是群众，读者才是作品最终的裁判。

新闻的生命在于真实。一篇"叫得响"的新闻作品，首先应该选取那些真实、生动、感人的人物、事实和细节，只有这样，才能取信读者，引起读者阅读的兴趣。但是在新闻作品中，又不能简单地罗列事实，它还必须反映记者的追求。也就是说，作品所选取的新闻事实应该能够表达记者的价值取向和社会理想。这就要求记者在记录社会生活的时候，必须具有良心、慧眼和美声；他必须剔除那些非本质的事实，透过表层真实传递本质真实。

应该强调的是，记者在新闻作品中表达的追求必须与社会、与大众的追求相一致，因为只有达到了一致，读者才会在记者记录的事实和传达的追求中产生共鸣，才会在阅读作品的过程中，激起感悦——感染——感奋。这大抵就是我们通常所说的导向性。

我在采写《庄浪人的骄傲》的时候，之所以要发掘庄浪故事的底蕴，提炼庄浪人的精神，就是为了写出几个人，激励无数人；写出庄浪人，激励其他人。

1998年5月25日，《庄浪人的骄傲》在人民日报头版头条发表后，使读者感悦——许多在外打工的庄浪人给家乡亲友打电话报喜，有的激动得哭了。水保局职工复印了两千多份报纸，走上街头，敲锣打鼓，悬挂横幅，设点赠送。通讯被美国、德国、日本、澳大利亚等13个国家和地区的媒体转载。不久，庄浪街心树起了一座颇为雄伟的"中国梯田化模范县"纪念碑。

报道使各地的读者受到感染——2002年，庄浪县的领导告诉我，他们拿着《庄浪人的骄傲》到北京办事，有关部委的同志一听是庄浪人，马上热烈欢迎。4年间，庄浪筹得的各类资金超过了6亿元，一篇文章把全县的发展至少向前推进了10年；"庄浪人"已经成了一个品牌，成了受欢迎的打工者。

报道使庄浪人感奋——2002年端午节晚上，我和几位记者朋友在庄浪街头散步，当乡亲们知道了我就是采写《庄浪人的骄傲》的记者（名字和文章题目刻在纪念碑上）后，立刻围了上来。这个说，"啤酒随便喝，我请客"；那个说，"羊肉串管够吃，不要钱"。有人还从家里拎来了节日的大锅盔……那一晚，我们尽欢而散，我照样付了钱，只是每人留了一个蒲扇大的锅盔做纪念。

由此，我感到了——这评那评，不如人民的口评；这奖那奖，不如人民的心奖；用作品激励人们奋进，应该是记者的不懈追求。

（作者时任人民日报驻甘肃记者站站长，现已退休）

9. 何为"叫得响"的新闻

朱竞若（2008年4月1日）

>>> 新闻有效地传播信息、思想、观点，引导舆论，都必须通过它的阅读率、传播面来实现。因此，"叫得响"的前提，是吸引阅读

"叫得响"，相对于理性的、硬性的标准，是一个感性的、柔性的标准。新闻有效地传播信息、思想、观点，引导舆论，都必须通过它的阅读率、传播面来实现。因此，"叫得响"的前提，是吸引阅读。

一

记者部倡导写"叫得响"的稿子，让大家议议什么是"叫得响"的新闻，怎样才能叫得响。

相对于理性的、硬性的标准来说，这是一个感性的、柔性的标准。

"叫得响"，一般来说，是指知名度高、口碑好。用在新闻作品的评价上，可不可以说，它更重视来自阅读者的认知度、反应和评价；更重视新闻作品的传播面和社会认可度。它不仅重视采访者、被采访者、编者等制造信息环节的自我评价，更重视传播对象的反响！

一篇新闻作品，即使它获得了全国性的新闻奖，如果它的读者认知度不高，知之者寥寥，那么，可不可以这样说：它是一篇不错的新闻作品，但不一定是一篇"叫得响"的新闻作品。

新闻有效地传播信息、思想、观点，引导舆论，都必须通过它的阅读率、传播面来实现。

因此，"叫得响"的新闻，基本条件应该是吸引阅读的新闻。

二

"叫得响"是否还应有一个必备条件，就是口碑好。

人们不仅阅读了，还在议论、谈论这一新闻。在人们的口口相传中，实现其二次传播；在网络和其他媒体的转载中，实现其放大效应。

也就是说这篇新闻作品带来的阅读率，不是一般的阅读，而是有关注度的阅读，它吸引了读者的眼球，调动了读者的情感，影响了读者的思想，进而改变了人物的命运、事物发展的轨迹。

因此，叫得响的新闻必然是关注热点、难点、焦点的新闻，必然是有独家发现、独到思考、独特表达的新闻。

"叫得响"的新闻有特殊的影响力和调动力，它能改变新闻事件演变的轨迹，它的出现，给社会的发展变化留下了某些痕迹。

三

说"叫得响"是柔性的标准，还在于这个"叫得响"有程度的不同，范围的不同，层面的不同，时间的不同，发挥作用的不同。

有的稿子，在报社大院里叫响了！有的稿子，在同行中叫响了；有的稿子，在一个行业、领域中叫响了；有的稿子，在某一个地方知名度很高了；有的稿子，在领导层受到关注，影响决策了。有的稿子，则是全国性影响，甚至引起国际关注！

有的新闻作品，叫响于一时一地。这件事解决了，过去了，读者也就遗忘了！有的叫得响的作品，影响深远，十年二十年后，依然有人记得。

因此，"叫得响"有相对性。

"叫得响"是柔性的。它可以是一个很高的的标准，纵观整个新闻史，叫得响、留得下的作品，也并不是很多，从这个意义上说，"叫得响"也许只是我们追求并不断接近的一个目标。

从另一方面讲，"叫得响"可否有一个最低标准，那就是大家看过了，记住了，知道有那么一回事了！它多多少少产生了一些影响了，改变了一些什么。从这个意义上说，"叫得响"是媒体人可追求可实现的经常性目标！

（作者系人民日报社北京分社社长，时任人民日报驻福建记者站站长）

10. 追求和劲头

龚永泉（2008年4月2日）

>>> 每次采访都是新挑战，每次都是新机遇。选择了记者职业，就是选择了"劳碌命"。如果说写稿是"输出"，那学习就是"输入"，我们要以更大的劲头学习，不断充电

记者部让谈谈对于好新闻的管见，正好逼着自己深入思考一下，现奉上。我觉得，重要的是记者要有一种追求，要有一股劲头。

要有一种追求。鲁迅有一句话："从血管出来的是血，从水管出来的是水"，我总以这样的话来砥砺自己：若不能成为血管，也决不做水管。

记者职业的特点是：每次采访都是新挑战，每次都是新机遇。选择了记者职业，就是选择了"劳碌命"。在机关里，多年媳妇熬成婆，熬成了个什么长就可以"动动嘴"了，而记者站站长不行，是既要动嘴又要跑腿，编辑可不会按你是什么级别去用稿子，而是"好稿不问出处"。

作为记者，没有不想写好稿的。报社的各级领导对记者十分理解，我的心头常萦绕着田流老主任的话："记者眼睛一睁就是在工作，记者天生的是能写两篇不会写一篇，能写两千字不会写一千字，哪个记者要是十天半个月没来稿，一定是业务上或生活上遇上了难处"。

本报差不多每年都要在南京大学新闻学院招收一名毕业生，我在受人事局之托前往看档案时，了解到南方某报每年都要招收七八个，大为惊讶，得到的回答是："他们进的多，出的也多，两年后，还在干新闻的就是个顶个的精英！"想当年，听到自己被报社录用，兴奋得一夜没有睡觉，而现在，部里已有好几位青年才俊另谋高就，感慨万千：与时俱进，人各有求。

要有一股劲头。如果说写稿是"输出"，那学习就是"输入"，我们要以更大的劲头学习，不断充电。据我观察，记者部同仁所学专业结构具以下特点：学哲学的善解析，学文学的长文笔。我是学中文的，更多得益于文学的滋养，对文字更敏感些。有人问张晓风，你的文章写得那么好，有什么秘诀？她回答："哪有什么秘诀？不过是每当我提起笔来的时候，不由得想起，我现在使用的语言，正是孔子、孟子、

李白、杜甫曾经使用过的,下笔就不得不格外谨慎!"现在,我们的面前又多了个无际无垠的网络世界,每看到跟帖的犀利、睿智和情趣,我总感叹:再不长进,连网民也不够格了。

去年底亲耳听到一市委宣传部的同志说:现在人民日报好看多了,而某某日报还不行,心里一阵大喜,煞是得意。我以为,好看的支点是新闻版全面推行编采分开,主编们有了"自主权",网络更是成了编辑们的千里眼和顺风耳。各版主编,拉到哪个省报,都是个呱呱叫的常务副总编辑。这里,小记一事:一主编向我约稿,我想第二天交稿,回答是:"最好今晚",我问晚到几点,回答是:"我们等你",霎时,一股热流冲击全身:"行!"结果晚10时前交了稿,至今想来,都惊讶催出来的生产力!不知目前版面约稿和记者的"探马来报"稿比例是多少?如约稿过多我倒有点杞人忧天:天长日久,会不会钝化了记者的"新闻鼻"?

不依古法但横行,便有风雷绕膝生。军号已吹响,让我们把钢枪擦亮。

(作者时任人民日报驻江苏记者站站长,现已退休)

11. 48小时的携手苦战
——《在一起，人民有了主心骨》采写经过

禹伟良　李波（2010年4月21日）

>>> 稿件48小时的写作过程，是快速反应的结果，更是团队协作的结晶。面对挑战，能做的，该做的，就是全力而为，借助各方力量，依靠团队制胜

4月20日，是青海玉树地震七日祭，本报在一版头条隆重推出长篇通讯《在一起，人民有了主心骨——青海玉树地震大救援纪实》，全面反映万众一心共御天灾的恢弘场面，在标志性节点及时发出党中央机关报强音，唱响抗震救灾报道主旋律。

通讯刊出后，反响良好。

一位中央领导批示，"人民日报通讯很感人"，并建议新华社转发。

吴恒权总编辑批示："青海玉树地震大救援纪实是17日晚上很晚才安排的，在达发和张忠同志的组织下，迅速完成了近万字的长篇通讯，夜班及时安排在哀悼日前一天见报，这就是前方和后方，白班和夜班，采访和编辑密切配合的硕果。这也说明，我们的队伍是有战斗力的，感谢同志们为此付出的辛苦。"

米博华副总编辑也作出批示，给予肯定、鼓励。

回顾稿件48小时的写作过程，这篇通讯是快速反应的结果，更是团队协作的结晶。

争分夺秒"抢"稿子

时间紧迫，是这篇稿件写作遇到的第一个挑战。

4月17日（周六）晚，吴恒权总编辑主持召开紧急会议，研究贯彻落实当天下午召开的中央政治局常委会精神，作出重要部署。其中，要求地方部牵头完成一篇青海玉树地震大救援的全景式报道，配合全国可能举行的哀悼活动。

正在值夜班的部主任龚达发，立即召集刚刚参加完中宣部培训班学习的张忠副主任、当晚夜班的禹伟良等同志，研究落实社领导部署，决定成立写作小组，由张忠负责统筹，禹伟良、李波具体负责稿件撰写。

会议结束后，龚主任与张忠副主任即向吴恒权总编辑、值班副总编辑谢国明当面汇报初步安排，并听取指导意见。

随后，张忠、禹伟良又讨论分析情况，初步拟定稿件框架的两个方案，报龚主任选定。

此时，已是深夜1点多了。

当晚11点，正在老家郑州轮休的李波欣然接受任务，在未订到次日早晨航班的情况下，紧急赶往火车站，乘坐深夜启程的火车，于次日早晨回京。

18日上午9点，张忠副主任来到办公室，将他对稿件结构、叙述风格等考虑，以及搜集到的部分线索告知禹、李二位。虽然地震发生后，他们就一直关注着救援情况，但由于忙于其他报道组织和编辑工作，对玉树地震及救援信息掌握得并不多。

一切从零开始。大家立即着手从本报见报稿件、前线记者来稿，新华社稿库以及央视直播、网络报道等渠道了解、获取信息，并认真阅读胡锦涛总书记2008年在全国抗震救灾总结表彰大会上的重要讲话等。

案头资料准备、消化后，一眨眼就到18日下午了。心里有点底，尽管人困马乏，还是振奋精神动笔。

此前，张忠副主任与前方报道组组长、新闻协调部副主任丁伟通了电话，通报情况，介绍了后方的初步设想。下午4点多，又将稿件的主体框架、有关设想和需求发送前方。

禹伟良和李波一番挑灯夜战，到第一稿基本完成时，已是次日凌晨7点，不知不觉间，已连续工作了22个小时。

通力协作"整"稿子

力争拿出一篇与党中央机关报地位相称的全景式综述，对两位撰稿人是个不小的挑战。

能做的，该做的，就是全力而为，借助各方力量，依靠团队制胜。

写作过程中，龚主任不时过问进度，张忠副主任全程参与，与禹、李二位互相通报掌握的新线索、冒出的新点子等。以汶川看玉树为角度，以救援主体分层次，运用闪回排比、注意开合张弛……在反复交流、相互启发中，文章的通篇布局、段落结构、叙事风格等逐渐得以完善。

同时，借助全报社资源，搜集精当事例、精辟观点充实内容。比如，作为本报推出的重头文章，这篇全景式报道必然要充分反映中央领导同志情牵玉树震区、心系灾区群众。而胡锦涛总书记提前结束访问回国指导救灾工作，则是其中最大的亮点，也是最能打动读者的内容。正是有了国际部吴绮敏采写的《同人民在一起》见报稿，这篇通讯才没有受制于其他媒体的"独家垄断"。也正是有了《灾难中挺立伟大的中国》等任仲平系列文章，这篇通讯才有了许多理性而又精当的概述。

与灾区一线记者密切沟通合作，既启发了写作思路，更直接获取了第一手素材。文章开头的素材，就是商请前方报道组，安排记者王建新特地赴玉树孤儿学校深入采访提供的。最新的数据、感人的故事、生动的语言，都凝聚着一线记者的汗水与心血。

龚主任在值夜班的同时，全程指导稿件撰写。19日下午的编前会上，他向谢国明副总编辑汇报稿件进展情况，并及时和总编室杨涌副主任沟通，为版面统筹安排赢得主动。当晚，他再次仔细审阅全文，提出宝贵的修改意见、"贡献"了掌握的生动细节，并要求加强对科技救灾成果的报道。指点两位撰稿人完成第一稿后，张忠副主任又加班加点，打磨稿件，深化主题、订正事实、锤炼文字，每一次修改都是一次提升。

几经修改，稿件按时提交版面。夜班精心处理，以"一版头条+照片+整版转活"的浓墨重彩方式推出。更让人感动和受益的是，吴恒权总编辑自始至终关心指导，谢国明副总编辑、总编室值班主任，仔细推敲，将原主标题"全力营救生命 倾情保障民生"先改为"生命至上"，感觉还不是很到位后，又精心制作了见报标题，恰当而真切地揭示出大救援背后的深刻意义。同时，在文章开头部分中加上了一段文字："危难中，党和人民在一起……"让大标题有了依据，也提升了通讯的立意。

（禹伟良系人民日报社地方部机动采访室主编，李波系人民日报社地方部编辑）

12. "大手笔"先得脚板勤

费伟伟（2011年5月24日）

>>> "大手笔"，在于眼前大境界，胸中大气象，驾驭得住文章大开合。但前提一定是，新闻在路上，有深度的、有大气象的报道首先是走出来的

《福建跨上"金麒麟"》一稿5月3日在头版头条刊出，福建省委书记孙春兰称赞此稿"宣传福建很有力度"，正在外地开会的福建省委宣传部长唐国忠给我打电话时，盛赞此文堪称"大手笔"。

这篇报道由经济社会部和分社联合采写，最后作修改定稿的，是经济社会部主任皮树义。和皮主任一起采访了一路，我很清楚这个"大手笔"是怎么来的。

常言道，一分耕耘一分收获。要写出反映一个省"十二五"开局之年新变化的大稿子，扎实采访是前提。这次采访组在福建前后采访了一周多，留下了一张密密麻麻的行程表。

福建总共9个设县市加一个平潭综合实验区，8天时间里采访组走了7个地方。从这个行程中，可以感受采访组路途之急、采访强度之大。

这次活动是系列采访，东中西各选一个省，谢国明副总编辑亲自带队。此前，皮树义主任已随谢总在贵州、湖南两省采访了一周，福建是最后一站。到福建后，他连续作战，又和经济社会部的两位年轻记者一起采访了一周。

经社部的两位年轻人坦言，参加工作后还从来没有参加这样高强度的采访。好多个晚上为了抢时间连夜赶路，那些不采访、不赶路的晚上，则是抓紧时间收集材料、消化材料。

皮树义是我在经济部时的领导，以前一直叫他小皮。现在不好意思再这么叫了，因为小皮着实已不小，今年56岁。但皮主任自始至终和两位年轻记者一样，认真采访，并且事实上他在采访中任务是最重的。

好稿都是要花大量心血的，"大手笔"更是如此。采访是第一关，"大手笔"首先得脚板勤。

眼下，互联网的普及让消息来源变丰富了，变多元了，也更便捷。有人于是质疑这种跑来跑去，认为没必要跑那么多路，现场得到的材料常常还不如"一键"来

得多、来得快。况且，辛辛苦苦跑去采访了，有些材料未必就入得文章。

似乎很有些道理。

"走进著名体育用品企业安踏的检测室，只见一双双崭新的运动鞋正在机器上不停地'弯腰'，原来这是在做产品耐折断试验，国家标准是连续折弯4万次不断裂，安踏的标准是8万次。"这是《福建跨上"金麒麟"》中采访企业的一个场景。

这样的文字不到现场靠玩技巧总无法解决吧？更重要的，也是无论技术手段如何先进都无法替代的，那就是即使有些采访的东西写稿时未必用得上，但只有通过大量现场采访，你才会获得某种"感觉"。当好多这样的"感觉"在你脑海里翻涌，在你胸臆间奔腾，那个成就"大手笔"之魂的东西也许就来叩你的写作之门了。要"小聪明"是要不出"大手笔"的。

采访途中，皮主任经常和我交流稿件的构思，甚至布局谋篇，你能感觉到一路走来，他对报道的主题主线在行走中变得越来越清晰。新闻在路上，有深度的、有大气象的报道一定也首先是走出来的。

当然，"大手笔"更在于眼前有大境界，胸中有大气象，文章大开大合能驾驭得住。和这些相比，能跑路，脚板勤或许还只能算是"末节"。不少记者在一个地方呆了好长时间，跑了不少地方，也未必能出"大手笔"，就很能说明这一点。但即使只是"末节"，在做新闻报道普遍浮躁的当下，也是十分可贵的，它体现了一种作风，一种精神。

其实，对写稿首在采访这一点，大家有共识。但往往年轻力壮时，支持之声高；两鬓渐白时，步履沉滞，走下去采访的声音也便低了下去。

最近媒体在宣传党的好干部杨善洲，中宣部部长刘云山同志向全党同志提出这样一个问题：我们与杨善洲同志相比差什么？"我以为，关键是在两个字上：坚守。"刘云山同志认为，"一个人有了崇高的理想信念，认准了奋斗目标，能不能咬定青山、不离不弃、一以贯之、持之以恒，一条道走到底？这里重要的在于坚持、坚守。贵在坚守、难在坚守。"

这番话，我觉得也是说给广大新闻工作者的。无论时代怎么发展，脚板勤，仍是一个记者应该坚持、坚守的基本功。无论他是初出茅庐，还是沙场老将。

（作者系人民日报社福建分社社长）

13. 尝试"有思想的新闻"
——谈《天津迈向新高地》的理念及写法创新

陈杰（2011年6月13日）

>>> 新闻性与思想性的结合堪称一种境界，尝试写出"有思想的新闻"或是"有新闻的思想"，应该是不懈的追求

本报6月3日刊发天津分社撰写的头版头条《天津迈向新高地》，不断得到上级领导以及市委宣传部、市政府研究室、市发改委、经信委、农委、中小企业局等部门的肯定。

报道刊发的当天上午，天津市发改委研究室主任许颖悟告诉作者，此文厘清了转变发展方式的一些基本概念，读后开阔思路，很有启发。

作为《天津迈向新高地》的作者之一，我在理念和写法的求新上体现这样几个方面：

第一、提出投资方向对改善经济结构特别是产业结构和转变发展方式具有重要作用，投入符合产业发展方向，有利于科技进步和资源节约、环境保护，不仅会拉动经济增长而且会推动经济社会发展，否则适得其反。

通过在天津采访的事实——培育了关系核心竞争力的优势支柱产业，增强了自主创新能力与节能减排相结合以及与消费增长息息相关，改善了民生质量等，回答了人们近年对天津加大投入大项目好项目的"2万亿元"的种种疑问，回答了天津以增量投入带动存量优化。

第二、提出转变发展方式与改善民生的关系问题。本文界定转变经济发展方式主要是转变经济结构以及产业结构，进而延伸至各领域发展方式的转变。转变发展方式并非与民众没有关联，科学发展观与民众的发展观、幸福观是一致的。那种"没有强拆，就没有新中国"所透露的发展理念极其荒谬。

通过天津全社会消费品零售总额、城乡居民收入增长，一批大项目、好项目的效用体现在人们的生活之中，提出发展工业项目也要具有民生观。根据天津连续5年实施每年20项民心工程，文章道出天津注重追求的转变是以人民福祉为导向的转变，既使调整经济结构的成果及时惠及群众，又扩大内需，助推经济和社会的和

谐发展。

第三、提出城乡二元结构的根子在于城乡之间经济发展方式的不对接，城市与农村具有不同的发展方式。我是这样主张的，提出在津郊农业中，着力培育壮大实力的"小龙经济"、"小老虎经济"和精于分工协作的"小狗经济"。首次提出具有天津特色农村发展方式转变的模式——"农村包容城市"。

从革命时期以及改革初期的"农村包围城市"到现阶段"农村包容城市"，一字之变，这是我提出来的。经过三十年农村率先改革，城郊型农村实力增强，既为城市化提供了"人、财、物"自身的"蓄水池"，也为城市的发展提供了空间，从农村的角度看城市化的趋势，是"包容"了城市，也是农村地位的提升。

我在原稿还有一个判断："转变包含着农村发展要素现代化的提升，农村变革与城市发展相互依存，农村发展方式转变与工业和城市的发展方式转变一同推进，促进城乡一体化。"如此补充，立论的观点就完整了。

第四、天津处于经济发展方式转变的"结构优化创新型时期"——这也是我在文中提出的。对比有关经济发展方式转变阶段性分期指数，天津最明显的缺陷是服务业占经济总量的比重落后，这是客观事实，文章没有掩饰，"十一五"末天津服务业占全市比重45.3%，即使"十二五"末预计达到50%，也与发达地区60%至70%以上有距离，但这一概念突出"创新型"，我采用了，对天津人是一个鼓励。

第五、写法上从耳熟能详的事实入手，吸引读者读进去。如"一碗面（康师傅方便面）"、"一瓶酒（王朝酒）"、"一支机（摩托罗拉手机）"、"一辆车（夏利汽车）"天津工业的4个形象代言的变化，引出"这座城市的经济结构正在迈向高端产业和自主创新的高地，酝酿新的代言与传说"。

在拟写此稿之初，我设想既写给决策层，更写给广大读者，才能达到报道的效果。果然，4个形象代言的转变在读者中产生了反响。

总之，我体会新闻性与思想性的结合堪称一种境界，套用所崇尚的王元化先生的名言："有思想的学术"与"有学术的思想"，尝试写出"有思想的新闻"或是"有新闻的思想"，应该是不懈的追求。

（作者系人民日报社天津分社采访部主任）

14. 咬不透的文　嚼不烂的字

刘波（2011年8月11日）

>>> 把文字咬透嚼烂，非一朝一夕之功。但一条定律可使作者少犯错误：字典是正确的，按照字典的解释运用；与字典发生矛盾，且认为自己是正确的时候，请参照第一条

工作原因，有了点抠字眼儿的习性，文绉绉的说法叫"咬文嚼字"，现实中面对文字时，却常有一种咬了嘴巴嚼了舌头的痛感。

一日，某同事向周围的人问道："请教一个问题，汽车驾驶中的'换档'，应是提手旁的'挡'，还是木字旁的'档'？"

"木字旁'档'"，我答得嘎嘣脆。嘎嘣脆缘自自信，自信缘自经历。我学的是工程机械专业，从当学员受教于教员，到当教员教授于学员，10多年间，这个字用的次数，比我眨眼睛的次数还要多，胸有成竹。

"应该是提手'挡'"，身边有不同的声音。

分歧现，查字典。结果让我目瞪口呆，脊梁骨发凉。

难道是这10多年来都错了？心有不甘，回到家中查阅了以前的教材、汽车专业书籍，"档"字跃然而出，心中不禁疑惑，一边是《新华字典》，一边是专业工具书，不知所以。

类似这样模棱两可的事情，日常中并不少见。又一日，有人发问："'渡过难关'，应该是'渡'还是'度'？"

这个词近来频繁现身，正确用法已屡见报端，有人提问，自然是存有疑惑。"渡"与"度"，都有过、通过、经过的意思，似乎"度过难关"也能成立。"欢度春节"、"关山度若飞"、"春风不度玉门关"，都是没"水"度。比方说我近来生活困难，要咬紧牙关，苦渡难关，用有"水"渡，那与之孪生的"欢度春节"用无"水"度，显得不太和谐，也许"苦渡难关"，是有一肚子苦水吧。

近日看报，文章标题是"不瘟不火"，终于轮到我发问了："不温不火应该是哪个'温'？"回答各异，莫衷一是。翻遍手头字典和成语词典没有找到，上网搜寻，答案雷人，"不温不火"可以，"不愠不火"也可以，"不瘟不火"还可以。看着这样的结果，心中很是悲愤，忽然之间，对于初学汉语的外国人，同情之心油然而生。

在编辑处理稿件时，也常遇到，同事之间，常有些这样的讨论，且称之为"咬

友"。日子长了，次数多了，大受裨益。遇到问题解决问题，今后再遇到就不成问题。由此有了两点思考：一是要勤查阅、多积累，正所谓不积跬步，无以至千里；不积小流，无以成江海。二是要规范文字的使用，净化文字环境，不仅报纸刊物，任何使用文字的地方，都应符合国家语言文字使用的法律规定，避免出现混乱，使人产生混淆，形意相近者，更为要紧。

文字的变迁紧随时代的发展，不少人们常用的字、词和成语，与其出现时的含意已是大相径庭。每逢社会变革和文化昌盛时期，都会产生大量新的词汇，其中不乏来自民间，所以文字工作者不仅要手中有字典，还要笔下有时代。

传说中有一个可以使夫妻关系和睦的定律：做丈夫的要始终遵循两条原则，一是太太是正确的，按照太太说的办；二是与太太发生矛盾、且认为自己是正确的时候，请参照第一条。

写作中这一定律可使作者少犯错误：字典是正确的，按照字典的解释运用；与字典发生矛盾、且认为自己是正确的时候，请参照第一条。

把文字咬透嚼烂，非一朝一夕之功。

（作者系人民日报社地方部网络室主编）

第五篇

深入挖掘重细节　可信可学最动人
——如何报道典型

1. 对增强典型报道可读性的一点感悟

刘裕国（2004年5月28日）

>>> 典型报道，有没有人读是关键。可读性强，才容易引起共鸣。缺少感染力的文章，读者不愿看，宣传典型的愿望和记者的使命也很难实现

典型报道，特别是典型人物报道，历来是我党宣传报道工作的一个重要形式，有"号角"和"重武器"之称。在新的历史条件下，典型报道在采写方式上对记者提出了更高的要求。这个要求的基本点，就是典型报道首先要可读。在驻地，不少读者，包括相当一级的领导干部都对记者说过几乎是同样一句话：现在的典型报道，有没有人读是关键。可读性强，才容易引起共鸣。

当今社会，媒体多样化，人们的价值取向已经向多元化方向发展，通常情况下，典型人物报道不像突发性新闻那样容易被人们所关注。

近些年来，本人也很苦恼，辛辛苦苦写出来的报道常常引不起读者多大兴趣，也没有多大的社会反响。而本报近年来也刊登了不少优秀的、社会反响强烈的典型人物报道，如《护士日记》、《司令退休以后》、《新时代的中国工人许振超》等等。回望这些佳作，深感典型人物报道的确要可读，要具备一种美感，有比较强的视觉冲击力，让读者读得下去，让受众在阅读中受到感染。直白的叙述和说教，缺少感染力的文章，读者不愿看，宣传典型的愿望和记者的使命也很难实现。换言之，作为党报记者，要担当起典型宣传的责任，应当在典型报道的可读性上下一番功夫。

首先是加大对采访的投入。采访是记者的基本功。作为"老记者"，自己对"七分采访三分写作"、"巧妇难为无米之炊"这些行规、名训，虽然烂熟于心，但有时实践起来却并不那么上心。下去转一圈，拿到一叠材料就洋洋洒洒写通讯不乏其例。翻翻自己的剪报本，发现凡是那些得过一点点奖励，社会反响好的，被同行们称道的典型报道，无一不是深挖细掘得来的。深入采访，首先要舍得多花时间，其次要真正走进主人翁的心灵，去看别人看不到的东西，去挖掘别人挖掘不到的故事和细节。这样，就能从源头上增强典型报道的可读性，提升典型报道在媒体中的竞争力。

记者要有创新思维。创新是时代的主题。党报记者作为时代的"号角手"，应当顺应时代的发展，走在时代的前列，具备敢于创新的魄力和勇气。体现在典型人

物的写作上，就是要打破习惯的思维方式，善于用独特的视角去看典型，用比较新颖的笔法去写典型，一句话，要有所突破。然而，多年习惯使用的、被业内认可的写作模式，往往用起来顺手，省时，省事，相对比较轻松，而对自身写作有所突破和超越，往往是一件很不容易的事情，是一个十分痛苦的过程。我们党报记者，一定要经得起这个考验，要敢于创新。

要加强基本功训练。记者是个杂家，不仅应当具备新闻的功底，掌握新闻采写的"三板斧"，还应当有"十八般武艺"，尝试多种写作方式和表现手法，力求使典型人物报道在思想、语言等方面有新意，使读者爱读。当然，优美的文笔，很强的文字表现力，不是一下子就有的，"冰冻三尺非一日之寒"，这需要长期的锻炼和积累。

要十分注意把握分寸。典型人物报道的生动性、可读性是建立在新闻性和真实性的基础之上的，可以说，新闻性是典型人物报道的内核，真实性是典型人物报道的生命。从严格意义上讲，新闻源于事，文学源于人，典型报道中的人物首先应当是一个新闻人物，应当具备新闻的基本要素，要有新闻事实，才立得起来。人物典型必须真实，包括细节的真实，切忌为了追求故事性、生动性，就移花接木，甚至虚构。虚假的东西影响可读性和感染力，更重要的是，虚构与新闻工作者的职业道德相悖，决不可取。

（作者系人民日报社四川分社副社长，时任人民日报驻四川记者站采编部主任）

2. 投入的"快"一次
——《人民的好卫士任长霞》采写体会

王明浩（2004年7月13日）

>>> 采访任长霞，从采访到稿子见报，只有一天多时间，是地地道道的急活。记者通过深入现场采访获取新闻素材，主观能动性一下子被"逼"出来了。

4月18日，我和李杰站长合写的长篇通讯《人民的好卫士任长霞》，在本报头版头条位置发表，在全国性媒体报道中拔了头筹、抢了"头彩"。

4月15日凌晨，全国十大女杰、河南省登封市公安局局长任长霞遭遇车祸，因公殉职。4月16日下午，我们接到记者部紧急通知，要求迅速组织对任长霞先进事迹的报道，要深入、最大限度地挖掘任长霞的感人事迹，注意提炼任长霞先进事迹所反映出来的时代精神，篇幅不超过2000字。这样的急活、硬任务，我进报社以来还是第一次碰到，压力大极了。一是时间急，二是手头没有任长霞的资料，"巧妇难为无米之炊"啊！

同时，我们也敏感地意识到：在老百姓对公安印象差、意见大的背景下，报道这样一个先进典型，对弘扬正气，树立公安新形象，具有重大的时代内涵和积极的现实意义。

为了做到心中有数，去登封前，我们即着手从各种渠道搜集有关任长霞的报道素材。网上查到的，朋友告知的，公安部门同行提供的，多多益善，以十当一。把搜集到的材料大致浏览一遍后，心里才有了些底儿。4月16日18时50分，记者驱车赶往登封。途中又把收集到的素材看了一遍，算是对任长霞有了一个大概了解。到登封时已近20时，我们随即投入紧张的采访，直到次日凌晨1点。这期间，我们先后对当地老百姓、任长霞的同事、家人、任长霞收养的女儿进行了"面对面"的采访。采访中，详细了解了任长霞的成长经历和她在登封当公安局长的点点滴滴。我们更注重把任长霞放在她成长的环境里去把握、去审视。我们还来到任长霞的灵堂前，深刻地体验了登封群众对任长霞的尊敬、依恋以及对她不幸离去所产生的巨大悲痛，获得了大量鲜活、生动的报道素材。4月17日上午，我们融入数万名登封群众中，参加了任长霞追悼大会，用眼记录、用心感知，捕捉到很多感人至深的场面和细节。

开始整理采访笔记，搜集到的材料竟有一尺多厚！经过一番分析筛选，我们把任长霞的先进事迹归纳为4个方面——打恶除霸，保一方平安，扫除阴霾，还群众一片晴朗的天空；时刻把老百姓的安危冷暖放在心头，想方设法为群众办好事、办实事；为登封打造一支坚强、合格的公安队伍；为了所挚爱的事业，舍小家为大家，无怨无悔。任长霞在平凡岗位上做出的不平凡业绩，恰恰是她作为人民好卫士的具体体现！而这，也正是任长霞作为公安战线杰出代表的典型意义之所在。主题确定了，写起来也就顺畅多了。稿子在21时30分完成。

在登封采访的过程中，我们接触了方方面面的人，无论是年近七旬的老人，三四十岁的中年人，还是七八九岁的孩子，他们都是哭着讲述任长霞的先进事迹啊！霎时间，记者被深深震撼了。带着感情，我们一下子写成了5800字的长篇通讯，大大超过了原来的字数要求。幸运的是，记者部编辑和领导十分重视这篇报道，杨振武主任赶到夜班修改定稿，最后见报稿是5200字。手捧第二天报纸，记者感慨万千：这是一篇抢出来的急就章啊！

这次采访任长霞，从采访到稿子见报，只有一天多时间，是地地道道的急活。记者通过深入现场采访获取新闻素材，主观能动性一下子被"逼"出来了。

文章见报后，在社会上产生了强烈反响。通过新闻界对任长霞后一轮的报道，掀起了全国范围内学习宣传任长霞的热潮。回过头来看当初这篇报道，我感到，我们真的"抢"了一次新闻，而且"抢"得很值得。尽管我们没有足够的时间精雕细琢，尽管在稿件写作上还留有很多遗憾，但我们全身心地投入了，尽了自己最大的努力。这是我们最感欣慰的。

（作者系人民日报社北京分社采访部主任，时任人民日报驻河南记者站记者）

3. 泪飞最是感人处
——《百姓心中的丰碑——追记公安局长的楷模任长霞》采访札记

戴鹏（2004年9月11日）

>>> 细节是描绘人物、事件和环境的最小组成单位，如同血肉的细胞。在《百姓心中的丰碑》里，是强音符，是"催泪弹"，可以生发出强大的艺术感染力和心灵震撼力

长篇通讯《百姓心中的丰碑———追记公安局长的楷模任长霞》于今年6月3日在人民日报第五版发表后，引起极大反响。多位中央领导同志先后批示和讲话，号召向任长霞同志学习。

来自社会层面的反映也相当热烈，仅人民网的相关跟帖就有1万多条，来信来电也很多。如果说，与徐运平同志共同采写的这篇通讯取得了一些成功的话，作为执笔者，自己也确实有不少的感受要与同仁交流。

调动潜能采写英模

就新闻采写而言，有时候，越是好的条件给人造成的压力越大，越是顺利的境遇蕴藏的困难越多。

从优势角度讲，成就《百姓心中的丰碑》这篇文章的诸多要件都很具备：

一、这是多年难遇的绝好题材。任长霞这个人物具有鲜明的时代特征：她是公安局长的楷模，是执法为民的榜样，是"三个代表"重要思想的忠实实践者，是新时期共产党人的优秀代表，其事迹生动、细节感人。从审美学的角度看，人物形象鲜明，刚柔相济，内外统一，层次清晰，体现了鲜明独特的个性和普遍意义上共性的完美统一，容易感染人。

二、很适合发挥自己的"偏好"。说心里话，在22年的记者生涯中，在众多新闻体裁的"长枪短炮"中，我比较偏爱通讯类，尤其喜欢人物通讯。在河南日报当记者时，就曾在这方面有所历练，采写过爱兵模范张新久等分量较重的典型。我过去就喜欢钻研电影艺术的表现手法，再加上受贺敬之等抒情诗大家作品的熏陶，比较看重抒情诗创造意境的独到优势。以上诸项，使我有一种在谋篇布局、梳理情节、

刻画人物、运用细节、抒情张意等方面做出尝试的愿望。因此，遇到"任长霞"这个极为难得的题材时，就觉得"很对口味"，很容易被感染。

三、遇到了非常难得的机会。对任长霞的报道，中宣部、人民日报社编委会领导，精心组织，统一调度；人民日报总编室、记者部、国内政治部等业务部门的相关领导，高度重视，不惜版面，为文章的隆重推出，为记者把采访中获得的激情充分地传导给读者，搭建了宽阔的平台。

写好这个人物，当然也有压力。

时代造就了任长霞，时代需要任长霞。在某种意义上，任长霞用短暂的一生在百姓心中竖起了一座丰碑，同时，也为我们成就一篇催人泪下、催人奋进的长篇通讯贡献了生命的素材。我们若是写不好，不说愧对时代、愧对历史，就连任长霞本人都对不起。那样欠下的不仅是历史账、政治账，也欠下了做记者的职责账和做人的良心账。此为压力之一。

任长霞追悼会之后的第二天，即4月18日，我们人民日报驻河南记者站站长李杰、记者王明浩就在人民日报一版头条发表了长篇通讯《人民的好卫士任长霞》，引起了中央的重视和社会的广泛注意。

这次报道，仍要采写一篇同样体裁的长篇通讯，而且要"具有创意、挖出深意、写出新意"。这就提出了一个难题：已见报的报道，把"该写"的主要内容基本都点到了，要想体现出"创、深、新"的要求，就必须跳出前文的"圈儿"，另辟蹊径，否则很难脱颖而出取得成功。此为压力之二。

为了宣传好任长霞，20多家新闻单位的40多名记者奔赴登封，面对"命题作文"展开同台竞技，稍有懈怠或投入不够，就难以体现出人民日报的水平，更难高出一筹。此为压力之三。

尽管如此，压力最终还是转化成了动力。在7天的采访中，我和徐运平做到了"以英模精神采访英模，在宣传英模中学习英模"。

精心设计采访方案，冒雨到机关、学校、警营、寺院、田间地头、里巷农舍，甚至到殡仪馆里祭英雄，看守所里提犯人……期间，小徐急得上火，头上起包。我焦虑劳累，痛风发作，走路困难。就这样，我们先后采访了上百人次，掌握了大量的鲜活素材，为随后的写作打下了基础。

靠真情打动读者

我一直有这样一个印象：在新闻实践中，不动真情，难以写出不朽的人物；没有激情,绝难写出具有生命力的佳作。《县委书记的榜样———焦裕禄》发表 30 多年,激励了一代又一代党员干部。今天看来,无论从文章的字里行间,还是从穆青老前辈自己的回忆片断,都明白地印证了一点:没有当年穆青他们采写时的真情涌动,激情磅礴,就没有通讯的感人至深、催人泪下。

回顾《百姓心中的丰碑》的采写过程,体会也非常深刻。任长霞热情对工作,真情对群众,破积案、打团伙、救人质、抚孤儿、解危难,替百姓撑腰,为弱者申冤,把无数好事善举办到了群众的心上。而群众对她则是更为纯真的感情回报,"把泪洒给她,把心掏给她,用口为她铸碑"。由于无法与主人公进行面对面的采访,我们只能通过群众的叙述来了解任长霞。可以说,每一个受访者都是流着泪向我们讲述长霞的故事,我们也都是流着泪听他们讲述。于是,热情激发真情,真情点燃激情,眼前很快凸现出一根沉甸甸、泪闪闪的感情线:长霞真情对群众——群众真情对长霞——记者真情对长霞、对读者;也显现出一个清晰的"互动"格局:长霞感动群众——群众感动记者——记者感动读者。

写作的关键是怎样感动读者。在这次实践中,我深深地体会到,要把记者的激情传导给读者,进而感动读者,至少有两条必须做好:

其一,必须讲究结构和叙述的技巧。因为不讲技巧的作品难有读者,更难成为佳作。在谋篇结构上,我们力求通过"三泪成珠,一线相串"的构思,巧妙地搭建起一个便于叙事抒情的结构平台:我们把最有助于塑造人物形象、最易于撞击读者心灵的"百姓泪"、"英雄泪"、"亲友泪"分成 3 个"板块",把零乱无序的素材分成 3 类,分别归入各个"板块",形成看似独立却又互相关联的 3 个小标题,然后用群众对长霞的"真实情感"这根"感情线"进行串联"组装"。形成的这个平台,挥洒由己,收放自如,所有搭载的素材"存放"合理,"发射"有序,把读者引入一个完整的、真实的、特定的情感世界,用一个接一个感人的事实撼动读者的心灵,以取得最佳的效果。

运用电影的镜头语言和叙述手段铺排,要紧之处反复强化,突出效果。由于我们是在雨、泪交织的氛围中采访,在泪、雨融汇的情势下写稿,写的又是催人泪下的故事,为了让读者与我们产生共同感受,特意提炼出既有画面、又有诗意的句子在每一小段的开头和文章结尾时重复使用:"嵩岳无言,颍水低徊。雨像泪一样飘洒,泪如雨一般倾诉。面对每一位受访者的泪眼,记者视线模糊,无法拍照,无法笔记"。这样写,意在通过重复的强化,收到由记者的"视线模糊"引发和催化读者"视线模糊"的效果,使人读着回肠荡气,形成持续、递进的感情冲击力。同时,淡出淡入、时空切换、远景近景、特写旁白等一系列电影艺术表现手法的运用，使读者很容易随着我们的笔触一步步走进任长霞崇高的内心世界。

其二，必须讲究组织高潮的技巧。有时候，恰到好处的"台前独白"会收到推动情感高潮的强烈效果。所以，记者该站出来说话时一定要站出来说，直抒胸臆，绝不避讳！因为记者对素材、对事情的了解和理解毕竟要比读者多，要比读者深，感受到的也要比写出来的多和深。

比如，写到英雄也流泪时，记者在重要的小标题位置直接点题："她的泪流淌着女人的天性，天性的慈悲，慈悲的纯真，闪耀着彩霞般的丽晖，映照出一位公安局长执法为民、关爱百姓的深切情怀"。

再比如，为了承转有力和强化长霞这个人物的另一面，写到杀人疑犯为感念长霞的人道关怀而流泪时，记者直抒胸臆："女性的慈悲是博大的。因为博大才显得伟大"。接着叙述长霞收养弱小孤儿小春雨的段落，烘托出长霞慈悲、博大、伟大的人格境界，使其具有更大的震撼力。

还比如在写到英雄的"欠缺"时，借着长霞儿子卯卯给妈妈用百分比打分的"势"，记者走到前台："又一个80分！面对同样的问题，长霞的丈夫给了她同样的分数！记者的泪水夺眶而出……是的，只有完美的神，没有完美的人！作为一个普通的人，一个普通的女人，如果说任长霞也有她的不足和缺陷，那无疑是一种英雄的残缺，残缺的美丽，美丽的崇高！"意在冲决读者泪水的堤坝，在泪水中升华英雄的精神，用泪水荡涤读者的灵魂。

用细节再现典型

震撼人心、能够流传的作品必须借助于真实的细节。因为细节决定作品成败，细节决定深度、高度。没有真实、典型的细节描写，就没有优秀、经典的文学艺术作品，当然也不可能有优秀的通讯和报告文学。

细节是描绘人物、事件和环境的最小组成单位，如同血肉的细胞。具体在《百姓心中的丰碑》里，是强音符，是"催泪弹"，可以生发出强大的艺术感染力和心灵震撼力。

细节可以是一个自然而然的动作。任长霞在农村上访妇女陈秀英头上那深情"一摸"的细节可谓非常难得。由于自己被伤害一案迟迟未破，陈秀英踏上了上访之路。2001年5月的一个局长接待日，"她看了材料后，轻轻地摸了一遍我头上那块去掉颅骨仅剩头皮包着的软坑，她惊讶地说了声'咦！咋打成这样！'她的泪水一下流了下来,双手扶住我的肩问:'人呢?'我说'跑了。'任局长说:'你放心,跑到天涯海角我们也要把他抓回来!'当时在场的100多个告状乡亲中许多人都哭出了声。""她也不嫌弃俺农村妇女蓬头垢面身上脏,在我头上摸了一遍又一遍。你知道,就这一摸,把俺的心都摸暖啦!"在这里,任长霞"摸暖"的何止是陈秀英一个人的心?她"摸暖"的是党和群众的血肉联系,是百姓对政府的依恋情结,是我们正在努力找回、极力维护的那种朴实无华、弥足珍贵的干群关系!

细节可以是一个物件。与上述例子相比,"一包药"的细节具有同样效果,只是着力点不同。

"在回放4月17日任长霞葬礼的录像资料中,一幅写有'痛悼亲人任长霞',落款为'上访老户'的巨幅挽幛格外引人注意,一头挂着的那包药来回晃动,尤为显眼。'来路短,去路长啊!长霞闺女为我们落下了一身毛病,带上点儿药也好御个风寒,免灾祛病。'老上访户张生林老汉未语泪流,泣不成声。"

其实,"这包药"是任长霞得知张生林连小病都没钱看时,自己给老汉拿的常用药。结果张老汉药没吃完,任长霞已经牺牲,他反过来为她"送药",为她送行。"一包药"的作用岂在"送人"、"医人"?

读者自可体味深思。

还有那个根本无法"捎走"的手机。任长霞的妹妹任丽娟说:"去殡仪馆为姐姐送行那天,妈妈把我拉到一边,让我给姐姐'捎'去个手机,说我姐离不开手机,为那工作上的事,一天到晚不停地打电话,不能临走连个手机都没有!""姐姐,带好你的手机,可别丢了!"这个小小的细节,蕴含了太多的亲情,太多的意味。

细节可以是一段小的情节。当杀人疑犯王某3岁的儿子哭喊着"爸爸"追赶囚车时,任长霞命令停车,"'打开手铐,让他们父子再见上一面。'

犯罪嫌疑人看到还不懂事的儿子时,露出了人性的一面,抱着儿子嚎啕大哭。这时,任长霞蹲了下来,用双手轻抚着孩子的脸,从衣兜里摸出100元钱,递给一位邻居说:'给孩子买点吃的,以后孩子有啥困难就去公安局找我,我叫任长霞。'说完扭头就走了。"当一位记者"过一会再见到任局长时,发现她在悄悄抹泪。'任姐,你哭了?'她对我说:'唉,孩子真可怜!女人泪窝浅啊!'"一句"女人泪窝浅!"揭示出了任长霞天性中母爱的慈悲善良和一位公安局长的人道主义境界,令人肃然起敬。

细节可以是一幅画面、一个小的场景。小春雨的父母相继去世后,幼小的她成了孤儿,是忙得连自己的儿子都无法照料的任长霞收养了她,给了她精神的支撑和生活的保障。当记者一提及"任长霞"三个字,"刘春雨还没开口就失声痛哭,泪滴像断了线的珠子洒落在她手中的作文簿上——《我心中一盏不灭的灯》。窗外,风摇月季,雨打花蕾。"我们通过这些小细节带出了让小春雨难忘、叫读者唏嘘的"穿袜子"的细节。2002年她生日那天,"任妈妈到我家来看我,给我带来一双运动鞋和一件粉红色棉袄。她蹲在地上给我穿鞋,见到我的袜子破了一个窟窿,就说,'这咋穿哪,给你点儿钱去买双新的'。我的眼泪刷一下掉了下来,要不是当时旁边站着别人,我真想搂住她亲她一口,叫一声'妈妈'。"此时,读者并没有见到任长霞,而她的形象却已跃然纸上。

细节还可以是一颗小小的泪珠,一个细微的眼神。"老上访户张生林老汉未语泪流,泣不成声"、"陈秀英将任长霞的遗像双手捧在怀里,泪流满面"、"第一次听到任局长遇难的消息,王小伟抱头痛哭"、"任长霞的妹妹任丽娟翻看着姐姐的照片,眼里闪着酸楚的泪光"、"任丽娟镜片里的两窝泪水在盈盈晃动"、"政委刘丛德把头埋入双手,声音哽咽"、"满头白发的韩素珍说起任局长老泪纵横"、杨玉章"这位剽悍的铁血汉子硬是半分钟没说话,生生把将要流出的泪水憋了回去"……这些"百姓的眼泪",其实都"很金贵,也很慷慨",然而,它们只为长霞而流。

我们深入挖掘出的这些细节,为文章增色不少,为重现任长霞这个典型形象起到了以一当十的作用。

(作者系人民日报社河南分社副社长,时任人民日报驻河南记者站采编部主任)

4. 逼近事物本质的进程
——三写诸暨"枫桥经验"感悟

袁亚平（2004年10月27日）

>>> 写"经验"之类的，一般很容易从工作角度去写。而我庆幸自己未入窠臼。现在回顾一下，三写"枫桥经验"，我寻找了三个角度：一写，揭示发展规律；二写，注重社会和谐；三写，着眼以人为本。

1999年12月1日，人民日报头版头条发表通讯《立足稳定和发展——浙江省诸暨市"枫桥经验"纪实》，配发评论员文章《"枫桥经验"值得总结和推广》。

2003年11月22日，人民日报头版头条发表通讯《让我们的社会安定和谐——浙江省诸暨市创新"枫桥经验"纪实》，并加编者按。

2004年6月12日，人民日报一版右上发表通讯《平安是福 和谐为乐——浙江省诸暨市创新"枫桥经验"纪实》，配发评论员文章《"枫桥经验"的启示》。

这3篇"枫桥经验"通讯，有的获人民日报精品奖，有的被多家媒体转载，不少朋友甚至有素不相识的同志打电话来，让我谈谈三写"枫桥经验"的经验。

一写"枫桥经验"：揭示发展规律

枫桥镇的社会治安好，经济环境好，群众情绪也好，很多商人到枫桥做生意，很多干部到枫桥参观，也有很多记者到枫桥采访。有人写枫桥的历史，有人写枫桥的经济，更多的人写枫桥的治安。这些都值得写。然而，作为人民日报记者，选题的眼光就不能停留在一般的层面上。

人民日报原副总编辑张云声同志到枫桥实地考察后对我说，如何正确处理改革、发展和稳定的关系，是时代向我们提出的一个重大课题，从稳定和发展这个高度来采写"枫桥经验"，要有点理论色彩。

主题确定了，采访思路就明确了。

我一路跑了好几个村庄，到了好几户农民家里，亲眼看，亲耳听，直接问，不停记。我一直以为，听各级干部介绍情况是必要的，到村户同农民面对面交流，会使我心里更踏实。

采访的结果记满了笔记本，外加一大摞书面材料，我却迟迟未能下笔——因为"理论色彩"整天让我陷入冥思苦想之中，拉拉杂杂写了一稿，左看右看不像样子，推倒重来！

断断续续又写了一稿，看来看去，既不像理论文章，又不像新闻通讯。得，毙了吧！

终于想明白了，我写的是通讯，而不是理论文章。我要在所报道的新闻事实中，寻找出内在联系，继而揭示其规律。寓理论于事实中，以辩证的观点来统帅几大块材料。

主标题："立足稳定和发展"；小标题："稳定是发展的前提"、"发展是稳定的基础"、"稳定需要一套机制"、"发展需要以人为本"。

这样，我舍弃了大量采访素材，集中笔墨，一气呵成。成稿后，又请张云声同志斧正。

二写"枫桥经验"：注重社会和谐

我第二次到枫桥镇采访时，心里就在敲小鼓：要寻找新的角度，难！

但任务在肩，硬着头皮也要上。怎么办？我寻思，首先在采访上要找一些新的点，让自己有新的刺激，有新的感受，然后琢磨怎么写。

"福寿康泰"，"虎啸风声远，龙腾海浪高"，"祖国共天地同寿，江山与日月争辉"……一幅幅村民撰写的书法作品，挂在墙这边；二胡、三弦、月琴、笛子、红腰鼓，列在墙那边。

村里有民乐队、演唱队、秧歌队、腰鼓队、锣鼓乐队、太极拳队、篮球队，年轻的新农村党支部书记陈乐琴，领着记者看这看那。全村375户、1056人，村里种养殖和轻纺、布机、小五金、运输等兴旺发达，去年人均纯收入10390元，全村文明户达到100%。村集体资产300多万元，发展势头更好。

她指着对面那一幢被脚手架包围的建筑说："那里六间五层，建成后下面是商业营业用房，上面是村里的娱乐中心，有康乐球、乒乓球、健身房，城里人有的我们都有。我们村，家家抓发展，人人保平安，齐心奔小康。"

我的采访主题有了！心中一阵狂喜。

我如实地记下了这一切，全部写进了稿子里。之后，我又将自己的思索写了下来。

"在枫桥镇走访，边听边看边思索。近几年来，经济快速发展，社会变革深入，同时带来了新的矛盾和问题,失地农民和农村富余劳动力大量增加,农村基础设施、公益事业建设相对滞后,农民文化生活相对贫乏。发展中的矛盾是客观存在的,关键是要用发展的思路、创新的办法去解决。推进经济社会协调发展,最大限度地减少社会矛盾,这是'枫桥经验'新的时代内涵。"

沿着这样的思路,我又去采访了镇北社区调解委员会,再采访了一些村庄和企业。这回,我的心中有底了,归纳了材料,从3个层面展开。主标题:"让我们的社会安定和谐";小标题:"经济社会协调发展　尽量减少社会矛盾"、"努力化解矛盾　就地解决问题"、"坚持以人为本　社会安定和谐"。

三写"枫桥经验":着眼以人为本

都说事不过三,事情一到三遍,就难上加难了。那天一听说有个急活,要我立马去采访"枫桥经验"时,我简直心里发怵了。

这个题材太熟悉,而且离上次采访相距不过半年,如何不重复自己,如何有新意呢?我生怕找不到新材料,生怕出不了好题目。

到了枫桥镇,我对镇党委书记说,不用介绍面上的情况了,我只问这半年来,有没有新发展,有没有新情况,有没有新问题?

从时间段来说,我要掌握最新的材料。从采访层面来说,我要到最基层,直接采访村干部和村民。跑了一个个村庄,采访本记得满满的。

这时的我,还没有理出思路来。那种该了不了、欲罢不能的感觉,折磨得我吃饭都没了滋味。

晚上住在镇里,镇党委书记见我这副淡然无味的模样,便来房间陪我聊天。我推开窗,看到对面的一幢楼房,一个个窗户亮着灯。我忽然来了兴致,走,我们去夜访一下。

镇党委书记说,这几年到枫桥采访的记者很多了,从来没有一个记者要夜访的。而恰恰是这次夜访,给了我灵感。三写枫桥的通讯就从这里开头:

夜宿枫桥镇。推窗望去,远处青山在夜空中画出黝黑的轮廓线,近处的步森集团六层楼亮出一个个温馨的窗口,里面居住的全是外来务工者。

敲开一间女工宿舍,只见桌上放着新型的收音机,床上挂着红色的中国结,床头堆着毛茸茸的小熊小狗。23岁的钱凌燕露出甜甜的笑,对记者说:"我从外地来枫桥打工已经3年了,在步森集团制衣车间做工,这里条件好,蛮舒服,我很安心,还准备报名学电脑。下班后到镇上走走玩玩,也很安全,真有到家的感觉。"门上贴着红底金字的"福",透出她心中的祝愿:平安是福!

我的思路越来越明朗了。以人为本,全面、协调、可持续的科学发展观,正是我们所要强调和坚持的。做好社会治安工作,尽量减少社会矛盾,经济社会协调发展,最终是为了社会全面进步和人的全面发展。

好了,"枫桥经验",我又解读出新的深层意义了。

主标题:"平安是福 和谐为乐";小标题:"只有统筹发展,才能减少社会矛盾"、"只有化解矛盾,才能过上太平日子"、"只有村民素质提高,才能实现人民安康"。

这里,我特别在意的是第三部分表述的观点:"只有村民素质提高,才能实现人民安康"。农村里很多事,本是家庭或邻里之间的鸡毛蒜皮,由于处置不当,演变成纠纷或是更大的矛盾,激化时甚至造成社会治安案件或刑事犯罪案件。所以,只有村民素质提高了,用文明的意识、民主的方法、法律的手段,来表达个人的意愿,处置个人的行为,才能"小事不出村,大事不出镇",才能稳固平安社会的基础,才能实现人民的安康。村民素质如何,从更大范围来说,国民素质如何,决定一个国家的盛衰。这是核心问题。

写"经验"之类的,一般很容易从工作角度去写。而我庆幸自己未入窠臼。现在回顾一下,三写"枫桥经验",我寻找了三个角度:一写,揭示发展规律;二写,注重社会和谐;三写,着眼以人为本。

从写作的视角来说,这一、二、三篇,是从宏观到微观,越来越缩小了;但从写作者内心来说,是与写作对象贴得越来越近了,越来越亲切了。

(作者系人民日报社浙江分社副社长)

5. 以充分事实和充沛感情支起重大典型
——采写曾呈奎的体会

宋学春（2005年7月28日）

>>> 要把时代特点和人物个性写出来，让读者切实感到事迹是可信的、人物是可亲的、行为是可敬的、典型是可学的

7月14日和15日，人民日报陆续刊发我和刘成友合写的《76年书写壮丽的海洋人生》和《一生献大海》长篇通讯，追记优秀共产党员、当代高级知识分子的杰出代表曾呈奎，并配发本报评论员文章。报道在社会上引起了强烈反响。

写好曾呈奎是我多年的愿望

青岛是我国海洋科技力量最集中的城市，集中了28家有关海洋的科研、教育机构，拥有约7000人的海洋科技队伍。因长期驻在青岛，我对这样的背景情况比较熟悉。在我国海洋科学界，曾呈奎又是位领军者。曾老在世时，我曾经写过《"中国海带之父"曾呈奎》等稿件，后来又写过《"我是大海的儿子"》，都在人民日报刊发。这些，为采写曾呈奎事迹打下了坚实的基础。

采访前，有关负责同志当着全体记者说："宋站长写过许振超有经验，这次也肯定没问题。就看人民日报的了。"我只好表示："有100%的力量，决不发挥99%，尽力去做。"这既是压力也是动力。事实上，对我来说，写好曾老是多年的愿望。

曾老去世前，我每一次接触他，对他的认识就升华一次。他的耕海牧渔理论，他的"中国人能养活自己"的豪言壮语等，都给我留下深刻印象。他引领了席卷全国沿海省市的海水养殖三次浪潮，他研究海带和紫菜的事迹让我敬佩不已。在深入了解了曾老的家庭、生活情况后，更感觉曾老是一个让人肃然起敬的人。他曾祖父参加过太平天国起义，他祖父是生活在印尼的资本家，他的父亲也是一位开办公司的经营者。他本来可以留在美国，也可去台湾与亲人团聚……可是，他为了解决中国农民的吃饭问题，为了中华民族的复兴，毅然决然地留在大陆，并追随共产党，无论受过什么磨难，几十年信念不改。面对这样的新闻人物，哪能不产生采写激情？

要把时代特点和人物个性写出来

2004年，我曾经参加过对许振超的采访报道战役，积累了一些经验。但许振超与曾呈奎不一样，一位是当代产业工人的杰出代表，一位是当代高级知识分子的杰出代表。在某些方面，如何写好曾呈奎这个典型更难把握。还有，曾老为海洋科学事业奋斗了76年，关于他的事迹故事真可谓"车载斗量"，可以说，每一个细节都有含金量。但必须进行恰当取舍，以充分体现宣传这一典型的意义。

当7月7日采访一天结束时，我基本确定了稿件的基调：对这样的优秀共产党员、高级知识分子典型，一定要原原本本地展示他的时代精神风貌。要把时代特点和人物个性写出来，让读者切实感到事迹是可信的、人物是可亲的、行为是可敬的、典型是可学的。依据这个基调，我定下选材标准：一是少选远期的，多选上世纪80年代以后的，并选择紧扣共产党员的先进性和科学发展观的事例；二是从读者角度出发，选择最能打动、感动读者的事例。写作思路逐渐明朗：人生价值观–科研成果–科研理论–人才队伍–家庭与社会，集中凸显曾呈奎76年壮丽的海洋人生。

根据这一思路，我和刘成友谋篇布局，确定分上下篇，上篇写其人生价值观、科研成果和科研理论，即"硬"的一面；下篇写其"人性化"，即"软"的一面。对文中的小标题，则尽量采用能体现曾呈奎不同时期、不同主题、有闪光思想的话：立志"泽农"："我的事业在中国"，面对荣誉："最看重的是'共产党员'称号"，自主创新："给老百姓的餐桌上添几道菜"，耕海牧渔："中国人能养活自己"，科学构想："向海洋要更多的蛋白质类食物"，让读者容易理清曾呈奎一生成长、科研的脉络，在潜移默化中受到感动和启发。

力求掌握更多的高价值细节

每参加一次重大典型报道，都有许多收获。采访先进典型本身就是一个学习过程，典型人物的事迹首先感动了自己，教育了自己。就在业务上说，让我感触最深的有两点：一是用心采写；二是用事实表述。

尽管情况熟悉，但我还是格外用心采访，丝毫不敢懈怠。力求掌握更多的价值高、有特殊和普遍意义的细节。在听取中国科学院海洋研究所对曾呈奎事迹的总体介绍后，我们还采访了海洋所现任领导，曾呈奎的三代学生、妻子、秘书、保姆以及青岛市科技局、科协等有关人员。实地踏访他生前的实验室、办公室，以及他的家。获得了大量生动鲜活的素材，为写好报道打下了坚实基础。

在叙事过程中，我们尽量用质朴无华的文笔，用白描的手法，用大量感人的事例、生动具体的细节，原汁原味地塑造了一个优秀共产党员、高级知识分子形象，让读者从字里行间感受曾呈奎的伟大。

这次曾呈奎先进典型报道的成功，主要是典型本身过硬。一位同仁说得好，先进典型不是记者"写"出来的，而是先进人物自己干出来的。我非常赞同这个观点。通过参加几次重大典型报道，我最深的体会归结为一句话：让事实说出典型人物的伟大。

（作者系人民日报社山东分社副社长，时任人民日报驻青岛记者站站长）

6. 版面上的"吉祥三宝"
——从龚永泉的《擦鞋者说》说开去

顾兆农（2006年3月22日）

>>> 这样的典型，可亲、可信、可学；这样的稿子，生动，短小，好读，完全符合"三贴近"的要求，读者不会不喜欢这样的作品

如果将3月19日的本报比作今年央视春节晚会的话，那么，这天一版龚永泉同志的作品《擦鞋者说》，就是那个温馨可人、短小精悍、赢得全国人民普遍喜爱的对唱节目"吉祥三宝"；如果将最近一段时间的本报比作今年央视春节晚会，那么，除了《擦鞋者说》，龚永泉近期的《吴仁宝的健康经》、《做自主创新的知音》等作品，也属"吉祥三宝"级的。

读这些作品的一个共同感觉，就是让人眼睛一亮。一亮之后，仿佛看到了那位年纪不小、激情不减、挚爱读书、敏于观察的老龚。

无论是3月19日的本报，还是近期的本报，属于"三宝"级的作品，当然不止于老龚之作。为何独说老龚？一来近期老龚佳作连连，二来与老龚共事多年，且他说的是我家门口的事情，自然关注有加。

读《擦鞋者说》，首先让人想起柳宗元的名篇《捕蛇者说》。题目的结构一样，文章的主人都是"苦人"。擦鞋者说得生动可信，创业的艰辛，成功的喜悦，未来的憧憬，实在而富有启迪的意义，通篇充满了平民的气息。这使我想起，老龚素有步行、骑车和坐公交车的嗜好，他走起路来快如风，讲话声音大大的，衣着随便得有点过分……一个地道的南京普通市民！

擦鞋者，农民也。成功与失败，有时就在一步之间，擦鞋者迈过了这一步，因此，他成功了。老龚凭一双慧眼和一颗炽热的心，在路边"捡到"了这样一位智慧而能吃苦的成功创业的农民典型，并把它搬到党中央的机关报上，这对全国的广大农民都是一种鼓舞，也是一种引导，主题不可谓不大。这位农民兄弟是在南京这个大城市实现了成功创业，因此，它对城市的下岗职工，也是一种示范。

版面就是指挥棒。一定程度上，好稿子也是用出来的。编辑部善于不拘一格地用稿子，记者就会打破程式写稿子。安岗同志曾说："一张报纸办得好不好，是总

编辑的责任。"看3月19日本报一版,"擦鞋者"一稿加了框,并配了点评,如此浓妆艳抹,擦鞋者仿佛站到了舞台上,格外醒目,版面语言已经说得很清楚,就是要让你刮目相看!如果编辑部不是偶尔为之,而是把这种选稿标准作为一种常态、一种意识和一种追求,长期地坚持下去,我想,用不了多久,就会产生《修鞋者说》和《卖鞋者说》等作品。

再得寸进尺地大胆设想一下,如果把《擦鞋者说》放在本报的头版头条的位置上,可不可以?会产生什么样的效果?有人可能会认为,这不得体,小题大做,不够分量;这只是一个"小不点",而头条必须反映大典型,更多地要反映一个地区、一条战线和一个领域的事情。

其实,这位"擦鞋者"正是一个上下皆满意、都能接受的典型。这个典型,涉及到农村劳动力转移、就业和再就业两大主题,这位擦鞋者的成功创业,没给政府增添一点麻烦,居然年收入能"擦"出10万元,不能不说是新闻。对这样的农民创业的典型,"上面"焉有不乐之理?再看"下面"。无论你是农民,还是城市的下岗职工,只要还想改变自己的命运,看到这位成功的擦鞋者,除了佩服,就应该反问自己:我该如何面对生活的困境?

这样的典型,可亲、可信、可学;这样的稿子,生动、短小、好读,完全符合"三贴近"的要求,读者不会不喜欢这样的作品。

杨振武同志说过,写头条,就是"站在田埂上看天安门"的过程。《擦鞋者说》中的"擦鞋者"就是田埂,这里的"天安门",就是"农村劳动力转移"和"下岗职工再就业"。

愿我们的编辑思想再解放一点;愿我们的记者像老龚那样深入生活,多从群众的角度、以平民的意识去反映生活;愿我们一起用心,把这张报纸办得更好看一些。

(作者系人民日报社湖北分社社长)

7. 持平常之心　让细节生辉
——《申纪兰的根与本》采写体会

安洋（2007年5月9日）

>>> 真实是新闻的生命。具体到人物的采访和写作更是如此，只有悉心关注并表现人物最真实的举动，包括下意识的行为、情不自禁的话语、正常状态下举手投足、自然而然的喜怒哀乐等细节，才能让读者信服，使读者感动

真实是新闻的生命。作为记者，从采访、思索，到陈述、成文，推崇真实之外，别无选择。具体到人物的采访和写作更是如此，只有悉心关注并表现人物最真实的举动（包括下意识的行为、情不自禁的话语、正常状态下举手投足、自然而然的喜怒哀乐等细节），才能让读者信服，使读者感动。

以平常之心切入

说到底，记者首先是客观现实的记录者，是永远的"第三者"和旁观者。以一种平常和纯净的心态客观地观察、记录、陈述事实，这是记者（而非作家）的职业本分。

采写中，不管事先得到了多少现成材料，受到多少"先入为主"的引导，记者最该珍惜的是自己现场亲眼看到的事实，亲耳听到的议论，亲身经历的过程。在此之前，最好不急于定调子，不急于下结论，不急于激动与兴奋，不急于布局与谋篇。而是用一颗平常之心、用一丝平静之气，把功夫和着力点用在（现场）客观细致地观察、感受和思索上。

申纪兰可以说是家喻户晓的老劳模，是新闻媒体经常报道的老典型，又是两会期间少有的新闻人物（连续十届人大代表）。采写这样的人物，现成的材料一堆一堆地摆在那里，似乎"一挥可就"。然而，要写好这样的人物，却不容易。道理很简单：现成的东西越多，记者就越容易偷懒，容易受材料束缚。

这个时候，一颗平常心显得尤为重要：我是代表许多普通读者的一名普通访者，有责任将现场最生动的细节捕捉住并表现出来。

所以，当记者"大部队"还在宾馆待命的时候，我已直接进入西沟村，提前见

到了申纪兰，先与她共享了刚搬入新家的喜悦，又"家长里短"式地聊了许多。我还去了村里的小卖部，买了两盒烟，聊了十几个人，还随意串了几家门。这样，我所想了解的和读者可能关心的东西基本上已在"闲聊"中完成，第二天参加集体采访时，心中已经"轻松"了许多。

因此当我打开电脑，再以一颗平常之心去写作的时候，思路流畅。稿件见报后，我收集了多家媒体的同一报道，自觉本报的这一篇所提供的信息量和鲜活的东西最多。

用"软件"激活"硬件"

但凡能够上人民日报的正面人物，一定有许多过硬的事迹和闪光的思想。我比之为支撑人物的"硬件"。同时，我们往往又会发现，许多先进人物虽然事迹突出，个性鲜明，但在具体表述中，却很难入笔。原因之一，就是在采访中对一些鲜活的细节注意不够，对于人物的精气神捕捉不够。我把这样的鲜活细节比之为"软件"。翻阅本报大量成功的人物报道，基本上是用这些"软件"使人物形象有血有肉、生动可亲。

在《申纪兰的根与本》一稿写作中，一开篇，我就回避了一些"定语式"、"概括式"句子，直接从当天所遇的细节入笔，如雨夹雪的天气，"下两道坡、拐两个弯"拐进申纪兰的新房子，房子里"一摞又一摞与党和国家几代领导人合影的照片，还临时摆在一张长条桌上"，"说这话时，申纪兰那双粗糙的手缓缓地合在了一起"等。通过这些细节，把申纪兰最新的生活情况和西沟村的变化，自然地传递给读者。

申纪兰的"成名"首开于人民日报，她对本报有着特殊的情结。我把她的原话照搬在报道中："是咱们的人民日报最先把我要求男女同工同酬的心愿表达出去的，那时候妇女干点事难呀！"由这一句感慨的话，带出她几十年的经历和事迹（"硬件"），文章的过渡就显得顺畅贴切。而没有了与本报有感情关系的这句话去"激活"，这个过渡就很难脱俗。

申纪兰的年龄一直是个问不清的事，以往的报道中有多个"版本"。我问她，她憨厚地笑笑："现在不是不时兴问女士的年龄吗？我不想说得那么大，我觉得我还年轻，腿脚好得很，还能上山、爬坡、干活哩！"她居然用了"女士"这个词。这个细节也向读者传达了她的幽默感和不服老的心态，我把她表述为"申纪兰有申纪兰的幽默"，人物就显得生动了许多，同时也容易得到读者的理解。

客观地讲，作为一位没有多少文化基础的农民劳模，从 1973 年担任山西省妇联主任到1983年辞职,可能因为诸多因素,许多报道都没有讲出真实的原因,而是作为她不图名利而赞扬的。应该说,这种赞扬并不能称之为失误。但是,不少关注申纪兰的干部群众总觉得这样的解释比较牵强。采写中,我没有回避这个问题,在我扶着她上坡的时候,她告诉我当时辞职的理由是"我文化不高水平差,怕误了工作,我一天不劳动心里就发慌,怕在城里呆不住"。她还真诚地告诉我,那十年她最苦闷,干不了那个活,一回到村里劳动就高兴了。我把申纪兰这些真实的情况和思想基本上写在了报道中,如实传递给读者,既让事实合乎情理,也使人物更加丰满。这些"软件"的捕捉和运用,使人物的"硬件"事迹更加顺理成章,可信可亲。

没有想到的是,全国两会后,申纪兰在山西省的一个表彰会上见到我时说:"你写的报道,在北京开会时他们给我念了,特别是辞掉妇联主任这件事讲了实情,我心里又了却一件事,真是谢谢你了!"

(作者系人民日报社山西分社副社长)

8. 只有感动作者,才能打动读者
——《章金媛:79岁的我还有两个梦》采写后记

邓建胜(2007年10月10日)

>>> 没有与被访者充分接触与交流,就不可能捕捉到感人的细节,这样的采访很难感动记者,写出来的稿件也难以打动读者。熟悉人物工作、生活的环境不仅仅是为了交代背景,更是提炼主题、写出特色的必要程序,因为只有生活在典型环境中的典型人物,才可能有持久的生命力和感染力。

典型人物的通讯好写,也难写。

好写,是因为现成的材料多,可写的亮点多、故事多;难写,是因为能挖掘的故事大多被写过了,采访对象很难给记者充分接触交往的机会,要么早就准备好了"标准答案",对一切问题都对答如流,要么就给一堆材料,客气地说一句"我的故事就这么多"。

没有与被访者充分接触与交流,就不可能捕捉到感人的细节,这样的采访很难感动记者,写出来的稿件也难以打动读者。在写作《章金媛:79岁的我还有两个梦》(见本报8月30日5版"人生境界"栏目)时,我流泪了,为一名古稀老人还在全力以赴地圆两个梦想(组建一支社区志愿护理队伍,创建一所面向社区、福利院的护理学校)。

79岁的章金媛是名人,也是大忙人。说实话,与章老师最初的电话接触,好感不多,因为几次联系,她都说不在南昌,后来干脆说"我很忙,要说的话记者都写过了,有问题就在电话里问吧"。

章金媛在电话里面其实已委婉地拒绝了我的采访。是她退休前所在单位南昌市第一人民医院办公室主任陈叔儒帮了大忙:他掏钱买了一大篮水果和一捧鲜花,以医院探望退休员工的方式,把我"捎"进了章老师家。

章家位于南昌市一片旧民居的5楼,70余平方米的住房显得很拥挤。进门的墙壁右边摆有被外孙女淘汰的钢琴,琴台上端端正正地摆放着她荣获的南丁格尔奖章和胡锦涛主席为她颁奖的大幅照片。对一个早就进入古稀之年的老人来说,每天要走上走下,显得吃力。有关部门想给她安排条件好些的住处,可她说"这房子已够好"。

出人意料的是章金媛对"赚钱"津津乐道。到成都、昆明拿了多少讲课费，南昌市一家医院给了600元课题费，她都和老同事谈得眉飞色舞。原来，社区护理志愿者大都是退休护士，创收乏术，为了保证一千多人的志愿队伍能正常开展服务，作为队长的章金媛，压力巨大。"她们为社区提供志愿服务，连车费都自己掏，作为组织者，给人家买瓶水总应该的吧。"章金媛说。她四处奔走，目的是能维持志愿队伍的基本开支。

旁听她与老同事的谈话，对章老师加深了认识。几十年如一日地奔走呼吁，有的得到了人们的理解，但也遭遇冷嘲热讽。她要"要用21年的时间"全力以赴完成的两个梦，就显得有些艰难。

谈到奔走了好几年才开始有点眉目的社区护理班，章金媛饱含热泪。很难想象这是一个本该安享晚年的老人所为，她的热情和执着，仿佛一个为自己的生计和事业前程打拼的年轻人。是什么让她执着追求了大半生还要搭上未来的"21年"？

后来，章金媛同意我参与在南湖路社区的一次志愿服务。没有记者的镜头，没有耀眼的横幅，根据社区群众的需求，志愿者们有的设点提供咨询服务，有的走进自己结对的家庭拉家常、做家务。在我看来，她们中的每个人都成了所服务社区的一员，完全融入到了社区老弱病残者的日常生活中。

回顾这次采写过程，不由自主地想起报社常讲的一句话："不到现场不写稿"。这看似常识，其实也是高标准，特别是在资讯发达、互联网的搜索引擎几乎能"包打天下"的今天，到现场可能是一份"事倍功半"甚至是吃力不讨好的苦差事。但对于人物通讯写作来说，熟悉人物工作、生活的环境不仅仅是为了交代背景，更是提炼主题、写出特色的必要程序，因为只有生活在典型环境中的典型人物，才可能有持久的生命力和感染力。

（作者系人民日报总编室经济新闻版主编，时任人民日报驻江西记者站记者）

9. 寻找郭明义，寻找闪耀人性光辉的细节

孔祥武（2010年10月11日）

>>> 争取尽可能多的单独采访郭明义的时间，尽可能多地进行外围采访，多方接触，不回避矛盾，深入细致的挖掘，写出人物的喜怒哀乐，多寻找感人细节，写出时代感

9月1日。沈阳盛京医院门诊楼前。我第一次和郭明义单独相处，郭明义反问我：来采访我之前，你们怎么看我做的事情？怎样看我这个人？

这个问题让我意识到，不仅我们在寻找郭明义，他也在观照自我。

感受郭明义

去鞍山之前，在网上搜集有关郭明义的材料。我的第一反应是，这样的人真的存在吗？如果采访者尚且怀疑其真实性，受众怎么会相信呢？

到鞍山后，知道与我同感者为数不少，就连郭明义所属的鞍钢集团矿业公司党委书记杨靖波也说，尽管先后在六七个厂矿企业做了26年党委书记，树立或参与树立了大小100多个典型，初次听到郭明义事迹时，不仅眼前一亮，而且感到不可思议，不相信还会有这样的人存在。

郭明义，太平凡了。没有惊天动地，没有轰轰烈烈，他做的每一件事情，无论是义务献血、捐资助学，还是提前上班，只要有心，普通人都可以做到。

郭明义，又太不平凡了。义务献血、捐资助学、提前上班，他分别坚持20年、16年、15年，有多少人能够坚持下来？

显然，郭明义的价值正源于他坚持数年做的平凡事儿。他为何能坚持下来？如果我们不把这个问题解释清楚，受众难以信服。

郭明义，不像公安局长、纪委书记、信访局长等宣传过的先进人物，他们的经历就是一座故事宝库，在剑拔弩张的故事冲突中，就能让读者感受典型人物的风采。毋庸讳言，郭明义的人生中缺少这类故事，略显平淡。

怎样把这个人物写活？怎样让这个典型树起来？龚达发主任要求采访组成员以最快速度赶赴鞍山，"利用时间差，用足提前量，打好主动仗"，不迷信提供的材料，

只把材料当作线索。同时，争取尽可能多的单独采访郭明义的时间，尽可能多地进行外围采访，多方接触，不回避矛盾，深入细致的挖掘，写出人物的喜怒哀乐，多寻找感人细节，写出时代感。

各媒体组成的大部队采访团9月3日晚到达鞍山。我和李波8月31日晚已抵达沈阳。次日一早，与辽宁分社郑少忠社长、何勇主任一起直奔鞍山。这样我们有了整整3天的提前量。对采访重大典型来说，这3天时间实在太宝贵了。

"争夺郭明义"

只有深入典型人物的内心，和他的灵魂对话，才能让人物活起来。因为，细节最有力量，闪耀着人性光辉的细节最能打动读者。

昨天还是一名普通的矿山公路管理员，一夜之间已是众多国字号媒体竞相争夺的"明星"。

在"郭明义争夺战"中，本报大获全胜。依靠平时培养的良好工作关系，郑少忠社长积极协调鞍钢集团宣传部，采访组先后4次获得单独采访郭明义的机会，前后有十几个小时。如此难得的"吃独食"的机会，羡煞其他媒体。

9月1日，郭明义要跟央视《面对面》栏目组去沈阳拍摄场景，我们提出，让郭明义来回路上跟我们同乘一辆车。郑社长不辞辛苦，又折返沈阳，和我们一起在车上采访郭明义。初次采访，看郭明义被摄像机折腾得面露倦色，先请他在车上眯了一觉，相谈甚欢，建立了互相信任的良好关系，并约好了下次采访。

9月2日下午，在矿业公司办公楼会议室，郭明义如约而至，除了短暂的晚饭时间，兴致盎然地和我们聊到晚上9点。

9月4日，当采访团在集中听取情况介绍时，我们采访组又"明修栈道，暗渡陈仓"，龚主任和郑社长随采访团听取情况介绍，我们几个年轻记者则把郭明义带到了齐大山铁矿的山顶公园。山顶上，绿树成荫，秋风送爽，摆上几把椅子，围成一个圈子，关掉手机，无拘无束，敞开心扉，评论部陈家兴老师主问，3个小时的拉家常式采访又开始了。

从他第一次主动向人求爱开始，他的学习、入伍、转业、恋爱、婚姻、家庭，工作、献血、助学，他做爱心活动时的"厚脸皮"，莫不是我们谈论的话题。

访谈过程中，我们得到通知，下午有关部门要找郭明义谈话，他的采访活动也将由辽宁省有关方面统一安排，我们暗自为争取到这么难得采访机会高兴。

一起吃过午饭后，我们和郭明义再次来到他的办公室，一部分人继续对他访谈，另一部分人经他允许，仔细翻看他的"宝贝"：感谢信和献血证。虽然感谢信有些千篇一律，但是有些信却能提供一些感人的细节，有时能够佐证一些别的事情。

9月5日晚继续开碰头会，经过讨论，决定要进一步深入郭明义的内心，再专访一次，并商定推出一篇郭明义专访。这次，已"失去人身自由"的郭明义又被我们"抢"了过来，时间是1小时，地点还是能让人敞开心扉的地方——静谧的二一九公园。

和郭明义交朋友

本报采访组成员老中青结合，年龄不同，知识结构不同，看问题的角度也不尽相同，整个采访过程中，每晚碰头会都开到十一点多，交流、讨论、碰撞，不断加深对郭明义的认识。对我们几位年轻记者来说，这是一次极为难得的学习机会，提升的不仅仅是采写技巧，更切身感受到人民日报老一辈记者优良的采访作风。

去二一九公园做专访时，只有一辆车，后排要挤三个人，龚达发主任毫不犹豫地和我们挤在一起，请郭明义坐前面。烈日当头，郭明义带我们坐到树荫下的草坪上，草坪刚刚浇灌过，龚主任二话没说随他席地而坐。这种采访作风让几位年轻记者感佩不已。

龚主任给我们讲述当年他采写吴天祥这一重大典型的体会，反复交代一定要与采访对象交朋友，要让郭明义从众多的采访记者中一眼认出你，愿意给你"掏心窝"。只有获得采访对象的信任，他才能讲真话说实情，我们才能拿到真正的独家。

我们也没有放过请郭明义一起吃饭的机会。在矿上一家小饭店，很少饮酒的郭明义高兴地与我们连干数杯，不再拿我们当"记者"，我们对他的称呼也由"郭师傅"变成了"郭大哥"。

我们还几次去郭明义和他母亲家，有时还买些水果，和他妻子、母亲都成了朋友，老太太每次都高兴地送我们下楼。

和郭明义一次次接触，有些问题，我们迂回提问，他也在不断思考，每一次都有新收获，获得了意想不到的效果。比如，第一次问郭明义：怎样看待家人与受助者的关系？他脱口而出：他们在我心中同等重要。他的回答让我们惊愕不已。后来采访时再问他同样的问题，显然放下了思想负担，脱口说出了这样"经典"的话：一个不爱家人的人，怎么会爱他人、爱社会？以常理论，后面的答案才是郭明义真实的想法。

和郭明义一次次接触，他和我们采访组的每一个人都成了朋友，每次远远看见都热情地与我们打招呼。郭明义不再是事迹材料上的郭明义,我们挖掘出不少事迹材料上没有的细节,还补充、修正了事迹材料上的一些故事,一个有血有肉、优点不少也不乏缺点的郭明义浮现在我们面前。

郭明义不是完人,有时不讲究方式方法,对不良风气批评过激,甚至得罪过人,但事后大都理解:"郭明义没有坏心眼,他不打你的小报告,不打你的黑枪。"

报道郭明义暂告一段落了,学习郭明义未有穷期。

(作者系人民日报社地方部编辑,时任人民日报社吉林分社记者)

10. 好稿是磨出来的

李波（2010 年 10 月 11 日）

>>> 一篇报道能让读者感动，不仅因为采访扎实、事例鲜活丰富，更是一遍遍"打磨"的结果

9 月 19 日，《新时期的道德模范——郭明义》一文在本报一版头条见报后，在网上迅速引起巨大反响。一名人民网微博用户"傅华"在我的微博上留言："读完这篇通讯，深受感动，深受教育。郭明义同志所作所为，我非常理解，他的许多人生感悟，我都有同感。对他我很敬佩。"

一篇报道能让读者感动，不仅因为采访扎实、事例鲜活丰富，更是一遍遍"打磨"的结果。

现在回头看这篇稿件，虽然长达万余字，但每一个事例、每一个段落，甚至一些字词，都像自己手上的纹路一样熟悉。这也是读了很多遍，推敲了很多遍的结果。

19 个日夜，从采访到写稿、到修改，我从中学到了很多。

8 月 31 日，我和孔祥武按照龚达发主任"用足提前量，打好主动仗"的指示，迅速赶赴沈阳，赶到时已经是半夜 11 点多了，但辽宁分社社长郑少忠、采编部主任何勇还是和我们开了个碰头会，初步制定了采访计划。

次日一早，我们赶往鞍山。一连三天，我们分工协作，分头采访，掌握了大量素材。3 日傍晚，当龚达发主任和陈家兴老师随中央采访团赶到时，我们已经有了自己的稿件框架，准备动手写稿了。

龚主任认真听取了我们的汇报，当听到我们说稿件框架的构想时，他说："咱们先不忙说这个，你们回答我几个问题。首先，你们怎么看待郭明义？"大家有的说是"苦行僧"，有的说是"不重物质重精神"……

"其次，他是怎样看待家人和身边人的？"我们说，在采访中，郭明义曾说"在我眼里，身边人和家人一样重要。"

"你们还没有真正走进郭明义的内心，还要深入挖掘，不能停留在书面材料和泛泛的采访所得上。不要急于写稿。"龚主任的这番话，让已经"胸有成竹"的我，顿时有一种踏空的感觉。

但当第二天，我们把郭明义单独请到矿山顶小公园进行采访时，我突然明白，自己离"懂得"郭明义还有很远的距离。

那天天气很好，不冷不热，我们和郭明义围坐在一起，我们还按照龚主任的提示，让郭明义关掉了手机。在闲聊的氛围中，郭明义谈了很多之前采访中没有谈到过、或者谈得不深入的材料。这让我们看到了一个更真实的郭明义——他不是苦行僧，他有幸福的家庭生活，他深爱着自己的母亲、妻子、女儿。28元戒指那个故事，就是这时挖出来的，而关于他家庭生活的叙述，也成为本报通讯有别于其他媒体报道的亮点之一。

最后，我们还跟他约好：过两天，还要再单独跟他"聊"一次，他也爽快地答应了。

随后，我们再次走进他的家里，同他的母亲、妻子进行了深入的交流。陈家兴老师还给老人买了西瓜、哈密瓜和香蕉，这让采访的气氛更加融洽。正是这时，老太太谈到了如何看待"儿子的傻"。

就这样，又过了三天，郭明义的形象在我们的心里进行了"重塑"，"新时期的道德模范"也取代了原先的"当代雷锋"和"和谐信使"。

交朋友、真心话，是我这次采访最大的收获。

随后，在初稿拿出来以后，龚主任又带领我们先后修改了四次，从段落的前后顺序到小标题的拟定，从事例的选择到词句的推敲，光是草稿就有120多张，每页草稿的页眉页边，主任都写满了修改意见，有的甚至贴上了3小页纸的修改意见。

这一百多张草稿，我们都珍重地收集了起来，这让我明白了人民日报记者、编辑应该有怎样的工作态度和作风。

由于回到北京后，时间已经很紧迫，所以大家都是熬夜苦战，往往是何勇、孔祥武和我熬到后半夜甚至东方发白，拿出一个修改稿，主任第二天忙完其他工作后，从下午下班开始修改，改到半夜一两点，交给我们，我们再进行下一次修改、补充。

期间，龚主任经常会让我们去核实一个数字的准确性、一个几年前十几年前故事发生的确切时间，经常是查不到，就打电话给鞍钢宣传部长或者郭明义本人，有的连他们都记不清了，但主任要求存疑的事例一概不用，要把好关，尽量不留"地雷"。

临上版前，龚主任还发现新华社稿件中矿山面积是4平方公里，而我们的是2平方公里，让我立即去核实。经过和鞍钢同志的认真核对，我发现我们采访中得到的数字是不准确的，便马上改正。

稿件上版后，我又去总编室夜班平台看版面编辑在校对中是否有什么疑问，但他们都表示没什么问题。我留下了自己的手机号，但直到半夜手机也没有响起，我知道，这也是之前磨稿子的结果。

严谨、耐心、细致，是我这次修改稿件的最大收获。

（作者系人民日报社地方部编辑）

11. 我登上了珠峰大本营

孙海涛（2010年11月9日）

>>> 不到现场是感受不到官兵们是如何工作、生活的，也见识不到雪域高原边防线上的高科技装备。此番经历使自己更加坚定：只要需要，人民日报记者就必须在那儿！

通讯《为了祖国的安全与尊严》（刊发于2010年11月5日）得到一些同行和同事的称赞，不因别的，只因为我到了现场。

2010年10月29日接到采访西藏公安边防一线的任务，要求5日内交稿。算了下，从拉萨到几个计划跑的边防哨所来回近3000公里。何况已进入冬季，风雪多，路难行，说实话，接到任务时心里一沉。

与西藏边防总队联系，对方已做好配合采访的准备。然而，除了我和新华社记者表示要到现场采访外，再无其他媒体记者要求到一线。新华社几位年轻记者因为要拍摄图片和视频必须到现场，部队的带队领导见我早已过了年轻人的年龄，又进藏不久，担心我身体吃不消，劝我别到现场了，说部队已准备了文字资料，如我嫌不够，可在总队用内部电话和视频进行采访。我谢绝了他们的好意，表示人民日报报道一线，是不可能不到现场的。

第二天，带上抗高原反应药物和氧气袋，司机和我驾车跟着部队的越野车出发了。夜宿日喀则，次日中午赶到珠峰脚下的定日县城，迎接我们的是一盆羊肉炖萝卜。午饭后即刻向珠峰大本营进发。越往上走，身体越来越感到不适。从县城到珠峰大本营是旅游热线，为保护珠峰的自然环境，这里不允许修柏油路，道路依山势而建，避免大挖大填，所以我们的车几乎是在山坡的自然地形上前进。一路颠簸，我加大了抗高原反应药物的服用量，终于坚持到达海拔5200米的珠峰大本营警务区。

不到现场，看不到驻守高原的官员们皲裂的嘴唇、发紫的面庞，感受不到因缺氧导致的头痛、心慌、胸闷的滋味。刚才还晴空万里，一时就乌云密布，漫天大雪。可在风雪中，那随风招展的国旗下依然是战士屹立的身姿。因为这里是不少中外登山客宿营的地方，战士执勤的身影有着特殊的象征意义，这是他们比一般哨兵执勤更多一层的任务，也是更加辛苦之处。看着一些中外游客送给官兵们的御寒品和纪念品，才体会到教导员孙毅那种发自内心的自豪——"特别是看到外国游客送礼物或表示感谢时，我分明感到这是在感谢中国！"

夜宿定日县城，全城竟通晚无电，要来安眠药服下也不能入睡。这也是高原缺氧所致。听着狗吠，忍着寒冷，熬过一夜。第二天一早，冒着大雪我们向更高的兰巴拉工作站挺进。兰巴拉工作站海拔5300多米，是中国、尼泊尔常年性边境通道，也是西藏边境内潜、外逃非法出入境的取道之处。这里每年冰雪覆盖的日子长达300天左右，一年中最高气温只有5℃，最低零下40多度。因它是全国最高的边防工作站，被誉为"雪域边防第一站"。

刚下车就领略到"风雪兰巴拉"的厉害，夹着雪花和砂尘的寒风吹得人喘不过气来，举起相机不到一分钟就手指僵硬、痛得钻心。一位战士赶紧把一顶棉帽扣在我头上说："不戴帽10分钟你就会头痛得受不了，而且会留下严重后果。"

不到现场是感受不到官兵们是如何工作、生活的，也见识不到雪域边防线上的高科技装备——远程监控系统。现在所有执勤点上都安装了远程监控设备。由于积雪太厚，我们无法再向海拔最高的执勤点——6200多米的巴弄卓康进发，部队就安排我们在监控室里用这套系统进行采访。面对监控室里的大屏幕，监控员把18公里外的巴弄卓康执勤点的实时情况拉到了我们眼前：教导员王绍荣正带着两名战士盘查几名出境者。镜头再拉近，每个人五官都看得清清楚楚。记者通过视频用对讲机采访了王绍荣。缺氧加上风大，王绍荣吃力地介绍着当地的积雪已超过半米，风力达8级，但执勤室有火炉，室温可达10度左右，对外公路已完全阻断，给养可维持10天左右。最后他大声对记者说："请祖国人民放心，我们一定坚守边关！"

正是由于亲历现场，全国统一刊发、播出西藏公安边防一线的报道后，西藏公安边防总队政治部反馈，人民日报的报道最能真实地反映边防一线的情况，对此，他们表示特别感谢！

此番经历亦使自己更加坚定：只要需要，人民日报记者就必须在那儿！

（作者系人民日报社地方部机动采访室副主编，时任人民日报社西藏分社采访部主任）

第六篇

冷静深入求真相　客观准确正视听
——如何做好调查性报道

1. 不敢忘记自己的身份
——《如此调水为哪般》采写后记

张志峰（2007年5月31日）

>>> 我是人民日报驻湖北的记者，不是湖北驻人民日报的记者。为了工作，要融入当地，但不能混迹其中；要交朋友，但不能成"哥们儿"。冷静客观地观察社会，体察民生，激浊扬清，是我应尽的职责

4月25日，我采写的通讯《如此调水为哪般》在本报视点新闻版刊发。这篇报道刺痛了湖北大冶市相关部门，也"得罪"了当地宣传部，我的情绪一度受到干扰。一个月过去了，现在能够心平气和地看待此事了，于是开始思考一个老话题：驻站记者应该配合当地做好正面宣传，但不能忘记自己的身份，不能无原则地讲和气，更不宜随便讲义气。

4月20日，湖北省县域经济工作会议在大冶市召开，省里主要领导、省直部门负责人和各市县区主要领导出席。我去采访会议，19日晚入住大冶金湾酒店，酒店对面有一个红星湖。晚饭后，我到湖边四处逛逛，一股污水臭味扑鼻而来，与周围环境很不协调。根据经验，估计这里有排污口，我打算探个究竟。

次日上午，我没去参观企业，再次来到红星湖边，很快发现几个隐蔽的排污口。奇怪的是，有一处竟是明管在排水，水看上去很清澈。向附近居民一打听，原来红星湖被污染后，湖水发黑发臭，这两天开大会，来了很多"大领导"，为了大冶的形象，当地从自来水公司调水入湖，冲刷脏物，压住臭气，3年前他们就这样干过。看来，这不仅仅是污染问题，而且是刻意掩盖污染现象。我决定用事实撕破他们的"遮羞布"。

为求客观，我采访了5位上年纪的居民，做了录音，拍了照片，还让一位知情者签名、留电话。附近居民都反感政府的"作秀"，很配合采访。

返回武汉后，我又向当地居民打电话询问，果然，调水停了。我以游客名义向大冶主管部门求证，终于使他们说出了真相：这是临时调水！

与编辑部沟通后，完成了稿子。报道标题很平和，社会反响却很强烈。见报当天，央视"媒体广场"摘播，人民网、新华网、新浪网等几十家网站转发，新华社《经

济参考报》次日转载。随后，还引发了一场评论热潮，如《联合早报》发表评论《"调水压臭"：扭曲了的形象观》，《广州日报》的《调净水入臭水湖，只为应付上级检查？》，《河北日报》的《大冶治污秀，"秀"出谁难堪？》，《当代生活报》的《"调水压臭"是因为冒险的风险太低》，《华商报》的《放水为"贵宾"冲冲臭气》等等。一些评论再次被央视摘播，网络论坛的"砖头"就更多了。新华社湖北分社一位同行半开玩笑地说，"你创造了一个词汇：调水压臭。"

我没有理由沾沾自喜于这些反响，只想从中寻求一种支持——来自多数人的支持。因为我当时正承受着一定的"道德压力"。稿子发出后，大冶方面反应很激烈，给我发函，先表示接受监督，后做一堆解释，并指出稿子存在"错误"，最后谴责记者"不够朋友"，私下要求用4篇正面报道"弥补损失"。记者站和大冶宣传部的人很熟，就个人感情来说，是有点"对不住"人家。

这是我到湖北驻站3年来为数不多的、比较尖锐的揭露性报道。我的反思在于：人是有感情的环境动物，湖北是我到报社工作的第一站。我并非湖北人，但潜意识里已把自己当成了"湖北佬"。出差在外，我听不得有人对湖北说三道四，尤其是歪曲性的。基于各种考虑，搞批评报道时不得不反复掂量，渐渐地，对一些负面现象产生"温水效应"——没感觉了。这是很可怕的。做人要善良，要珍惜友情。好在我并没有忘记自己的身份：我是人民日报驻湖北的记者，不是湖北驻人民日报的记者。为了工作，要融入当地，但不能混迹其中；要交朋友，但不能成"哥们儿"。冷静客观地观察社会，体察民生，激浊扬清，是我应尽的职责。

（作者系人民日报社湖北分社记者）

2. 新闻生产力是这样产生的
——从无锡水危机报道看编采互动

汪晓东（2007年7月17日）

>>> 为了写好报道，20天时间，我先后采访了国内20多位水资源保护方面的专家，数次到太湖边实地查看，并多次采访地方领导以及环保、水厂、农林等相关部门，还走访了10多个社区，采访居民近百名。同时，我调集了近百篇、100多万字的相关报道和材料，对蓝藻和太湖污染问题有了比较全面的了解，成为太湖问题的"半个专家"

今年5月底，太湖蓝藻提前一个月暴发，导致江苏无锡市区供水出现严重危机。灾害的发生无疑是不幸的，不过，对于记者而言，能够成为这样一次重大事件的见证者、记录者，或许又是"幸运"的。

从6月1日到6月21日这20天中，围绕无锡水危机和太湖蓝藻问题，我先后采写了4篇长篇报道，其中3篇在视点新闻版头条栏目"热点解读"刊出。这些报道见报后，地方党委政府对于这些报道表示肯定，新闻同行也投以赞许的目光。

这组报道之所以能够取得成功，引起较大的社会反响，固然是因为题材本身比较重大，但更重要的是，这是一次编辑与记者的成功互动。

"抢"出来的第一篇

5月30日下午，我接到总编室视点新闻版编辑李鹤打来的电话，说看到江苏媒体上一篇报道，无锡居民家中自来水发臭，让我关注一下，并希望当天报一条消息过去。

很巧，接到电话的时候，我正在去无锡的火车上，不过不是去采访臭水，而是应无锡新区之约，采写有关节能减排方面的报道。接到编辑电话后，我赶紧用手机和无锡方面联系，通过114台找到无锡市自来水公司、环保局等部门的电话，然后打过去询问，但得到的答复都是"现在正忙，没有时间和人员接受采访"。

晚上，一住进无锡的宾馆，我又拿起电话准备联系采访。视点新闻版编辑打来电话，让我对无锡自来水问题进行深入采访，未必赶当天的版面，关键要做深做透，争取在"第二落点"上抢占到制高点。

编辑的"宽限"让我踏实了不少。我连夜到网上收集信息,并到周围一些商场、小区了解情况,采集了许多一手资料,对事件大体有所了解。当晚,我还与市委宣传部有关人员取得联系,让他及时通知我最新的情况。

第二天,我得到信息:无锡市政府将举行一个通气会,向新闻界通报最新的进展。我把这些情况以及自己的采访与视点新闻编辑沟通,他们希望我抓紧时间,争取赶上当天版面。

当天下午,我开始整理采访到的材料,并把稿子的框架搭好。开完市政府的通气会已是下午5点,我开始动笔,并在晚上7点半交出第一篇报道《蓝藻给太湖亮红灯》(6月1日见报)。

"挖"出来的第二篇

6月1日,视点新闻版主编董建勤又和我联系,希望继续关注蓝藻事件,把报道做深做透。6月2日和3日,双休日,我进行了大量采访,尤其是利用这些年采写环保问题的积累,联系到10多位相关的专家学者,获得了很多独家的信息和观点。同时,我又收集了大量有关太湖的资料,对太湖问题有了比较深入的了解。在此基础上,完成了第二篇报道《蓝藻水危机 污染是主因》(6月4日见报)。

《蓝藻水危机 污染是主因》或许是这组报道中分量最重的一篇。尽管采写的时间很短,但文章视角独特,观点鲜明,尖锐地提出蓝藻"四问",包括:蓝藻水是否"只臭不毒"?是否会波及更多城市?太湖病根在何处?污染该向谁问责?"四问"直击群众关注的热点问题,在国内媒体数以百计的蓝藻报道中独树一帜。该稿见报后,迅速引起社会的广泛关注和强烈反响。

"逼"出来的第三篇

6月4日,接到编辑部通知:待自来水完全恢复正常之后,采写一篇报道,介绍无锡化解危机的努力和采取的措施。而就在当天,无锡市政府宣布正常恢复供水。6月5日晚上,我请示总编室领导,要求当天把稿子赶出来。我于晚上7点开始动笔,11点半交稿,完成通讯《突来的考验 深长的警钟》(6月6日见报)。

通讯见报当天,无锡市委主要领导指示,无锡日报于第二天在一版头条位置转载。当天早上,中央人民广播电台《新闻和报纸摘要》进行了播报,国内很多媒体也在第一时间予以转载。

"养"出来的第四篇

其后,视点新闻版一直与我保持联系,让我继续关注太湖蓝藻的情况,跟踪相关的信息,重点关注"蓝藻会不会重来"、"蓝藻的成因"、"蓝藻能否变废为宝"等问题,并尽快成稿。很巧,6月9日,水利部太湖流域管理局在上海召开会议,研究太湖水污染防治问题,我受邀对会议进行了采访,并有机会接触到10多位相关领域的学者,他们提出了很多新的观点。

6月11日一早,我又一次赶往无锡,对太湖进行实地采访。当天晚上,我赶写出第四篇蓝藻报道。不过,这篇报道"养"了一段时间,等待一个好的时机和由头。6月20日,这个"点"等到了!当天,有媒体报道,太湖再次出现蓝藻聚集。视点新闻版编辑告知这一信息后,我随即展开采访,把最新的情况纳入已经形成的初稿中,从而有了报道《遏制蓝藻 不容懈怠》(6月21日见报)。

在我采写这组稿件的过程中,视点新闻版的大部分编辑都曾与我联系过。至今,我的手机中还留着他们给我发的约稿短信。翻看着他们的一条条短信,回忆着他们的一次次点拨,心里蓦地涌出这样一句话——我们在一起!

当然,采写这组稿件,我自己也收获颇多。为了写好报道,20天时间,我先后采访了国内20多位水资源保护方面的专家,数次到太湖边实地查看,并多次采访地方领导以及环保、水厂、农林等相关部门,还走访了10多个社区,采访居民近百名。同时,我调集了近百篇、100多万字的相关报道和材料,对蓝藻和太湖污染问题有了比较全面的了解,为写作好这组报道奠定了坚实基础,成为太湖问题的"半个专家"。

但愿,无锡水危机这样的事件不要再发生。

(作者系人民日报社新闻协调部研究策划室副主编,时任人民日报驻江苏记者站记者)

3. 当考验来临的时候
——"黑砖窑"事件报道亲历记

鲍丹（2007年8月6日）

>>> 山西记者站在协助人民网完成直播任务的同时，充分发挥主动性，放弃新闻通稿，选取社会舆论关心的热点问题，有针对性地给予解答，并且作出恰如其分的分析，使政府以民为本，严惩不法分子的态度得到充分展示

今年6月以来，发生在山西省部分地区的"黑砖窑"事件引起国际、国内各界的高度关注。面对这一突发的新闻事件，山西记者站快速反应，立即拿出报道方案，在保证客观性、真实性的基础上，积极协助山西省委、省政府从正面引导舆论，充分体现出主流媒体应对突发事件时应有的政治意识、大局意识和责任意识，所采写的报道不仅受到地方领导的高度评价，有的还得到了中央领导的肯定。

抢抓"第二落点"，在准确、全面上下工夫

"要善于强抓'第二落点'，在准确、全面上下工夫。"这是记者部多次强调的一个重要的新闻理念，要求记者在应对突发事件的新闻大战中，要扬长避短，将精力放在对突发事件的背景和发展上，以报道的全面、准确和思想性取胜。

6月14日中午12时左右，我接到视点新闻版电话，希望能就网上关注的"黑砖窑"事件写一篇报道，最好当晚能传回稿件。我立即投入紧张的工作，一边致电山西省总工会，了解调查情况，一边搜索相关资料。结果发现，网上与"黑砖窑"事件相关的帖子已经攀至国内各大网站、论坛的首页，点击率突破10万，网民对事态进展十分关注；中华全国总工会主席王兆国也作出批示，全总书记处书记、纪检组长张鸣起一行已经于13日抵达洪洞县，专程对洪洞黑砖窑一案进行调查。我迅速向站长罗盘报告，申请赶赴洪洞采访。罗盘站长立即派司机驾驶站里最好的越野车，送记者到现场采访，并且嘱咐：事件影响重大，一定要以高度的责任感完成好采访报道工作。

我从太原出发赶往临汾。一路行进，一路电话了解情况。获知全总调查组已经离开曹生村，到了临汾市，于是决定放弃原定与调查组会合随团采访的计划，直接

赶往洪洞县曹生村黑砖窑现场。时间紧迫，我就在车上对洪洞县县委书记高洪元进行了电话采访，初步了解当地政府的应对措施。下午五点半，到达曹生村，采访了当地乡镇干部和村民，并赶在暮色降临前拍摄了黑砖窑现场照片。晚七点半，我赶到临汾，由于当时全总调查组态度谨慎，不接受任何媒体采访，我就通过山西省总工会的同志，间接了解了调查组的行程和意见，把握了报道基调。时间已接近晚上九点，版面正急切地等着稿件传回，我吃了一碗面条立即回房间赶稿。其间，还电话采访了带队解救民工的洪洞县公安局刑警大队大队长林旭，使政府的解救行动在报道中更加清晰具体。6月15日零时，终于将通讯和照片传回报社。第二天，"黑砖窑"事件的第一篇报道《31名"黑窑工"重见光明》，在视点新闻版"热点解读"栏目见报，并配发独家图片两张。

以高度的政治素养应对考验

回顾"黑砖窑"事件，山西省委宣传部一位领导感慨说："事件开始时只是一颗绿豆，没想到慢慢滚成了雪球，一夜之间震动了世界，成为全球性焦点。"由于事发突然，山西省委、省政府曾一度十分忙乱，社会舆论也千腔百调。面对舆论危机，山西记者站既没有头脑发热，更没有放弃自己的职责；而是坚持"新闻报道不掉队，引导舆论站在前"，密切关注事态进展，有节奏、有针对性地展开进行时报道。在首篇报道发出后的一个月内，相继推出了《山西地毯式排查 解救被拐农民工》、《山西洪洞"黑砖窑"事件主犯衡庭汉在湖北落网》、《山西部署深查"黑砖窑"事件工作》、《绝不让一个犯罪分子逍遥法外！》、《山西部署专项行动：整治"黑砖窑"不漏一个死角》、《山西洪洞"黑砖窑"案开庭审理》、《山西省就"黑砖窑"事件开展调研》、《于幼军：干部麻木不仁滋生"黑砖窑"事件》等8篇报道，几乎平均三天一篇。

随着事态不断发展，报道的不断深入，"黑砖窑"事件的处理情况已经关乎到国家形象的高度。山西记者站有意识地把纵深报道往正面引导，往有利于树立国家良好形象的方面引导。7月16日、17日，山西省连续召开两场新闻发布会，宣布对涉"黑砖窑"失职渎职案件、犯罪案件处理情况，前来参加发布会的中外媒体多达50多家。山西记者站在协助人民网完成直播任务的同时，充分发挥主动性，放弃新闻通稿，选取社会舆论关心的热点问题，有针对性地给予解答，并且作出恰如其分的分析，使政府以民为本，严惩不法分子的态度得到充分展示。省政府主要负责同志约见中央驻晋媒体负责人时说，人民日报的《95人失职渎职被问责》、《洪洞"黑砖窑"主犯被判死刑》两篇通讯,帮助山西回应了许多舆论质疑,澄清了许多不利的不实传闻。7月上旬,山西省人民政府就"黑砖窑"事件展开全省调研,研究制定长效机制,山西记者站又全程跟踪采访。

以优异的团队精神应对考验

"黑砖窑"事件事发突然,形势复杂,报道难度大,山西记者站举全站之力,发挥整体优势应对,确保了报道成功。

在我首次前往临汾的高速公路上,站长罗盘、采编部主任安洋不时打来电话,询问进展,出谋划策,帮助解决困难。时间紧迫,我希望在路上就电话采访洪洞县有关干部。安洋不仅提供了洪洞县委书记手机号码,而且还提前给县委书记打好招呼,使我的采访十分顺利。一次长途出差采访、3次发布会,以及山西省长效机制出台,我都是当天采访当天写稿。为了保证采访报道达到高效率,山西记者站其他工作人员也全力给予后勤保障等多方面的支持。

6月22日、7月16日、7月17日三场新闻发布会,人民网都派出报道组赴晋直播。山西记者站不仅积极为人民网的同事提供食宿,协调现场,提供一切可能提供的后勤保障,而且在发布会上始终与人民网同进同退,我获得提问机会,都以"人民日报和人民网的记者"的名义发言,充分表现了"报网一家"的理念。

(作者系人民日报社经济社会部记者,时任人民日报驻山西记者站记者)

4. 让调查更有深度
——《三江源：不考核 GDP，考什么？》采写体会

刘鑫焱（2007 年 12 月 27 日）

>>> 这篇报道如有些许成功之处，应在于挖到了新闻事件的"深处"；而调查报道的"深度"，往往源自对某些领域、某个问题的长期关注和积累

11月20日，本报政治新闻版头条刊发了我采写的调查报道《三江源：不考核GDP，考什么》，在社会上引起一定反响。有位参加三江源工程的干部看了报道后说，这篇调查写得好，分析比较深刻，指导性强。

笔者认为，这篇报道如有些许成功之处，应在于挖到了新闻事件的"深处"；而调查报道的"深度"，往往源自对某些领域、某个问题的长期关注和积累。

长期关注一片"区域"

三江源因其特殊生态地位，一直是青海的一个新闻资源聚集区。自国家实施三江源生态工程以来，笔者把这块"富矿区"作为关注的焦点。但三江源高寒缺氧、路途险远、面积广大，对三江源的关注往往是远距离的、宏观的，缺少近距离、微观的观察。

自去年起，青海省委宣传部连续两年组织三江源采访活动，由于采访条件艰苦，新闻媒体响应者不多。笔者主动申请参加，有幸成为惟一连续两年参加该活动的媒体记者。

两次深入三江源核心区，行程逾万公里，时间超过1个月，进行了比较全面深入的采访。采访过程中，我坚持尽最大可能到核心区的"核心"、到最基层，听牧民、基层干部对三江源生态工程怎么说、怎么看、怎么想。

一些被采访对象谈及问题时心存顾虑，笔者宽慰他们，作为党中央机关报的记者，政治觉悟还是过关的，鼓励他们"畅所欲言"。一些采访内容虽不一定能写进报道中去，但作为一名党报记者必须知道事件的"来龙去脉"。

经过深入采访和长期积累，笔者对三江源的宏观情况及存在的问题、困难有了

比较准确的把握。

深入研究一个问题

作为全国新闻媒体的关注点之一，三江源的报道已相当多了，要出彩就必须深度挖掘。有了前期的积累，笔者认为可以突出重点，深入研究一两个问题。

三江源不考核GDP，严格说来并不是什么新话题，早在一年前就有媒体报道过，但都以领导讲话为主，多是"上面"的声音，缺少"下面"的实践。而在倡导科学发展观和正确的政绩观的大背景下，该主题具有很强的指导、借鉴意义，有必要把这个问题写深、写透。因此，我将其确定为今年调查的主要内容之一。

为此，笔者经过在三江源十几天的实地采访，亲耳听到基层实践者的声音，从这个"旧"主题里挖出了许多新东西：其一，三江源地区取消GDP考核有其深刻的背景（转变经济发展方式），并不仅仅是国家实施的三江源生态保护和建设工程；其二，该地区的干部在没有GDP考核的情况下，对考核方式的创新（玉树州在考核方式上的创新）；其三，当地干部对目前的考核方式有了一些深刻的思考（差异化考核）。

今年的三江源之行，让笔者确信可以做出一篇有深度、有分量的"大稿子"。

中央眼光看地方事

采访归来，抓紧查阅相关资料，写了5000多字关于三江源地区取消GDP考核的调查报告，征求政治新闻版主编胡果的意见。她认为，这篇调查稿件很有意义，并提出两条修改意见：其一，稿件强调三江源地域特殊性的同时，更要跳出青海，从全国角度分析该新闻事件，指出其在全国的示范意义，使文章更具导向性、指导性；其二，把十七大提出的"建设生态文明"融入到稿子中，用中央的眼光分析该新闻事件。

为此，笔者重新研读十七大报告关于生态文明部分的论述，查阅与生态文明有关的解读文章，并进行了补充采访。这样就跳出了三江源生态保护的"小圈子"，从更高的位置、更广的角度认识三江源生态保护：三江源生态工程和取消GDP考核不仅仅是保护生态环境，更不是不发展了，而是改变以往粗放式发展方式，实现三江源更好的发展、可持续的发展、生态文明的发展。这些新的认识融入文中，使报道与科学发展观、生态文明结合得更为紧密了。

（作者系人民日报社山西分社采访部主任，时任人民日报驻青海记者站记者）

5. 面对敏感的舆情，保持大报的清醒
——洛阳烈士陵园"被毁事件"采访始末

曲昌荣（2008年1月28日）

>>> 在热点事件和重大问题面前，记者必须以极其冷静、不偏不倚的态度去拨开层层迷雾，探求事件的真相，并坚持遵循新闻规律和受众接受的形式去叙述事实。只有站得高才能看得远，才能发出自己的声音，为党和国家的和谐安定做出应有的贡献

1月4日，我写的《洛阳市回应烈士陵园"被毁事件"：是修缮改造，不是商业开发》在政治新闻版刊发后许多网友惊呼：人民日报在如此敏感的事件上反应这么及时，调查如此深入，遣词造句那样严谨，肯定有背景！

对此，我是百般滋味涌上心头：一方面要承受着仍不理性的网友没有根据的横加指责甚至漫骂，一方面又为平息网络舆论获得多数人的理解而宽慰。报道发出的当天下午，正值河南省委召开常委扩大会议，会下，河南省主要领导见到记者站站长罗盘后，都一致称赞：人民日报的报道解答了我们所关注而又不理解的问题，你们的调查非常客观，提出的反思更是高屋建瓴，还是人民日报站得高！

可见，在浮躁的网络以及尚有待理智的网民面前，要始终保持清醒，不盲目追风迎合，是多么难啊。值得欣慰的是，在报社领导、记者站站长的支持下，在政治新闻版编辑的指挥下，我保持住了冷静的头脑，坚持尊重事实，坚持以理服人、以证据服人，没有愧对人民日报记者的称号。

回想整个采访写作过程，真的就像一场战斗，惊心动魄。

详细调查，新年在烈士陵园度过

12月29日凌晨1点30分，我被手机铃声惊醒，政治新闻版肖潘潘发来短信，转达主编胡果的要求，希望我关注一下洛阳烈士陵园"被毁事件"。12月31日上午，胡果给我发来询问进展状况的短信。新年之际，我收拾起行囊赶赴洛阳。罗盘站长在电话中送我几句话：忠于事实，平衡报道，冷静观察，用脑采访。

1月1日上午8点，我们赶到了洛阳烈士陵园。我到了媒体报道的烈士墓一区

施工现场后，第一直觉就是：这样的位置如果也被搞成商业开发，那洛阳真要向天下人谢罪了。一区的正前方就是广场和纪念碑，紧挨着的就是刻有烈士名单和毛泽东《再克洛阳后给洛阳前线指挥部的电报》手稿的纪念碑附碑。如果社会各界向烈士鞠躬致敬的竟然是商业墓地，那不是天下第一大玩笑吗？

然后，我找到了已经被免职的烈士陵园主任宋培育。此时的他已经被记者吓怕了，见了我声音都颤抖。我拉来洛阳市民政局的一位熟人，和他聊天，鼓励他说出自己的真心话。

宋培育稳定了情绪，和我一一讲述了事件的原委，并把他们决定修缮改造的会议记录拿给我看。通过翻阅会议记录，我发现了很多调查组都没有查到的线索。然后，我又找来相关当事人详细询问，找来合同、照片、收据一一核对。随后，又找到未开发的11亩商业墓地去实地察看，并计算出全部开发完的时间：还要20年。下午，我又到调查组详细察看了他们的笔录，和相关人员再次座谈，使一些疑问得到了澄清。

经过一天的采访，我的判断出来了：洛阳烈士陵园由于历史原因和把关不严，存在过度的商业开发，但这次烈士墓一区的工程确实是修缮改造，而不是商业开发。

此时，我的心情很复杂。上网看各大论坛，网络舆论已经开始升级，我的稿件发出后肯定有成千上万不理智的网友辱骂（事后的网络舆论也证明了这一点）。但一种声音告诉我，人民日报既然调查清楚了，此时就有责任站出来，讲明真相，分清是非，如果不说话，那就是失职，那就是不负责。作为党报记者，大局是第一位的，个人荣辱永远是次要的。

决心已定，奋笔疾书，熬到凌晨3点，终于把稿子写成。

一波三折，凌晨1点半稿子被撤

第二天，胡果肯定了我调查的详细，同时指出了许多不足。她根据网友反映集中的意见提出近10个问题，让我解释，解释不清的重新调查，还让我拍些照片。下午我把一些重要物证一一拍照传去。

就在我认为稿子已上版而万事大吉的时候，一系列的"想不到"发生了：

11点半，突然接到总编室主任谢国明的电话，他严肃地问我："你能保证你所写的每一个字都真实准确吗？张研农总编辑有令，如果你的稿件有一丝的虚假，这篇稿子就不能发。"

我心里也很沉重，但我的调查全过程告诉我，所有的内容都经得起检验！

谢主任又提出："罗盘同志看过稿子没有？张总说，站长是人民日报在地方的第一责任人，他必须对稿子负全部责任，包括政治责任和新闻真实。"

就这样，零点时分，我将罗盘站长从被窝里叫起来，请他看稿子。半小时后，罗盘站长给我电话："稿子没问题，已经告诉总编室，我相信我们的记者！"听到这话，眼圈顿时湿润，这个寒夜真的好温暖！

1点15分，政治版编辑打来电话，说这篇稿得到了后方编辑部的极大关注，领导再三要求导向正确，事实准确，客观公正，有理有度。稿子事实清楚，写得也很客观，但大家反复斟酌，觉得还需要增加一些新的角度，才能更加全面深入呈现事实，更好地回应读者和网友的期待。因此最后样都签发了，还是决定稿子缓发。

峰回路转，调整角度补充采访

1月3日上午9点多，突然接到胡果的电话，她转告了领导的意见，与我详细商量了补充采访意向：从野蛮施工伤害群众感情、未向社会公示伤害公众知情权、政绩冲动影响决策过程等方面进行反思。既要肯定网友爱国热情，不激发对立情绪，又要引导他们理性思考问题，冷静表达意愿。

随后她转发给我一条短信："胡果：辛苦了！张总意见：洛阳烈士陵园一稿，从修缮改造为何误读成商业开发的角度来写，不是仅仅为洛阳辩诬，而是深入分析原因，包括陵园方面的不当作为。请小曲从这个角度改写。谢国明"

我立即着手采访，不仅请《大河报》作者谈了她的采写初衷和过程，还请专家分析了如何在网络时代引导网友正确看待问题，整整一天过去，我都在反复核实稿件细节。然后罗盘站长又字斟句酌修改。

等到晚上上版时，编辑把10年前的烈士遗骨"叠压掩埋"调查一段删掉，只就事论事，谈这次改造工程。而以"目前此事正在深入调查中，本报将继续关注"作结尾，待事实清楚后再报道。

稿件发表后，良好的社会效果证明了领导决策的高明。

现在看来，在这次突发事件面前，人民日报不仅没有缺席，而且发挥了不可替代的舆论引导作用。仔细思索，在纷繁复杂、真假难辨的网络时代，面对极容易被过激情绪带动而不够理性的网友，我们是否可采取以下措施：

一、依托人民信任，主动提前介入。这一次人民日报能抢得先机，源于编辑高度的政治敏感。也与洛阳方面在全面公布调查结果之前允许新闻媒体报道有关。网络上只有一种背离事实的声音，只会被动挨打。他们担心不负责任的媒体的报道会再次把水搅浑。他们相信人民日报和新华社。此次人民日报率先将自己的调查结论公布于众，证明我们完全有能力担负起人民群众和地方党委、政府对中共中央机关报的信任。

二、站得更高，看得更远。稿件几经反复的过程说明，人民日报作为主流媒体，在热点事件和重大问题面前，是勇于承担责任的。作为记者，必须以极其冷静、不偏不倚的态度去拨开层层迷雾，探求事件的真相，并坚持遵循新闻规律和受众接受的形式去叙述事实。只有站得高才能看得远，才能发出自己的声音，为党和国家的和谐安定做出应有的贡献。

（作者系人民日报社河南分社采访部主任）

6. 深入调查，还事实真相！

曹树林　曲昌荣（2008年11月11日）

>>> 既去采访，就应毫不避讳、深入调研，查明真相、以正视听

农民收割自家的玉米，还得交费办证？如此怪异的事情居然出现在河南省漯河市某乡镇。此事经河南当地媒体公开报道以后，在网络上掀起轩然大波。网友纷纷质疑：我们的政府何时变成聚敛财富的"证府"了？

到底是真有此事，还是媒体夸大其词？站长罗盘将这项调查任务派给我和曲昌荣时说，既去采访，就应毫不避讳、深入调研，查明真相、以正视听。

9月19日下午，我们奔赴漯河市。抵达时天已经黑了，但采访丝毫不敢耽搁。通过与漯河市长的交流，我们初步了解到，"玉米砍伐证"的产生与该市推广"立杆掰穗、秸秆还田"，防止农民焚烧秸秆有关。"出此下策"的郾城区裴城镇的书记、镇长已被免职。

秸秆还田本是政府出台的好政策，广大农民也表示理解支持。为什么好政策到了乡镇一级就变了味呢？我们打算去乡镇里一探究竟，找农民朋友问个明白。

9月20日一大早，我们便冒雨向裴城镇驶去。途中获悉，裴城镇十多个村的支书、村主任正在该镇敬老院聚集，要去市政府为被免职的镇长书记"请愿"。我们立刻决定先去敬老院。

"禁止烧秸秆不是三秋工作会上一再强调的吗，书记、镇长也是执行有关政策，为什么要免他们的职？我们这些执行政策的人是不是也要受罚？"村干部七嘴八舌地质问。

郾城区委书记陈平正在给大家解释。他说，提倡"立杆掰穗、秸秆还田"，禁止焚烧秸秆，的确是上级的政策规定，但用要求群众办秸秆"砍伐证"以及交保证金的办法来执行政策是不合适的。村干部只是执行者，不会受到什么处罚。他又说了许多安抚的话，大家的情绪才安定下来。

通过对中周村、东芮村、西芮村三个党支部书记的访谈，我们了解到，"砍伐证"针对的是玉米秸秆，而不是玉米。农民收割田里的玉米是不需要任何手续的，收完玉米留下的秸秆可以用大型机械粉碎还田。但如果要放倒秸秆则必须"办证"并缴

纳保证金，因为秸秆砍倒之后机器就没法粉碎了。当砍倒的秸秆被运走（而不是被就地焚烧）之后，保证金可以退还。

如果撇开乡镇一级的政府是否有行政许可的权限不谈，乍一看，以这样的方式推广秸秆还田也没什么不好。那它为什么会招来农民的强烈抗议呢？我们到了西芮村，想要继续问个明白。

通过走访农户，我们了解到，漯河一带农民种植玉米都非常密集，所以立杆掰穗的难度很大。农民一向的耕作方法就是先砍倒秸秆，然后再掰穗子，最后再处理秸秆。当然，很多时候，这些秸秆就是被焚烧了。我们踩着泥泞查看了西芮村的几块玉米地，情况的确如农民所言。

到这里，疑团终于全部揭开。镇政府想推广立杆掰穗，却没有考虑到当地农民玉米密植的现实；镇政府企图通过"办证"来限制农民焚烧秸秆，却没料到对于习惯砍倒秸秆再掰穗子的农民来说，砍秸秆要办证就等同于收玉米要办证。于是，农民火了。

最后，我们又采访了被免职的镇党委书记。他介绍的情况跟我们了解的基本吻合。只是，这位基层干部无论如何也不能理解自己的遭遇：不努力推行禁烧令，上级政府要点名批评；下狠心想方设法来贯彻禁烧令，却最终被免了职。

9月21日，我们花了一整天的时间整理采访素材，连缀成篇，并经多次修改最终定稿。9月22日，新闻调查《短命的玉米秸秆"砍伐证"》刊出。当日，30多家新闻网站转载了此报道。

网友对此报道给予了极大关注。在新浪网上，短短几个小时，网友的跟帖讨论就达到2000多条。有人在讨论秸秆禁烧到底应该怎么禁，有人在说基层干部的难处，但再也没有看到"证府"、"敛财"这样的偏激言论。

（曹树林系人民日报社甘肃分社记者，时任人民日报驻河南记者站记者；曲昌荣系人民日报社河南分社采访部主任）

7. 在追寻中逼近事实真相
——《一栋大楼的变身之迷》的采写体会

申琳（2009年4月30日）

>>> 对于调查性报道来说，现场是多变的、复杂的，更是生动的。记者只有深入到新闻现场，才能尽可能地接近事实的真相

2月18日，江苏灌南县"惠民工程"变成政府豪华办公楼的报道出现在不少网站上。接到视点新闻版编辑李佳祺的约稿电话，我心里有些犯嘀咕：基本事实《经济参考报》当日已经做了报道，就是政府部门以"惠民工程"的幌子建起了政府部门的办公大楼，本报如果继续跟进，独家的东西又有多少？着力点应该放在哪里？我和编辑讨论后认为，《经济参考报》报道最大的缺憾是没有政府部门的声音，为使舆论监督稿件不失公允，本报的着力点可以放在与政府部门的接触上。于是我一边向龚永泉站长报告准备第二天去灌南采访，一边搜集资料、制定采访方案。

"排查"新闻现场

从18日晚我在当地政府网站和其他网页上搜索的资料来看，其自相矛盾之处呈现在眼前：大楼从工程招标到竣工剪彩都是以"市民文化体育中心"的名义，但是配套用房工程招标时却成了县里的"行政服务中心"。就是说，大楼在建成之前都是打着"市民文化体育中心"的旗号，而建成之后就成了县里的"行政服务中心"。我在查阅中办、国办的相关文件后也掌握了政府大楼建设所必须履行的审批程序，灌南的做法显然有悖文件规定。

南京距灌南有3个小时左右的车程，2月19日天还下着雨。我和站里的司机不到7点就出发了，行驶中思考报道思路：我初步设想还是要凸显调查性报道本身的属性，就是要注意把调查的路径、现场感强的元素写出来，特别是一些细节和人物的表现也要小心留意，记者在现场调查的行踪也毋须讳言。

赶到灌南县城是在上午10点左右，我首先马不停蹄地向当地群众进行调查了解，多数人的反映证明，群众根本不知道县里建设有"市民文化体育中心"，即使是跟政府大楼一街之隔的群众也摇头不知，而指给他们看大楼时，群众都说那里是

"县委"或者"县政府"。通过调查我初步判断："市民文化体育中心"主要是在履行相关报批、招标、建设程序时的说法，而在建设过程中实际就是当作政府大楼来建设的。

在正在建设的行政集中办公区，我又实地了解了其建设的基本情况，给已经"冠名"了的大楼拍了照片。

事实基本清楚了，时间也过了上午11点，我在政府大楼前拨通了灌南县委宣传部长的电话，对方的态度不错，愿意配合本报的采访。在宣传部的办公室里停留了大约1小时，只见两个副部长跑进跑出，说是给我联系采访、准备材料，对事情本身不多说一言。期间宣传部长也过来打了个招呼，表示《经济参考报》报道失实，县里正在跟该报沟通，然后就说自己要赶飞机，匆匆离开了。看到宣传部在忙着联系住处和餐饮，我赶紧表明态度：请尽快联系采访，我们不在这里吃住。

"触摸"地方政府

好在时间不长，灌南方面派出一位常务副县长出面接受本报的采访。副县长显然有备而来，手里攥着两张"情况通报"稿，说基本情况都在这里了。此时，戏剧性的一幕发生了：一个"五洲商务大厦"的说法白纸黑字地出现在情况通报里，而我此前搜集的材料里从来没有出现这样的说法。该副县长解释说，市民文化体育中心是一回事，政府大楼是另一回事，市民文化体育中心是政府大楼旁边的建筑，而政府大楼的前身是"五洲商务大厦"，是一个商业项目，只是后来被政府回购过来做政府大楼的。我当时一愣：就这样"切割"开了？问对方有没有审批文件，对方信心满满地说"都有的"。在我的要求下，对方把"五洲商务大厦"、"市民文化体育中心"以及"行政集中办公区"的审批文件全部拿了出来。我细细翻阅，除了"市民文化体育中心"是由连云港市发改委审批外，其余两个都是该县发改局自己审批的。在"行政集中办公区"的审批件上，项目名称分明是"商务会所项目和写字楼项目"，商务会所项目的用途是"餐饮、客房、会所和健身房等"，而写字楼的用途是"定位中小型企业商务用房"。凭着两办文件精神，我初步判定该县的做法是违反文件规定的，但灌南县在其情况通报稿中却称其"符合中央文件精神"。

看到我在认真抄写文件的内容、批号，一旁的常务副县长和宣传部两个副部长有点意外，互相交流了一下眼神。抄写完毕，证据在手，我进一步提出把相关文件复印一份，两个副部长的眼光汇聚在常务副县长身上，副县长表示："可以，让人拿去复印。"

在副县长和两个副部长陪同下，我们冒雨实地察看了大楼旁边的四座两层建筑，也就是县里解释的"市民文化体育中心"。除了展览馆里陈列着该县县庆的展板外，其余建筑空空如也，与政府大楼里人来人往对比鲜明。

左等右等，几个文件一直没有复印好。副县长借口有事离开了，两个副部长也在闪烁其词。给副县长打电话，对方说："文件我们正在整理，要不你先忙，你需要什么文件我们到时一并整理送给你"。我知道那几份文件肯定不会再出现了，好在文件的内容、批号也都记录下来，就不必再在这里恋战了！

驱车返回南京的路上，我打开电脑开始写稿，中间还打电话采访了两位专家，两千多字的稿件渐具雏形。车到南京长江大桥，稿件基本完成。不到12个小时的时间，冒雨驱车往返千余里，完成一个新闻事件的调查和稿件采写，我深深体味着一名新闻记者职业的责任和工作的快乐！

三点感受体会

灌南政府大楼事件的调查报道，我感触最深的有三点：

新闻的魅力在于事实和现场。特别对于调查性报道来说，现场是多变的、复杂的，更是生动的。记者只有深入到新闻现场，才能尽可能地接近事实的真相。突然出现的"五洲商务大厦"的说法，"市民文化体育中心"确实存在于政府大楼，副县长关于"符合中央文件精神"的解释，市民在听到"市民文化体育中心"时的茫然……所有这些元素使事件本身变得更加复杂，但也更加丰富和生动，使记者一步步地接近着事实真相。

找好新闻的第二落点。限于人力、版面等多种因素，本报的报道很多未必是独家首发，这就存在一个找好新闻第二落点的问题。我始终认为，报纸的优势在于深度，本报的优势在于权威，所以我们要多在深度和权威上下工夫。和版面编辑沟通时，我们将着力点放在地方政府身上，让地方政府站出来说话，报道的权威性和公正性就出来了。跳开"主题先行"的束缚，将事件的来龙去脉理清楚；在转述地方政府观点的同时又不受对方牵制、通过深入剖析给读者揭示真相，报道的深度来自于充分而详实的第一手材料。这篇报道见报后，灌南县委宣传部长打来电话表示"贵报报道客观、全面"。

采编密切合作的高效率。各新闻版成立后，采编活动一直在不断加强，作为一线记者也深有体会。这一次大概时间更加浓缩，所以体会尤为深刻。18日下午4点多钟接到李佳祺约稿电话，下班前商定前往现场采访。第二天，从出发前往灌南一直到回南京，李佳祺和我一直保持着电话沟通，其他媒体及网友对此事件的反应李佳祺都在第一时间告知了我，这进一步让我明晰了自己采写的重点。包括当晚的夜班编辑尹世昌，为了使稿件的表述做到尽可能准确和滴水不漏，我们之间也多次通话，一直到版面做好之后，尹世昌还把定稿传给我进一步核实表述和细节。正是由于版面的精心策划、积极支持和密切配合，稿件在第二天就见诸报端。后来有媒体同仁告诉我，在我们前往灌南采访的当天和第二天都有省内媒体前往灌南采访，由于本报出手快并作了充分报道，他们都尚未成稿，最后只得作罢。

（作者系人民日报社江苏分社采访部主任）

8. 用客观与公正赢得尊重
——南京"徐宝宝事件"采写体会

申琳（2009年11月19日）

>>> 面对类似"徐宝宝事件"的发生，有正义感的人都会感到震惊与愤怒，但是作为记者，在采访和写作时，必须提醒自己保持冷静，不能在报道中注入太多情绪化的内容，我们的核心任务是"追寻事实真相"。我们必须充分听取矛盾双方的陈述，给双方以平等的话语权，再凭借自己的分析判断来甄别所了解事实的真伪

2009年11月13日，随着南京市卫生局最新调查结果被媒体广泛报道，南京沸沸扬扬了一周的"徐宝宝事件"基本落下帷幕。作为首家报道此事件的媒体，社会版头条刊发了我采写的第4篇稿件，本报"徐宝宝事件"的报道划上较圆满句号。

从11月6日网上出现发帖，到11月9日本报首家报道，再到11月11日以后江苏省及南京市媒体连篇累牍进行报道，"徐宝宝事件"成为南京市民街谈巷议的一个主要话题，一些媒体更是把它称为"网络舆论事件"。作为第一个采写此事件的记者，我事后不断接到当地媒体的采访约请，期间也有一些对此事件报道的思考。

经历：从本报最早报道，到有关部门和医院来"沟通"，再到邀请本报参加"联合调查组"，本报连续刊发4篇报道，收到良好社会效果。

11月7日中午时分，我接到社会版编辑的电话，说在网上看到一个帖子，讲南京市儿童医院有医生在值班时间上网玩"偷菜"游戏，致使一名才5个月的婴儿救治无效死亡，社会版希望进行调查采访。当天下午，我首先在当地著名网络论坛"西祠胡同"上找到了婴儿家属的反映材料。发现婴儿家属的反映很详尽，涉及到了许多细节，值班医生玩游戏、发牢骚、推诿延误救治的情况非常突出。我急忙向龚永泉社长报告采写意图，龚社长表示："深入了解，客观报道。"于是我一面想办法与婴儿家属联系核实有关内容，一面与南京市儿童医院院方联系，以期核对相关内容的真实性。儿童医院方面表示，医院医务处已针对此事有一个书面的情况说明，具体情况可在此说明上了解，其他没什么可说的。我仔细阅读了这一情况说明，发

现患方质疑的医生失职行为的多个细节医院方面都没有回应，于是决定尽快进行报道，以促进医院方面说明真实情况。

11月9日，本报社会版在头条位置刊发此事件的报道，客观报道了医患双方的说法和市民的反映，这也是此事在媒体上的第一篇报道。当天中午时分，南京市卫生局和儿童医院派人来分社沟通情况，承认本报的客观报道，但反映说患方有很多不实之词，并希望本报不再"继续关注"。我当时明确表示，如果医院方面不将实际情况说明清楚，本报会"一直关注下去"。医院方面表示他们正在对相关人员进行调查，一旦有结果他们会及时通报。当晚我浏览"西祠胡同"，发现网民已在广泛宣传本报的报道，呼吁当地媒体也参与报道此事件。

11月10日，我接到南京市卫生局电话，说下午将举行一个新闻发布会，说明初步调查结果。在当天下午的发布会上，江苏省、南京市医政处两名处长和南京市儿童医院副院长在通报调查结果时，还是否认医生有玩游戏、发牢骚的情况，并认为医生的治疗措施是得当的。我随后又采访了婴儿父亲，他明确表示这个调查不符合事实。11月11日，本报第二篇稿件在报道卫生部门初步调查结果的同时，也报道了婴儿父亲的反对意见。从这一天开始，南京多家都市媒体用多个版面报道此事件。当晚我在"西祠胡同"上看到了网民要求进行"第三方调查"的呼吁，认为南京对事件的调查是"老子查儿子"、"既当运动员又当裁判员"。

11月11日上午10点左右，我接到南京市卫生局打来的电话，邀请我作为媒体代表参加新成立的联合调查组，通知说，11点左右调查组召开第一次工作会。没有太多思考，抱着近距离了解事实的态度我接受了邀请并立即赶往会议地点。在会上我了解到，除我之外，卫生部门还邀请了省市两级媒体两位记者和"西祠胡同"的一名版主，此外，两名医疗专家是江苏省属医院的专家，还有一名计算机专业技术人员。从联合调查组的人员构成来看，南京市卫生部门的态度还是开放的、坦诚的，有把事情调查清楚的诚意。下午两点开始，调查组就进入工作状态，调查组负责人、南京市卫生局纪委书记——做出布置，一方面是医疗专家查明医疗技术问题，一方面是卫生局有关负责人、计算机专家和媒体代表对当事人和证据进行调查取证。除了对当事医护人员进行谈话外，一个很重要的环节，就是调取相关的监控资料和值班医生的上网记录。

当晚11点多钟，面对调查组的询问，值班医生当场承认了上网玩游戏的事实，技术人员也在他的电脑上检索到了当天的上网记录。经过通宵调查，调查组查明了值班医生上网玩游戏，婴儿母亲对医生下跪的事实，也查明了医院在对徐宝宝救治各环节存在的问题,认为相关医护人员有程度不等的失职行为。

12日下午,南京市卫生局宣布了最新的调查结果,并宣布了对多个当事医护人员严肃处分的决定。婴儿亲属对这一结果表示满意,社会舆论对这一结果大多表示认可。卫生部门在"徐宝宝事件"中遭遇到的信任危机初步缓解。

11月9日至13日,本报连续刊发了"徐宝宝事件"4篇稿件,期间版面编辑不断打电话询问采访情况,我也及时与版面保持联系,报告每天事件进展。可以说,本报之所以在这次事件报道中收到良好社会效果,主要还是得益于编采互动的优良传统。

感受: 面对类似"徐宝宝事件"的发生,有正义感的人都会感到震惊与愤怒,但是作为记者,在采访和写作时,必须提醒自己保持冷静,不能在报道中注入太多情绪化的内容,我们的核心任务是"追寻事实真相"。我们必须充分听取矛盾双方的陈述,给双方以平等的话语权,再凭借自己的分析判断来甄别所了解事实的真伪。

"徐宝宝事件"由本报11月9日首家报道开始,江苏及南京多家媒体密集跟进,推动着江苏省、南京市卫生部门采取措施,在较短的时间内查明了事实,给了公众一个较满意的结论。婴儿家属事后给我打来电话,表示如果没有本报率先报道此事,真相大白还不知要等到何时。而网络上也有不少人提出疑问:如果没有人民日报第一个介入,地方媒体还会关注此事吗?事情还能这么快就得以解决吗?我在浏览"西祠胡同"时,发现很多网友对本报在促成此事件解决中发挥的作用表示肯定。

通过对此事件的报道,我感受最强烈的,就是一名党报记者所需要具备的素质和所要坚守的职业准则。只有严格遵循客观公正的职业基本准则,记者才能够真正赢得采访对象的尊重,媒体才能真正赢得社会的尊重。

类似"徐宝宝事件"的发生,有正义感的人都会感到震惊与愤怒,但是作为记者,在采访和写作时,必须提醒自己保持冷静,不能在报道中注入太多情绪化的内容,我们的核心任务是"追寻事实真相"。所以,我们必须充分听取矛盾双方的陈述,给双方以平等的话语权,再凭借自己的分析判断来甄别所了解事实的真伪。事件的核心问题,是医生在婴儿救治过程中是否有失职的行为,这就决定了玩游戏、发牢骚以及医生在整个救治过程中是否尽到责任这一问题的关键。正是抓住这些主要问题,我的整个采写过程都在向有关各方"追寻",毕竟世界上很多事情并不是"罗生门"。与婴儿家属反复核实,不断向儿童医院和卫生部门征询事实,包括抓住参与调查组的机会与当事各方和证据材料面对面接触……我们的每篇报道没有让任何一方缺席，我们尽可能与当事各方直接接触，我们最大限度利用已经核实或是双方说法一致的事实，所以无论是婴儿家属还是卫生部门都表示，本报的系列报道是最客观公正的，他们没有异议。

从事件造成的社会影响和最后对相关责任人的处理来看，记者的客观、公正与尊重事实尤为重要。媒体的作用决定记者"身怀利器"，正确的报道可以促成事实大白于天下、公平与正义最终实现，失误的报道则可能导致事实被蒙蔽，当事者被误解甚至蒙冤受屈。由于网民的群情激愤，儿童医院与卫生部门处于风口浪尖，成为众矢之的。万一报道失误，不仅有关机构和部门处于极大的被动甚至造成信任危机，而且有可能造成社会的不稳定，或者给医患纠纷这样的社会难题开下不好的先例，造成导向上的失误。所以，在报道真相与导向正确之间，我们首先要做到的还是客观、公正与尊重事实。

与客观公正紧密相连的是要把握分寸，努力规避可能的负面效果。与婴儿家属反映情况相比较，本报的第一篇报道有几个问题没有提及。一是"跪求"这一细节，考虑到家属在情急之下可能会采取这一举动，而这未必就是医护人员本身的过错，如果写入这个细节，可能会加重文章的悲情渲染，这样医院就可能招致社会舆论的巨大压力，所以思之再三还是放弃了。第二是医患双方重点陈述的事情发生后双方人员的肢体冲突，究竟是如医院所说的患方是几十人的"医闹"，还是如患方所说的医院是在雇佣打手伤人，我们一时很难界定清楚，而且这又涉及社会稳定，同时这一环节也不是问题的核心内容，所以我在写作时也断然舍弃了。第三是医生的行为究竟表述为是在"玩电脑"还是在"偷菜"，虽然"偷菜"更能吸引眼球，但是在我了解患方的反映时对方并不能确认，而医院方面更是予以否定。这样，没有当事方的确认，仅凭网民的反映我们就不能表述为"偷菜"。

还有一个感受是社会责任。我们做这个报道是基于媒体的社会责任，记者参与联合调查同样出于社会责任。但是，充分考虑报道的社会效果也是我们的社会责任。这个过程中有两次我在反复掂量社会责任：一是报道初期，我们一方面是要替患方披露事实、呼吁解决，另一方面我们也不能成为患方可能向医院无理要价甚至要挟的工具。所以我们既要充分尊重事实，同时要注意把握分寸。还有一次是参加卫生部门组成的联合调查组。接到邀请加入调查组的电话时我第一反应很简单，就是有了一次直接接触当事人和有关证据资料的机会，这对于我们尽快了解到真相是很有帮助的。但后来又考虑到另一个层面，就是如果这次调查卫生部门还是在敷衍了事，我们只不过来装点门面,那么作为调查组成员就可能招致公众的质疑,个人事小,会不会波及影响到本报在当地的公信力?还有,网络上有一些人看似是在利用此事件进行炒作,他们一些极端言论让人怀疑他们的动机。那么,如果调查结果证明医生确实没有那些言行,网络上肯定也会质疑联合调查组的公正性,作为成员的我仍有可能遭到质疑。考虑到这些复杂问题,我对自己参与调查组的认识更深了一层,言行上更加谨慎。我认为,只要秉持着记者的社会责任参与,对自己参与调查内容的程序合法性、事实真实性把关,加上本报作为首家报道此事的媒体在当地所赢取的社会信任,我应该可以渡过可能出现的信任危机。

思考:信息化社会,人人都是信息发布者,所有压制舆论、蒙蔽事实的企图最终证明都是徒劳的。但网络更是"双刃剑":信息满天飞很可能导致流言满天飞,人人是信息源就可能有人浑水摸鱼。因此,既要善待网络,更要正视网络、慎待网络。

就这一事件的报道延伸开去,我同时思考到两个问题:一是政府"公信力",一是网络"双刃剑"。

回顾整个事件的处理,南京卫生部门的公信力在这次事件中是受损的,主要在三个环节:一是网络上出现大量帖子,实际上已经形成较强民间舆论的时候,作为卫生部门是失语的,儿童医院更是想靠一纸简单的说明蒙混过关,招致更多网民的不满。二是在本报首家报道事件后,卫生部门的反应还是滞后的、迟缓的,而且是简单化的。11月9日本报报道,当天下午医院和卫生局来人沟通情况,直到第二天下午,卫生部门才召开新闻发布会,又遭到社会舆论的质疑。而且这次新闻发布会发布的调查结果很简单,事后证明也很草率。调查结果是失实的,不仅招致公众的普遍不满,就是在第二次调查结果公布后,这次发布会还是社会舆论和媒体的一个话柄。三是在成立联合调查组时过于匆忙。我是11日上午10点左右接到邀请电话,11点就要开工作会议。过于匆忙的原因我们可以理解为卫生部门迫于舆论行动迅速,但过于匆忙也造成办事程序受到怀疑,调查的公开、透明也受到怀疑。事实上社会舆论特别是网络就又拿调查组的成立说事,好在调查的结果符合公众预期,否则卫生部门仍然难逃舆论的指责。

信息化社会,政府部门的公信力是要在第一时间进行信息公开,从而赢得舆论的信任,否则一步被动步步被动。南京市卫生部门一开始想沿用传统的方式,大事化小、小事化了，孰料让网络主导了舆论的导向，导致自己处处被动，疲于应付。政府公信力，理论性地说要靠"实事求是"，具体化就是要及时让公众知情。

客观地讲，网络在此次事件中发挥了巨大的作用。事实最早披露在网上，舆论的初步形成也在网上，越来越多网民的参与也在给医院与卫生部门施加着巨大压力，从而推动了事情的逐步解决。在信息社会，网络日益显示出它的独特优势：人人都是信息发布者，所有压制舆论、蒙蔽事实的企图最终证明都是徒劳的。

但网络更是"双刃剑"：信息满天飞很可能导致流言满天飞，人人是信息源就可能有人浑水摸鱼，网友甚众也可能就是很多"马甲"而已……在此次事件中，网络上有很多人发帖支持患方、呼吁调查真相，虽然情绪热烈，但对问题的看法还是比较理性的。也有一些人，恶意攻击，对凡有些呼吁克制的言论都抱怀疑一切、打倒一切的态度，特别明显地站在与政府部门对立的位置上看问题。这些人表现出的仿佛自己就是真理、正义的化身，认定了医院、卫生部门都是问题严重的，需要打倒的，他们甚至发出了在医院集会抗议的号召。臆测、偏激、口吐秽语……网络上所表现出的非理性让人心存忧虑甚至抱几分反感。如果不进行规范管理，不仅会给别有用心的人以可乘之机，同时也会严重影响到网络自身的信任度。所以我想，我们既要善待网络，更要正视网络、慎待网络。

（作者系人民日报社江苏分社采访部主任）

第七篇

有理有据平众议　善破善立促改进
——如何开展舆论监督

1. 替人民说话必受人民欢迎
——《银川：出租车新规定为何起风波》采写前后

杜峻晓（2004年9月2日）

>>> 从这件事我深切地体会到：报纸替人民说话必受人民欢迎

7月底，银川市发生了大规模出租车司机集体罢运。银川市政府在不到四天时间内连续发布了两个通告，对出台的出租车新规定先宣布"暂缓执行"，接着再宣布"不再执行"。8月4日，银川市出租车全面恢复运营。8月5日，人民日报在"热点解读"栏目刊登我采写的《银川：出租车新规定为何起风波》。当天，在银川市，几乎所有的干部群众都在议论《风波》一文，售报亭的人民日报销售一空。

关注事件的走向

银川市出台的出租车经营权新规定，由于其十分不合理，引起了银川市出租车司机的极为不满。罢运是从7月30日早上开始的，几千辆出租车像是蒸发似的，倏忽间就从银川市消逝了。出租车司机纷纷到新闻单位和银川市政府和自治区政府门前上访，以求取得合理解决。7月31日和8月1日是双休日，出租车司机仍然集中到自治区政府门前，要求政府给说法。

罢运开始后，我一直在关注着事件的走向。双休日，我到自治区政府门前实地采访。在此期间，宁夏地方媒体负责同志曾给我打来电话，询问人民日报报不报，如何报。我说正在写内参，力求反映整个事件的全貌。与此同时，银川几位市民不停地给我打电话，反映他们在街上所看到的一切。

8月2日下午，我参加宁夏回族自治区主席马启智主持召开的会议，不仅对出租车罢运有了更为全面的了解，也摸到了自治区政府准备圆满解决出租车司机罢运的"底"。

写不写，怎么写？

8月2日晚，银川市第二个通告发布，宣布已出台的规定"不再执行"，8月3日上午，已有少量出租车投入运营。对这条新闻报还是不报，如何报，我心里还有点拿不定主意。想来想去，我觉得先从人民网上进行突破。于是，本着正面报道为主的原则，我写了《从"暂缓执行"到"停止执行"银川市妥善处理出租汽车司机集体上访事件》的网络新闻。此条新闻尽管没有放在主页上，尽管10分钟后就从人民网消失了，还是引起了众多网络媒体的注意。新浪、搜狐等60多家网站纷纷转载，新浪还将其放在头条，引起广大网民强烈反响，点击率非常高，留言也非常多。

这一天，我相继接到搜狐、南方周末打来的电话。搜狐希望今后有重大新闻事件能提前与他们沟通。我说我是人民日报记者，没有这个义务。南方周末说，他们觉得这个新闻题材非常好，让我给他们写一篇长篇纪实，我说我得想一想，要写得先给人民日报写。

一篇网络新闻能引起如此多的关注，我真的没有想到。

一个多小时写就《风波》

8月4日15时许，"视点新闻"版叶蓁蓁打来电话，说银川市出租车风波的事儿能否给热点解读写一篇。我说正准备下手，并就如何把握写作角度进行了一番探讨。

因为对银川市出租车集体罢运了解得非常透，我只用了1个多小时的时间就把稿子写出来了。正在收尾的时候，朱竞若又打来电话，问稿子写得怎么样了。我说马上就完，先发个传真你们看一看。半个小时后，朱竞若回电话，说没想到在这么短的时间就写出这么好的稿子，如果不出什么意外，明天就可见报。

第二天，《风波》一稿见报。当天，银川市一位负责宣传的同志打来电话，称人民日报能刊发这么有分量的稿件，说明人民日报在想着人民的利益，人民日报用自己的行动更好地印证"三贴近"的承诺。这一天，我还接到多个电话，都是谈对《风波》一文看法的。一位中央驻宁夏的新闻媒体负责人打来电话，说老大哥人民日报带了一个好头，关键时候还是能替人民说话。

老关师傅不收我的钱

8月6日晚，我从虹桥酒店打车回宿舍。车上，我与一位姓关的出租车司机聊起罢运的事情来。这位关师傅是一位共产党员，以为我不了解情况，又把事情的前前后后给我讲了一遍。末了说，事实证明我们出租车司机是对的，政府错了，人民日报都登了文章，给我们出租车司机说话。

付了车钱，拿上车票，临下车时，我对关师傅说，人民日报发的那篇稿子就是我写的。关师傅一把拉住我的手，把收了的钱又拿出来，一再要还给我。我说车钱还是要付的，给人民日报写稿子是我的工作，替人民说话是我的责任。关师傅说，那我求你跟我再坐一会。我答应了他，一人点一支烟，聊了好久。关师傅说，我们出租车司机都商量了，要送一面锦旗给你。我说千万不要，那样我会很不安的。

在即将过去的8月里，我遇到的每一位朋友都会不约而同地与我谈起《风波》一文。他们总会感叹地说：人民日报还是人民日报！

从这件事我深切地体会到：报纸替人民说话必受人民欢迎。

（作者系人民日报社陕西分社社长，时任人民日报驻宁夏记者站站长）

2. 批评报道如何让被批评方服气？
——从"永州市交警支队遭遇评比尴尬"连续报道的编采互动说起

贺广华（2005年6月3日）

>>> 一组批评报道，没有得罪被批评方，反而成了他们的朋友，这一出乎意料之外的效果，让我对批评报道有了新的认识：给予被批评方解释的权力，让被批评方说话，是舆论监督最重要的原则。

说来惭愧，这篇报道首先发现"敌情"的不是身处最前线的记者，而是远在北京总部的编辑。2005年5月24日下午5时许，政治版主编胡果打来电话，称新华网上有一报道，蛮有意思。其时我正在岳阳采访，赶忙回宾馆打开电脑上网。说实话，新华社记者采写的调查性报道，相当出色，似乎该说的都说了，该写的也都写了。更要命的是，永州与岳阳一南一北，两地相距450公里以上，开车前往至少得5个小时，要现场采访，无论如何是来不及了。

我当时想，跟在人家的"独家报道"之后做文章，如果不能做到"独家观察"，又难以深入挖掘"独家细节"，那么，至少也要找到"独家视角"，或在写作上运用"独家手法"。于是赶忙调集所有可以利用的"人脉资源"进行电话采访。

还好，我在打了一通电话过后，挖出了至少三处新华社记者没有提及的重要独家新闻细节，如："永州市交警支队在全市46个市直单位10分制的满意率测评中，具体得分为7.075分"；"湖南省文明办于2005年2月1日刊登公示15天，未接到任何有关市交警支队的举报材料和不同意见"；"5月18日，湖南省文明办派人前往永州市就这一事件进行调查"；同时，还了解到省文明委领导的批示精神。

有了独家细节，底气足了。那天晚上我花费了近3个小时，稿子发回记者部，已快晚上11点。胡果主编就一些与新华社稿子时间不一样的几处细节一一做了询问。同时，她在电话里肯定了我"客观公正"的立场，认为，给予被批评方解释的权力，让被批评方说话，是舆论监督最重要的原则。还说要把"省文明办派人前往调查"做成标题。

5月25日下午，我来到永州。当事三方（市委宣传部、市优化办、市交警支队）

都说，你们人民日报的这个报道（《刚评"最不满意"，又列"省级文明"——永州市交警支队遭遇评选尴尬》我们看了服气，并表示愿意配合提供最真实的材料。下午，湖南省委宣传部新闻中心主任李颖拨通了我的电话，她说："我把所有媒体有关永州市交警支队的这则评选事件的报道都找来看过了，你写的这一篇最为客观。"我说这话怎么讲？他们说所有媒体中只有人民日报提到"湖南省文明办派人前往永州市调查"，并做在了标题上。事后，我进一步了解到，人民日报的这个标题，把湖南省文明办从被动尴尬局面中解脱出来了，从效果上看也的确如此。

从这则新闻的捕捉，到这个标题的制作，充分展示了政治版同仁敏锐的嗅觉与判断能力，要说这组报道有"高出一筹"之处，这个"高"字，是政治版的同仁们努力的结果。

第一篇报道不仅引起了社会反应，也得到了被批评方——湖南两级宣传部门的积极回应，如果说这个结果令人喜出望外的话，那么次日续篇《评选反差，各有说辞》的独家跟踪报道，更是直接促成了省委宣传部的快速处理。

事后我了解到，人民日报的"连续报道"，既给了省市两级宣传部门压力，也给了他们"面子"，他们认为理应尽快作出相关处理。26日下午，湖南省文明委领导授意省文明办起草一份"处理意见"，并在次日分发媒体。

特别要说明的是，政治版的编辑们，对稿件的加工处理再次显示出了高出一筹的老练和"独到"。三个小标题：市优化办："最不满意"，事出有因；市文明办："省级文明"，当属正常；交警支队：正视反差，"且看行动"。不仅做得准确，也十分客观，当事各方都认为，这个报道体现了中央党报的风范，是真心帮助我们。

5月27日，各媒体均刊发了湖南省文明办的处理结果。但其他媒体采用的只是文明办统一散发的"书面"处理意见，而唯有我们再次挖到了"独家新闻"。有关省文明委领导的表态："群众满意是文明单位评选及其他各类评先活动的生命线。如果永州市交警支队连续两次在当地群众满意率测评中领受'黄牌'，将撤销其'省级文明单位'称号。"（见《永州交警支队再领"黄牌"》）这是我们的独家信息。这一表态并未写进"书面"处理意见之中，而是他们接受我们的独家采访时披露的。

同时，政治版主编胡果还特别要求我在结束这一组连续报道时写一篇"专家解读"（见《群众不满意还配称文明单位吗？》），我明白她是想借专家之口说出记者想说的心里话，从事后的效果看，这无疑是高明之举，比记者本人直接在新闻中"指手画脚"要好得多。

至此，一个由新华社抢了头筹、并被各大媒体广泛关注的新闻事件，到后来几乎成了人民日报的"独角戏"。事后两天，新华社湖南分社与本报驻湖南记者站搞了一次联谊活动，新华社湖南分社社长侯严峰对我开玩笑说："我们搭台你唱戏，要罚酒。"当然，我知道侯社长讲的是客气话，但这起事件最后有一个比较好的结果，与两家主要媒体的报道密不可分。

特别要提及的是人民网的支持。报网互动，让这组连续报道产生了更广泛的社会效果。我注意到，这个事件在人民网首页及时转载后，迅速成为了广大网友议论的热点。首篇报道的新闻跟帖超过50个，排在当日新闻跟帖最多的前20位，后面几篇报道，也都进入了当日新闻跟帖前50名。整组报道都能成为当日人民网最具人气的热点新闻，至少说明政治新闻版选择与发现新闻的独到眼光。

一组批评报道，没有得罪被批评方，反而成了他们的朋友，这一出乎意料之外的效果，让我对批评报道有了新的认识：过去，不少记者包括本人都自觉不自觉地有"新闻审判"的优越意识，几乎不会考虑"话分两头"，不让被批评单位或当事人陈述事由，其结果要么是让人家口服心不服，要么是让人家到处喊冤叫屈，甚至于成了仇敌。那样的批评报道做得越多，树敌也就有可能越多，最终则有可能在地方沦为"不受欢迎的记者"。

（作者系人民日报社江苏分社社长，时任人民日报驻湖南记者站站长）

3. 擎起舆论监督的利剑

何勇（2006年4月26日）

>>> 批评报道，出于公心是原则，事实准确是生命。事实准确，方能推动问题的解决；出于公心，才能站得住、行得稳，也才能避免被"反咬"。出于公心，再难，再大的压力都不算什么；若掺杂任何私利，就会站不住脚，经不起考验

2006年4月20日，本报5版以近3000字的篇幅，配发照片和专家观点，刊登《盛大房展"展示"了什么》一文，在报社内外引起强烈反响。

见报当天，山东省纪委、省纠风办就介入、调查此事。山东省建设厅厅长在约见记者时，虽然坚持"政府办展览，企业来掏钱"是惯例，不认为是"越位"，但承认报道的问题存在。至此，这篇立意高、事实准、批评对象级别高的批评报道"平安着陆"，没有出现任何反弹。

舆论监督，是党报记者的神圣使命和责任

批评和自我批评是我党的三大优良作风之一。可目前，在一些地方，一些所谓的强势部门，以"和谐社会"为挡箭牌，拒绝批评，拒绝监督，尤其是舆论监督。党中央机关报的地位和性质决定了我们有义务、有责任对各地在经济社会转型进程中，在政府职能转变过程中，对不符合科学发展观、不利于构建和谐社会、有损于建设法治政府的现象进行善意的批评。

党报记者的神圣使命和责任使我们拿起了舆论监督的利剑。从山东省建设厅筹备成就展和住博会开始，就密切关注，深入采访。本文的刊发，署名是两位记者，可事实上许多领导和同志付出了心血。为抢时效，本来在下周一刊发的"舆论与监督"特地改在了本周四。

从选题开始，到采访，发稿，没有宋光茂站长的支持，本文是不能面世的。汇报选题时，宋站长明确表示支持；发出后，在外地出差的宋站长又打电话鼓励："我认为，这是山东记者站6年来最好的报道之一，点了名，抓得准，批评对象层次高，有时效，公正客观。"

近4年的驻站记者体验，使我深深感到，批评报道，很难，是一种考验。但最

难的不是记者,而是作为记者站第一责任人的站长;考验的也不仅仅是记者,更是对站长的一种考验。记者采写舆论监督稿固然需要勇气,站长能支持舆论监督,有压力顶起来更需要勇气。

舆论监督,平时要做到"近而不进"

批评报道,出于公心是原则,事实准确是生命。事实准确,方能推动问题的解决;出于公心,才能站得住、行得稳,也才能避免被"反咬"。出于公心,再难,再大的压力都不算什么,若掺杂任何私利,就会站不住脚,经不起考验。

宋光茂站长还教育我们,批评报道要控制量,小打小闹、不疼不痒的尽量不要搞,要敲山震虎,不要盯住苍蝇、蚊子猛打。具体到此稿,对省建设厅乱摊派、乱收费,我们没有惧怕其强势,没有顾忌其"位高权重",反而因为它是省直部门,更具有代表性,坚定了顶住压力采写此稿的信心。

几年驻站,我还认识到,虽然正面报道占绝大多数,但我们写这些报道,是因为中央和报社需要以正面舆论引导为主,而不是说完全迎合地方需要。在心里,始终牢记自己是本报派驻地方的记者,而不是地方派驻报社的记者。在工作中,做到"近而不进",始终贴近山东的改革开放大局,贴近山东群众的生活,但又始终保持一定的警惕和戒备,不进入具体的部门和利益圈子,保持相对超脱的状态。

尽管取得一点成绩,但实事求是地说,我们在批评报道方面还是弱项,离报社领导的要求,和版面需求相比,还有很大差距。我们会一如既往擎起舆论监督的利剑,让它锋利些,再锋利些!

(作者系人民日报社辽宁分社采访部主任,时任人民日报驻山东记者站记者)

4. 问题报道中的平衡策略

曾华锋（2006 年 5 月 18 日）

>>> 平衡，即在突出报道一种主要因素时，顾及其他因素，特别是相反的因素。应该让事件中的冲突双方和不同的利益集团有同等的发言机会

2006 年以来，人民日报相继在 2 版头条、经济版头条发表了《甘肃急救"黄河之肾"》、《敦煌不能重演楼兰悲剧》、《祁连山冰川退缩危及河西走廊》等重大报道，中央电视台、人民网、新华网等上百家媒体进行转载或跟进报道，不仅没有引起反弹，而且得到了地方领导的肯定，促进了问题解决。究其原因，是编辑和记者在问题报道中采用了平衡策略。

平衡，即在突出报道一种主要因素时，顾及其他因素，特别是相反的因素。中央电视台名牌栏目《新闻调查》也要求记者有平衡的意识，"应该让事件中的冲突双方和不同的利益集团有同等的发言机会"。

2006 年 2 月 8 日本报 2 版头条《甘肃急救"黄河之肾"》是编辑与我进行的第一次探索。经济版编辑在约我采写这个稿子时商定：既写出甘南草原生态面临的问题，又写出地方政府所做的努力，力争客观、公正。稿件完成后，经济版在编前会上一报题，便得到大家好评，并拿到 2 版做头条。编辑颇具匠心，做了个引题"甘南湿地沙化带绵延 220 公里"和副题"保护规划已通过评审，拟投资 45.65 亿元分两步实施"，并链接了"甘南黄河水源补给区生态保护建设规划"，全文正反兼备、无懈可击。稿件发表后，甘肃省发改委、水利厅给予了肯定。

2006 年 4 月 7 日经济版头条《敦煌不能重演楼兰悲剧》沿袭了这一模式，在披露问题的同时，留下了"光明的尾巴"。文章发表后，甘肃省委领导给敦煌下达死命令："不许水位再下降一寸。"酒泉市委书记李沛文批示："敦煌生态问题要进一步引起重视，聘请各方面专家论证，提出和制定一个综合的生态保护计划"，并对本报表示感谢："能得到中央和省上的重视，敦煌有希望了！"敦煌市委、市政府决定，号召全市人民积极行动起来。各大媒体闻风而动，进行大规模报道。一时，敦煌成为全国瞩目的焦点。

此稿被评为一周最佳头条。陈俊宏副总编辑评价："文章全面介绍了敦煌地区

面临的严峻而又复杂的环境危机,通过翔实的数据和实例说明保护敦煌地区的生态环境已是刻不容缓,也启发人们对建设环境友好型社会的思考。"记者部在编采业务周评和月评时写道:作为一篇问题性报道,该稿在反映问题的同时也强调了敦煌市在环境保护方面的措施和努力,没有造成负面影响。这种平衡处理的方式,可以说代表了人民日报问题报道的一种尝试。可谓评价到位,概括得当。

2006年5月11日经济版头条《祁连山冰川退缩危及河西走廊》的操作已经驾轻就熟。曾经到甘肃采访过的经济版编辑对祁连山冰川退缩问题有所了解,并在我下站前谈过这个题目。当省气象局局长宋连春把长达2万字的研究成果《甘肃气候与生态环境演变及适应对策》独家提供给我时,我马上从中"剔"出祁连山雪线上升这一块"猛料",并将祁连山自然保护区所做的工作加上去,以示平衡。经济版编辑拿到稿件后,做了删改、编辑,增加了新闻链接,使稿件变得更加严谨、客观、可读。

综上,由于这些报道运用了平衡策略,既报道了问题,也报道了地方政府所做的努力,并提出了建设性意见;既得到了读者、同行的好评,也得到了各级领导的重视,促进了问题解决,体现了报社领导提出的"导向性与新闻性结合、指导性与可读性结合、权威性与群众性结合、思想性与服务性结合。"

(作者系人民日报藏文版副主编,时任人民日报驻甘肃记者站记者)

5. 写出问题担起责
——采写《7个水库拦截百公里河流》有感

汪志球（2006年12月12日）

>>> 帮助各级政府纠正错误的思想认识，提供正确的决策信息，做出合理的事实判断，造福一方水土的百姓，应该是人民日报记者应当挑起的社会责任

《7个水库拦截百公里河流》（2006年9月26日经济新闻版头条）一稿，反映的是当前梯级开发而引发的水体富营养化的问题，见报后引起社会广泛关注，数百家网络媒体争相转载。此稿还被值班老总评为"最佳独家"，并获报社9月好新闻一等奖。

副总编辑梁衡曾说："有私心的人当不成记者，记者必须勇敢地担起社会责任，这是一个记者成功的大前提。"在采写此稿过程中，我对这句话有了更深的体会。

一直以来，我都很关注贵州的水电开发。2006年，贵州尚未开发的水能资源就有1000余万千瓦，由于山高谷深，淹没损失小，开发成本低，水电开发年回报率一般可稳定在8%至10%之间。因而，近年来，省内外投资商纷纷进入贵州，"跑马圈河"大搞水电建设。利益面前，政府一味追求数字政绩，开发商只顾牟取暴利，都无视对地质地貌、水体环境、生态的毁灭性破坏。

令人痛心的是：近年来贵州多起河流水库化形成的水体严重恶化事件，上上下下却简单的定性为是生活污染及工业污染所造成，觉得与水电开发毫不相干，忽略了本质，因而治理也只是隔靴搔痒！

帮助各级政府纠正错误的思想认识，提供正确的决策信息，做出合理的事实判断，造福一方水土的百姓，应该是人民日报记者应当挑起的社会责任。

出于这样一种责任感，我一边用心积累资料，一边等待时机。机会终于来了，经济版约我围绕乌江流域的水电开发，抽丝剥茧地写出水体富营养化与梯级开发的本质关系。

但是，我却又为难起来。众所周知，贵州能源具有"水火并济"的优势，是国家"西电东送"的主战场，为国家整个能源战略做出贡献的，而其中乌江流域近十级水电的开发更是功不可没。当初开发时请上百位专家论证，现正处在热火朝天建

设中。此时送上一份"泻药",合不合适?而乌江水电开发的确存在水体富营养化问题,水质也在进一步恶化,又必须引起有关部门和领导重视。

左右两难的关键时刻,胡跃平站长为我"指点迷津":贵州的河流又不只乌江一条,同样的问题肯定存在于其他流域的梯级开发,如能找出以前的梯级开发而现在又正受富营养化"煎熬"的河流的话,岂不一举两得。要重点突出两个问题:一、我国水电建设速度和水能利用在加快,如只追求经济而无视环境,就是在吃子孙饭断子孙路;二、水电开发引起的水体富营养化在国内国际已普遍存在,国外早已着手大力研究,但在国内未能引起充分重视,如不早点研究并提出对策,后患无穷。

有了方向,并征得经济版刘磊主编同意,心中有底了。因为有了长期的积累,自己很快找到贵州省环境科学研究设计院的两位高级工程师,请教两位老专家,这两位专家十余年来一直在研究乌江支流猫跳河流域梯级水电开发所带来的一系列问题,发表的论文和考察资料已达数十万字,非常全面。为慎重起见,我多次约谈两位老专家,仔细核实,反复求证,力求既能说明问题,又能为解决问题提供有力的参考。

与此同时,我又实地考察了红枫湖和百花湖的水质及其污染情况,从网上查阅了许多国内外关于水体富营养化材料。

千锤百炼始成文。报道发表后,一位贵州省委领导见到记者时说,贵州底子薄,宣传工作要以经济发展为中心,多吃"补药",少吃"泻药",但事关大局、事关百姓利益的事,必须及时指出来,人民日报记者这个"醒"提得好,提得及时,目前,贵州水电开发项目很多,必须注意。

走在新闻事业的路上,深知自己还很稚嫩,还很年轻,离名记者、好记者还有很远的路要走,但始终坚定一个信念:敢说敢写敢担责,要做一名好记者。

(作者系人民日报社贵州分社采访部主任)

6. 坚持客观立场　正确引导舆论
——"重庆出租车停运事件"报道经过与体会

余继军　侯露露（2009年3月12日）

>>> 第一时间客观报道事件，第一时间传递地方政府的态度和声音，我们认为是党中央机关报面对突发事件的应有之举。这样才能做到不失语不乱语，不缺位不添乱

2008年岁末，一起突如其来的出租车大规模停运事件将重庆市推上了风口浪尖。社会舆论很快一边倒地站在了同情出租车司机一方，抱怨、谩骂、攻击政府之声此起彼伏，重庆地方政府承受了巨大的压力。

本报记者自始至终关注此事，在报道上掌握主动，力求时效，以文字还原事实真相，从深层次剖析出租车停运的个中原因，以期引导舆论。整个事件中，人民日报就重庆出租车事件发表消息、通讯6篇，人民网重庆视窗发表各类报道10余篇，并对重庆市委书记薄熙来与出租车司机的座谈会进行直播，直播当天在线访问量达到96万人次。

报道新闻事实　传递政府声音

2008年11月3日早晨，记者在上班途中发现平时随处可见的黄色出租车似乎一下踪影全无。由于出租车的"失踪"，上班高峰打不到车的人明显比平日里要多。发生了什么情况？

职业的敏感使得我们迅速打探情况。很快，主城区出租车大规模停运的消息被证实。8点40分左右，由人民网重庆视窗采写的第一条消息《重庆市主城区出租车大规模停运》在人民网重庆视窗登出。这是国内外媒体就本次出租车停运事件发出的第一篇稿件。

重庆出租车缘何大规模停运？如此重大的突发事件发生，重庆市政府做何反应？我们立即派出几路人马在解放碑、观音桥、上清寺等重庆的繁华地段，采访停运的出租车司机、市民等。在及时跟进报道的同时，站长余继军迅速与重庆市主管交通城建的副市长凌月明取得联系，得知重庆市政府正在召开紧急会议，商讨对策。

记者站当即决定在网上滚动编发我们自己采写的现场新闻的同时，要在第一时间拿到重庆市政府就停运事件作出的官方说明，以保证新闻报道的客观与平衡。

下午4点多，在拿到重庆市政府的"正式说法"后，我们迅速把各方情况收集整理。11月4日，《就出租车停运事件重庆市作出说明》一稿在本报经济版登出，该文在客观公正反映出租车司机诉求的同时，着重点明重庆市政府正在采取相关措施处理危机。

第一时间客观报道事件，第一时间传递地方政府的态度和声音，我们认为是党中央机关报面对突发事件的应有之举。这样才能做到不失语不乱语，不缺位不添乱。一味地报道事件、渲染"乱象"不符合党报的格调。而事实上，我们的报道对成功化解此次危机起到了良好的正面引导作用。

报网互动、多种报道方式轮番上阵

应该说，人民日报和人民网重庆视窗的紧密联合、密切互动，是本次"重庆出租车停运事件"报道的一个亮点。

从突发事件发生到官方正式回应这段时间，属于官方声音的真空期。此时，各种媒体已经介入，各种版本的停运原因甚嚣尘上。事件纷繁复杂，如何去伪存真？如何抽丝剥茧，逼近事实真相？

记者的调查旋即开始。出租车司机、群众、重庆市政府、市交委……一个个采访对象进入我们的视线。由于事出突然，重庆市交委作为主管部门所受压力颇大，几个负责人均对此事三缄其口；而出租车司机则往往情绪激动，对某些政府部门和出租车公司怀有很大不满。采访就在不断地突破、甄别中艰难进行着。

尽管艰难，但记者很快即有收获，一篇篇相关报道和图片随即出炉。但是此时距离大报第二天出版仍有十数小时的时间差。怎么处理这十多个小时？是坐等版面，还是抓住网络？

我们选择了后者。3日当天下午，包括《重庆出租汽车全城罢工 出租车司机披露个中原因》《重庆出租车停运 交委望多部门"出手"解决》等在内的多篇特写在人民网重庆视窗登出。文章方一挂出，点击数即直线上升。

报纸仍然是我们最重要的阵地。5日，《重庆主城区出租车全面恢复营运》刊发，我们再次抓住了停运事件的一个重要节点，"恢复营运"。

6日10点，中共中央政治局委员、重庆市委书记薄熙来来到重庆市交委，与67名出租车代表进行了一场特殊的座谈会。

整个"重庆出租车停运事件"在这时进入高潮。这样的重要节点，人民网万无缺席之理。5日得知消息后，我们即与重庆市外宣办取得联系，要求现场直播，并于当天傍晚时分抢占机位。6日当天，人民网重庆视窗对座谈进行了全程直播，人民网总网、新浪网总网在其首页显著位置链接重庆视窗直播页面。数据显示，直播几小时间在线访问量达到96万余次，为外界了解事件真相及重庆市采取的措施提供了有效途径。

次日，根据此次座谈会写作的通讯《"一定要把出租车市场整治好！"》在大报要闻版头条刊出，文章以白描的手法生动再现了薄熙来与重庆出租车司机代表座谈的全过程，同时也向外界表明了重庆市委、市政府善于倾听民声、不怕自揭家丑、标本兼治的态度和决心。

薄熙来与出租车司机的座谈为重庆市成功解决这次危机画上了一个句点。但是新闻却并未因此而结束，究竟谁要对这起停运事件负责？出租车司机提出的一些合理要求是否能得到满足？带着这些问题，记者又相继采写了《重庆问责出租车停运事件》、《重庆出租车企业每车每天补贴司机50元》、《重庆永川停运出租车恢复正常营运》3篇稿件，对这一热点事件进行了事后追踪。

敏于行、勤于思，客观公正、保持立场，在这次"重庆出租车停运事件"报道中，我们以党中央机关报记者的专业精神，保证了人民日报、人民网在突发事件面前不缺席、不失语，为人民日报及人民网争得了荣誉。重庆市委宣传部特别致函重庆记者站称"此次停运事件，贵站（包括下属网站）始终保持高度的政治责任感和正确的舆论导向，坚持真实、客观、理智的新闻报道立场，为成功解决停运事件营造了良好的外部舆论环境。"

（余继军系人民日报社数字传播办公室主任，时任人民日报驻重庆记者站站长；侯露露系人民日报社地方部编辑，时任人民日报驻重庆记者站记者）

7. 那一刻，记者架起沟通的桥梁

朱虹（2009年8月9日）

>>> 社会是复杂的，比如人不能简单用"好""坏"来区分，"黑"与"白"的界限不甚分明等。舆论监督本身解决不了问题，但意义在于可以把问题引入正确解决的轨道

英国有句法谚：迟来的正义非正义。读书时，对这句深信不疑，现在才发现，正义，即使是迟来的正义，仍是多么可贵。

2009年7月20日，本报社会版刊发《天津民航大院 拆迁纠纷何时了》。想想前后持续半年的写稿过程，让我对舆论监督有了更多的体会，也让我感受到群众对党报舆论监督的厚望。

舆论监督本身可能解决不了问题，但意义在于把社会矛盾引入正确解决的轨道

天津民航大院地处天津著名的五大道风景区。2008年10月，陆续有民航大院居民到记者站上访，反映因拆迁遭遇黑恶势力打砸抢。拆迁问题是社会敏感问题，其中大部分都是利益冲突。傲腾站长秉承了他一贯为民伸张的作风，把上访材料交给我，并嘱咐我不能只听一面之词，用事实说话，不能辜负群众对党报的信任，给群众一个交代。

我初步了解，民航大院是天津滨海国际机场的宿舍楼，居民大多是飞行员、空乘人员、国企管理人员及家属。因发展需要，河西区政府要求搬迁改建，但和居民的协议不能达成一致。大楼拆迁工作已经持续5年无果。令人意想不到的是，在与河西区政府的交涉中，居民不断受到骚扰，矛盾步步升级。

在僵持中，几乎所有居民的玻璃都被砸碎，防盗门全被撬过，有的居民家里被砸开门一抢而空，有的则遭受莫名殴打。几经破坏，小区早已经不具备居住条件。

此前，居民们多次集体上访，在河西区信访办却被杀毒用紫外灯灼伤。河西区方面解释灼伤事件纯属意外，但居民们与河西区政府的矛盾更加激化。由于沟通不畅，居民对政府的意见非常大，他们不仅沿街刷标语以示抗议，还将河西区建委诉至法院。

了解这些情况后，我先录音采访了部分居民，搜集了居民们提供的各种书证。随后，找到身在北京的居民代理律师张凤荣，详细了解案件情况，并且复印了全部案卷。

只要是监督，就会有阻力。调查并不顺利，不仅我受到不明身份男子的恐吓，傲腾站长和陈杰老师都承受了压力。然而，根据证据理清事情的来龙去脉，程序严重违法、评估价格过低、政府先越俎代庖后严重缺位……我们认定：拆迁的胶着点在于，代表政府的河西区建委负有不可推卸的责任。因河西区政府和民意的对立，让这起拆迁纠纷具有典型的意义。

社会是复杂的，比如人不能简单用"好""坏"来区分，"黑"与"白"的界限不甚分明等。舆论监督本身解决不了问题，但意义在于可以把问题引入正确解决的轨道。

他们倾诉的对象不是我，而是人民日报，此刻的人民日报代表党

记得大学课本里讲过，社会矛盾的解决无非三种方式：政治手段、公力救济、私力救济。

第一种在现实社会不具备操作性；第二种即遭遇打砸抢应求助公安局，不服拆迁可起诉至法院，但居民们200余次报案如石沉大海，而起诉已经进入二审，却被无限期搁置；第三种私力救济，即公民手持棍棒利刃与打砸抢者火拼，对蛮不讲理的拆迁人员一律报以老拳……这当然也不能提倡。在这个事件中，只能诉至第二种。

然而在调查过程中，我感受到公力救济的无效带给人的压力和绝望。居民中有一位先生，本身在一家大国企做党务工作，也兼管信访，但长期的非正常生活让他的反应和常年上访的群众别无二致。我更加清醒地认识到，我们要做的就是通过充分的事实依据，疏通非正常堵塞的法律途径。

在站长指示下，我们把详细情况材料整理成文，报送给天津市领导。2008年底，即报送材料几天后，中共中央政治局委员、天津市委书记张高丽、市长黄兴国分别作出批示，要求有关部门召开专题会尽快解决历史遗留问题。张高丽在公开的会议上感谢人民日报对天津工作的支持，并特别提到此事，表示会尽快解决。

事情似乎有了转机。河西区委书记沈家聪主动到记者站解释情况，表示将尽快安抚居民情绪，解决问题。

确凿事实面前，起先指责我们偏袒居民的河西区建委态度急转直下，主任、副主任到记者站详细说明拆迁问题的来由，承认工作中存在失误，并保证改进工作方

法，加强与居民的沟通。也就在这时，拆迁楼里的暴力事件得到控制，一些住在楼里的不明身份者开始搬离。

居民们长时间求告无门的压抑像火山一样喷发，不仅几次三番来记者站反映情况，我的电话也成了热线。每次遭受砸玻璃、砸门破锁他们都会第一时间给我打电话，遭受拆迁人员的恐吓挖苦、冷嘲热讽都会向我抱怨。

我真切感受到，话语权对于公民来说有多么重要。他们的电话如果我不接，他们会每隔一分钟打一次，每次电话铃会响近一分钟。有天中午我到食堂吃饭忘记带手机，十几分钟后发现手机上有10个未接来电都是他们打的。群众不断向我倾诉，不管多累、多烦、多无奈，对他们的诉说，我只能倾听。因为我知道，他们倾诉的对象不是我，而是人民日报，此刻的人民日报代表党。

舆论监督的难点之一，记者要在不同角色中不停转换

都说从事舆论监督难，我觉得可能就难在需要转换的角色太多：心理医生、警察、政府联络员、政策解释员……记者得在不同角色中不知疲惫地转换。

转眼半年过去了，虽然河西区方方面面承诺尽快解决问题，但并没有施行得力措施，居民们又开始沿街刷标语表达不满。站长顶住各方面压力，告诉我可以将稿件公开发表；陈杰老师更不辞辛苦，为我逐字逐句改定稿件。就在这时，人民日报新开辟的社会版推出"民生一线"专栏，让人耳目一新，我和社会版主编彭俊联系，立刻得到他的支持。

7月16日，天津市委中心组理论组在河西区考察时，遭遇居民张贴标语并且与城管冲突。我以此为由头，将稿件发给社会版。7月20日，稿件得以刊发。人民网在主页上做了突出处理。很快，转载这篇稿件的网站几十家，仅凤凰网的网友留言就有上百条。中央人民广播电台、中新社等媒体记者纷纷和我联系表示要跟踪采访报道。

稿件见报的第二天，天津市政法委书记散襄军亲自主持协调会，解决民航大院的拆迁问题。不仅居民们感谢人民日报仗义执言，连天津市政府外宣办负责人也表示，"终于有人为百姓说了一句公道话"。8月6日，张高丽书记在天津市委扩大会议上再一次就此篇报道，批评河西区委负责同志。

河西区方面向我们表示了积极的态度。稿件刊发后一个多月，河西区委书记、区长及建委主任等负责人来到天津分社。据他们介绍，区委书记与区长分别听取拆迁户反应诉求，由天津市政法委出面协调，河西区建委组成专门工作组，挨户做工

作，耐心细致，每天汇总拆迁的最新进展等。

在上级党委持续的关注下，事情慢慢有了转机。报道后的一个多月，一位居民向河西区委书记痛诉了几年来的非人遭遇，书记听完后站起来给他鞠躬道歉。这位居民事后说，我知道，这个鞠躬是人民日报争取来的；报道后的两个月，我接到了居民杨奶奶的电话，这位83岁的老人留住拆迁楼里5年，这5年期间没人上门洽谈拆迁事宜，她只是被人无数次停水停电堵烟囱砸玻璃，她的小儿子也在拆迁过程中撒手人寰。如今，杨奶奶已经搬到异地还迁的新家，她流着泪对我说，要是没有你们的报道，我死在那栋房子里也没人知道啊。一位居民签订拆迁协议以后发信息给我：感谢人民日报在我们最困难无助的时侯向我们传达了公正的力量。

五年的纠纷，一朝解决也不可能。但是毕竟看到了正常解决的曙光。傲腾站长提醒我，舆论报道应该持续关注，直到问题解决。舆论监督的路，还要继续！

（作者系人民日报社天津分社记者）

8. 把握激情与理性的尺度
——"特岗教师"欠薪连续报道采写体会

吴齐强（2010年1月18日）

>>> 面对着手机上不断收到的恳求短信和网络上悲愤的留言，我除了一遍又一遍留言，"谢谢信任，我们会继续关注"之外，不能把内心的激愤和思想情感表露。把握激情与理性的尺度，"激情采访，理性写作"也许是一种可行的选择吧

2010年1月7日、8日本报文化版刊发《谁动了我们的"薪水"》、《我们看到希望》连续报道，引发全国"特岗教师"的关注，他们通过各种途径向人民日报反映欠薪问题，并希望本报继续关注。

回顾采写和后续跟踪环节，其中激情与理性的碰撞，让我深刻认识到，人民日报记者一定要把握激情与理性的尺度。

第一次碰撞：主动控制，把握火候

2009年底，接到文化版的一条关于江西上饶50名"特岗教师"反映欠薪的线索，我和分社同事卞民德奔赴上饶县进行调查采访。由于是舆论监督，当地非常重视，财政局、教育局相关人员济济一堂，但对于基本事实他们却只字不提，当时已是下午5点多了。

国家有明确的政策，老师们经过考试，分到偏远的乡村，工作4个月才领到1个月工资，让国家失信于民，简直是"歪嘴和尚念经"，愤怒夹杂着焦虑，我的心理已经开始有所变化，提问开始比较"犀利"，同时加重了口气，但所有的人都不发言，我暗暗提醒，自己代表的是人民日报社，再严厉的质问、再义正词严的指责都不是自己此时应该的行为，我意识到这样是达不到采访效果的，于是主动引导采访气氛向融洽的方向发展。

先和他们谈基层工作的压力和苦恼，谈对国家政策的各种理解，甚至谈自己采访中的笑话和"失误"，气氛渐渐活跃时，我开玩笑地对他们说，自己对财务工作是外行，不如一起学习中央和省市的文件吧，看到关键条文处，我故意问应该怎么理解，他们的说法开始出现漏洞，于是我抓住机会，一鼓作气把文件要求和老师们

的现实情况对比一一列出，终于，财政局、教育局两方的工作人员顾不得绕圈子、装面子，面对错误开始互相自保，录音机忠实地把一切记录下来，虽然很晚很饿，住的地方也没落实，但心里是高兴的，历经曲折最终抓到了"活鱼"。经过第一回合交锋，第二天的继续说明情况，他们已经不再兜圈子，而是主动承认错误并且明确表态，2010年元旦一定解决记者在采访中提出的欠薪和教师身份确认问题。

"欠薪"是当前常见的不正常社会现象，一般来说只要解决了，也就平息了，但江西上饶50名"特岗教师"的遭遇是国家对于农村教育格局调整中的杂音，解决不好，牵涉面非常广，不深入乡村就拿不到一手材料，没有激情就不会克服困难、想方设法了解事实真相，没有激情就会放过其中蕴涵的示范引导意义，也不利于疏导特殊群体的情绪。

记者要有激情，记者没有激情就如同战士没有勇气、运动员缺乏信心一样。新闻报道与新闻言论如果失去了这种热情与激情，就会平淡无奇、难以调动和疏导社会情绪。同时，新闻激情又应该是一种理性控制下的、深藏不露的"文火"，它的张力足以使记者克服重重困难，拿到新闻事实；但又必须是"可控"的，内敛的，不能让"热情"影响采访效果。

第二次碰撞：大局为重，理性跟进

一石激起千重浪。上饶50名"特岗教师"的欠薪和教师身份确认问题解决后，江西和全国其他地方的"特岗教师"纷纷致电要求记者前去采访，江西鄱阳县、余干县、横峰县等地的"特岗教师"纷纷来电反映欠薪问题，希望报社派记者去当地帮他们"讨薪"，江西2000多特岗教师建立了"特岗教师群"，留言中对人民日报仗义执言、关注基层教育表示感谢和钦佩，河南、云南、安徽、河北等地的"特岗教师"通过各种途径向人民日报反映欠薪问题，并希望本报继续关注。甚至有数百名教师因欠薪在网上联络去南昌到江西省政府上访，希望记者出主意并参与，说实话，我内心很矛盾。

新闻不是无情物，记者也是世间人。一方面，由于基层执行国家政策不到位，影响了教师的生活和工作，作为党中央机关报记者，理应继续关注，而且，深入乡村学校采访中，我们亲身感受到教师们在偏远地方的生活和工作条件，倾听他们的心声和要求，对他们的遭遇十分同情。一方面，临近春节年关，特殊群体的"欠薪"、"讨薪"非常敏感，前期新闻报道已经引起了社会关注，应该留下足够的时间和空间让地方政府处理相关问题，如果仅凭激情和义愤参与其中，事件失控导致大规模上访，又不是我们所希望见到的局面。

感谢文化版的主编和编辑们，他们非常"艺术"地处理了新闻报道中的激情和理性，既说明事实又不尖酸刻薄还解决了问题。

我体会到，新闻报道除了讲求新闻规律，还须遵守新闻纪律。新闻报道讲究"鲜"、"活"，同时要有"度"，不能让"激情"影响社会稳定。

新闻在"度"上的把握，既要经得起历史的检验，也要经得起真理的检验，眼光要放长远一些，尽可能避免留下遗憾。所谓新闻的社会责任，就是要求新闻要有理性，要有一定的判断力。

面对着手机上不断收到的恳求短信和网络上悲愤的留言，我除了一遍又一遍留言，"谢谢信任，我们会继续关注"之外，不能把内心的激愤和思想情感表露，更不能应他们的要求出主意并现场采访。把握激情与理性的尺度，"激情采访，理性写作"也许是一种可行的选择吧。

（作者系人民日报社江西分社记者）

9. 起于喧嚣止于理性
——"紫金矿业污染事件"系列报道回顾

赵鹏（2010年7月23日）

>>> 舆论监督报道很容易激起社会反响，特别是像紫金公司这种危及自然、损害群众利益的事件，更容易引起公众的关注。在这种情况下，难的不仅仅是对整个事件过程的准确了解，而是如何在这种喧嚣中把控好自身的情绪收放

2010年7月18日，福建紫金公司正式向社会发布致歉信，并宣布相关整改措施，其股价也跌至近10年来最低；17日，福建省政府正式决定对上杭县县长、副县长、龙岩市环保局局长等多名官员实施停职处理措施。至此，从12日到16日，福建分社整整一周时间对紫金公司污染事件采访报道，有了明确的结果。

分社在参与此次紫金事件采访报道过程中，虽然不是最早到的、人数也不是最多、时间也不算最久的，但在此次报道中，和其他媒体相比，我们却创造了两个唯一：唯一采访到了紫金公司董事长陈景河和上杭县委书记赖继秋；唯一获得官方承认的此前紫金污染事件资料。正是由于对这两块材料的掌握与报道，成为我们在与其他媒体竞争中的最有力的独家内容。

回顾对"紫金污染事件"追踪报道，我们对如何搞好舆论监督报道有了更新、更深一些的体会。

既要能"点得着"，更要能"收得住"

舆论监督报道很容易激起社会反响，特别是像紫金公司这种危及自然、损害群众利益的事件，更容易引起公众的关注。从数十家境内外媒体蜂拥赶到上杭县采访，这一事实本身就可印证。在这种情况下，难的不仅仅是对整个事件过程的准确了解，而是如何在这种喧嚣中把控好自身的情绪收放。

在与分社领导和视点新闻版编辑商议后，我们的第一波报道在12日仅以一篇千字以内的消息报道开局。尽管当时我们事实上已经写好一篇3000多字的详细报道，但我们觉得应以一个更平和兼理性的报道，稳定一下多方包括采访者本身的情绪，为下一步准确深度剖析打下基础。13日晚，第二波报道是篇3000多字的通讯。

由于有了前面的铺垫，于是在反映事实上，便顺理成章地直指"为何迟报9天？污染程度究竟如何？紫金历史何以令人质疑？"等三个尖锐而又备受关注的问题。而这三个问题的提出也恰与紫金和当地政府对外逐步公布信息时间吻合，形成了既让公众关注摆在第一位，也让当事企业和政府同时有话可讲，避免了记者很容易陷入的"自说自话，自析自理"情绪宣泄型写作路子。

相比其他一些媒体文章，我们的第二波报道既有尖锐的剖析，又有对汀江污染状况准确的判断，还有企业与政府对这一事件应对行动及基本态度。事实上，这篇报道在刊登前我们还专门请当地政府和紫金公司负责人看过，并征求过他们的意见。所以第二波报道出来后，效果非常好，不仅外界迅速大量转载，龙岩上杭当地也明确表示："这篇报道客观而不肆意抹黑，分析准确而不借机发泄。"

不停留在就事论事，而要让分析更加深远

由于有了第二波报道创造的良好社会基础，紫金公司主动提出安排我们人民日报独家采访陈景河，他们说："我们相信你们的报道会给我们带来更有益的思索。"7月14日上午，我和余荣华兵分两路，我去采访陈景河，小余则按事先计划单独行动沿汀江上下游查访以往紫金公司曾造成污染的案例和原因。我在采访陈景河时，把事先外界各种疑问和判断全部抛出，并明确表示紫金公司此时应该要有一个诚恳的态度和负责任的说法。

对于第三波报道，我们有意进行了一下停顿，把注意力转向了"地表饮用水与渔业水之间标准"这一问题。这一问题直接关乎紫金到底是污染养鱼，还是污染了人饮用？而且当时环保部调查组当时也都在上杭，但始终不肯与媒体接触。

在14日完成了第三波报道后，15日上杭县明确提出只安排人民日报一家单独采访县委书记赖继秋。赖继秋在接受我们的采访时表示：紫金公司的污染早在6月就有发生。事件报道由此获得突破，也转入我们预定的第四波报道。

第四波报道又是一篇3000多字的长文，其中既有紫金公司双重形象的表露，又有政府与企业关系上的深度分析，从文体上更像是篇述评。

第四波报道出来后，社会反响更加强烈。包括新华社在内的几乎所有媒体都在追问我们：你们怎么能拿到如此重要的两个独家采访？你们又是怎么找到紫金历史上造污的扎实材料？

正是由于有了如此扎实的采访资料，我们的第四波报道看似平淡，实则隐含大量别人无法一手获得、只能剪切复制的新闻内容，实现此前朱竞若社长向我们提出

的"在深度上,别人只能追踪你、比量你"的要求。也正是在这篇报道推出后,福建省政府对上杭县、龙岩市相关领导的问责,最后敲定。

以上就是我们对紫金事件采访报道基本过程的回顾。希望这样的经验和思索,能有助于我们在今后舆论监督报道方面,有更多的成功案例。

(作者系人民日报社福建分社采访部主任)

10. 追寻关键事实　把握报道分寸
——参与"紫金矿业污染事件"报道的一些体会

余荣华（2010 年 7 月 23 日）

>>> 面对当前矛盾多发期的多方利益博弈，掌握了新闻事实后，又必须头脑清醒，把握公开报道的分寸，哪些能够公开报道、何时报道、如何报道，都要细心考量，以求推进事件处置、问题解决、矛盾化解，而不是激化矛盾、挑起纷争、影响事件处置

2010 年 7 月 12 日，福建紫金矿业集团污水泄露污染汀江事件曝光。从 12 日至今，本报和人民网持续关注报道，积极推动了污染事件的真相揭露和事后处置。福建分社采访部主任赵鹏和我组成报道小分队，前往事发地龙岩上杭，在分社领导和编辑部同事的指导下，深入采访，推出连续报道。这是我工作以来参与的重大调查性报道之一。在与地方和企业的"交锋"过程中，在与其他媒体同仁的相互合作和"同台竞技"中，我体会到身为党报记者，尤其是中共中央机关报的记者，既要敢于善于追寻关键事实，又要头脑清醒把握报道分寸。

不管是公开报道保障公众的知情权，还是内参报道为中央领导决策提供准确信息，只有追寻到了关键事实，才能言之有物，言之有理。而面对当前矛盾多发期的多方利益博弈，掌握了新闻事实后，又必须头脑清醒，把握公开报道的分寸，哪些能够公开报道、何时报道、如何报道，都要细心考量，以求推进事件处置、问题解决、矛盾化解，而不是激化矛盾、挑起纷争、影响事件处置。

敢于善于追寻关键事实，不辱党报记者使命

2010 年 7 月 13 日晚，我在南平参加完省里的一个会议后，乘火车连夜赶往上杭与已经进行了一天采访的赵鹏主任会合。除了已经见报和即将见报的两个消息及通讯《追问紫金矿业污染事件》，下一步的报道重点和突破口在哪里？经过查阅网络上各方面的资料，我发现一些当地网民 6 月份和 7 月初已经反映汀江流域发生异常死鱼情况，并把矛头指向紫金矿业。

6 月的死鱼，究竟和紫金矿业有无关系？如果有，那么结合过去曾经收到的关

于紫金污染的投诉举报，以及紫金曾发生的环保事故，基本可以判断7月3日的泄露污染虽是突发，却属"必然"。这是一个关键点！赵鹏和我商量选题时都认为，在此基础上对企业环保以及政府监管进行反思更有力度，而不只是就事论事。

但是，真相如何，要靠细致采访。7月12日当天的新闻发布会后，当地政府和企业都把发生污染的时间定在7月3日，要他们改口谈何容易！7月14日上午，我在发生泄露的紫金山铜矿湿法厂采访时，企业负责人一口咬定，7月3日之前绝对没有发生泄露，过去也没有发生泄露。

必须掌握关键事实！14日中午，赵鹏和我商量，之后的采访两人要有所侧重，分工合作。当天下午，我们在当地宣传部门的陪同下，前往死鱼最多的下都乡采访，赵鹏采访乡领导，我则去直接采访渔民。乡政府工作人员坚持要陪同采访，并主动安排渔民接受采访，造成了一些干扰，但经过对多位渔民的采访，6月汀江发生了较大规模死鱼这一情况得到了验证。6月汀江发了洪水，是不是洪水造成的？渔民们根据丰富的养殖经验，也否定了这种可能。当晚，通过其他渠道，我们又确认中都镇等地6月也发生死鱼情况。

15日上午，我和分社司机悄悄地来到紫金矿区的汀江对岸，采访当地渔民，不但掌握了此次受污染的情况，还了解到2008年11月的另一次污染死鱼事件，并完善了紫金矿业致污的证据链。赵鹏留在县城，采访县领导和职能部门，也取得突破。由于我们已经掌握了大量证据，事件发生后首次接受记者采访的上杭县委书记很快承认了6月的死鱼情况，并披露当时他们就发现污染源也出自紫金矿业。我们拿到了独家！

头脑清醒把握报道分寸，实现最好报道效果

在聚集上杭的众多媒体中，我们最先独家采访了紫金矿业公司董事长和上杭县委书记，我们独家掌握了地方党委政府承认"6月污染"的独家"猛料"，接下来的问题是，报道如何写？

这个时候必须头脑清醒，把握报道分寸。15日中午，赵鹏和我商量后决定，采取"内外有别"的策略：内参中把紫金矿业环保劣迹多，2008年11月发生污染事件，今年6月污染再现，7月3月污染出现高潮这一条线完整展现；公开报道中，则尽可能考虑避免对企业发展造成太多冲击、避免造成地方政府和企业的直接对抗，以"反思"而不是以"揭露"为基调。

细心的读者会发现，本报16日的报道中暗示了上杭县承认汀江6月死鱼源于

紫金矿业，要求紫金矿业深刻反思，做好环保工作，同时批评了县政府的监管缺失。由于处理得当，避免了稿件对股票市场、当地稳定局面和问题进一步处置的冲击。事后看，环保部联合调查组公布的调查报告也和我们采取了相同策略，虽然暗示了7月3日以前，紫金矿业的污水渗漏问题已经严重，但没有直接披露其造成了6月汀江死鱼。

  本报的公开报道和内参刊发的当天下午，福建省政府常务会议研究处置紫金矿业的五条措施，一批官员受到处分。考虑到此次报道的力度在福建分社历年的舆论监督中已属空前，事件的主要情况已大致清楚，责任追究和善后处置也已展开，报道小组撤离上杭。地方党委和政府对本报的这次行动虽然"惊讶"，但因事实准确，报道得当，也无可指责。

（作者系人民日报社北京分社记者，时任人民日报社福建分社记者）

11. 监督报道"秤"出了什么？

朱磊（2010年9月16日）

>>> 摆在监督报道这杆秤上的，有媒体的公信力和影响力，还有这份媒体的责任感以及其采编群体的综合素质

2010年8月5日本报视点版刊发热点解读《投资8000万 客运站空关》一文，在我看来，并不算一篇精彩的监督报道，既没有剑拔弩张的气氛，也没有给监督对象打板子的快感，整篇报道感觉略显平淡。

但出乎意料的是，稿子见报后，除30多家网络媒体转载外，环球时报英文版、新华社、新民晚报等媒体都进行了二次采访。更为重要的是，当事多方对于此事均采取了积极的态度，见报后第三天，交通运输部部长在报纸上批示，要求相关部门10月以前拿出解决方案。

各方面的反馈，让我开始仔细地回忆整个采访与写作经过。

公正的分量

这篇报道的线索是当事方——安徽省交通集团提供的，由于交通集团是客运站的投资方，客运站迟迟不能运行，承受损失最大的便是交通集团。交通集团负责人请分社记者报道的原意，是对政府以及另外几个公司施加压力。

对于该负责人的想法，我能理解，但是作为媒体人，我坦白地告诉他，人民日报如果不能够站在客观、公正的立场上来报道，不仅仅公信力会受到影响，作为记者难辞其咎，而且作为最想解决问题的交通集团，还很有可能收到反效果。

事实正是如此，在对浙江义乌国资委下属的恒风公司进行采访时，对方便表现出了极大的抵触情绪，甚至在电话联系采访的过程中，几次欲挂断电话。原来，之前的一些省内媒体过来采访时，不仅仅没有采访这家企业，而且在文章中，对该企业进行了错误的报道。比如安徽某都市类媒体就报道，该企业是私企，不愿意接受政府的协调意见，希望占有新客运站更多的股份等等。

为了让这家公司配合采访，我耐心地在公司秘书处办公室等待，和董事长秘书陈述我的立场和采访观点，另一方面，我跟公司董事长通电话时用了点激将法，告

诉他："现在网络上的帖子可对你们骂声一片，说你们是外来的私人老板，不顾大局，置百姓利益于不顾。"对方气得在电话里就开始申述，我马上表示：对他们外来企业目前面临的压力很理解，但是希望最好能接受采访，如果主流媒体上面都没有他们的声音，岂不是一黑到底？ 10分钟后，该公司的一位副董事长气喘吁吁地赶回来，给我倒起了"苦水"。

成稿过程中，我给予了每个当事公司同样的说话分量，并请相关专家提出了解决问题方法，稿件出来后，当事的几家公司都没有提出质疑，恒风集团还打来电话为之前的态度致歉："人民日报的立场公正、客观，十分感谢。"

百姓利益有多重？

安庆这个选题虽然不大，但我觉得很有意思，这是地方政府在从计划向市场，从主导向服务转变的过程中，所面临的必然阵痛，这种问题在江西、四川、山东等地都曾经出现过。有的甚至一拖三年，给国家财产造成了巨大的损失。解剖安庆这只麻雀，一方面可以由小及大，反思整个问题，另一方面，说不定也能为当地百姓尽快解决出行问题有所益处。

巧合的是，分社接到了安庆市民的举报，对这么豪华的客运中心迟迟不能运营表达了愤慨。与视点版主编商量，主编要求我在采访时，务必多了解安庆市民的想法。暗访的第一步，我采访了安庆几个车站候车旅客，旅客抱怨老客站卫生差、服务差，而且给市内交通带来了很多麻烦。同时在安庆客运站周边，我了解到大部分商户都是冲着客运站而来，由于客运站无法运营，导致他们进退维谷，损失很大。一个客运站，牵涉到这么多安庆市民的利益，我感觉，手头这篇稿子的分量更重了。

事实上，我在采访过程中发现，新汽车站之所以无法运营，里面的原因很复杂，既有政府的原因，也有市场的原因，还有老国企改制等多方面的问题，如果将这些千头万绪的东西都理出来，根本无从下笔，但是如果将重心放在因为客运站无法运营使得百姓利益受损这个点上，下笔却轻松了很多。

以老百姓的利益为出发点和落脚点，往往能够成为一篇文章最重的砝码。

政府的声音，选择与被选择之间

最后一步，就只剩下政府的声音了。

前辈们给我的经验之谈，监督报道最大的难在于采访，而采访最难的，在于与政府打交道。

果不其然。在与主管部门安庆市交通局进行采访沟通时，我就遭遇了踢皮球。也许是前期相关采访太多的缘故，交通局长一听采访意图，马上将我推给交通局副局长。副局长在听到我是人民日报记者后，委婉地表示了自己的难处，将我又推向分管副市长。

到这里，一般来说对于监督报道，政府没有声音当然可以，不愿说也能成稿。我到宾馆前台退房，准备赶回分社写稿子。

但是仔细梳理两天的采访过程，却觉得还不够，因为从前面采访的一些情况来分析，安庆市委市政府虽然在决策过程中有问题，但是一直在积极协调多方利益，也一直在努力争取客运站的尽快运营，如果没有政府的声音，届时稿子见报后所有的压力都是面向政府的，那么政府要解决问题就只能采取强制手段而不是协调处理。而在市场经济下，政府这么做，很可能适得其反，百姓的利益仍难得到维护。

与视点版主编沟通之后，我给安庆市委宣传部打了电话，我告诉外宣办主任："现在有个让政府说话的机会，希望能够请你们出面协调，争取能够采访。"

"我知道了，请你务必在宾馆等候，我尽快给你回话。"半个小时后，对方回电分管副市长要求与我对话，在市长办公室我与交通局领导聊了1个多小时。

所有素材齐备，我在赶回分社的路上，打好了腹稿。

9月12日，我从相关部门了解到，原本预计到今年春运才能运营的安庆客运中心，已经开始试运营。对于一篇监督报道，能够推动问题的解决，维护百姓的利益，那么应该不失为一篇成功的报道吧。

回头想想，有个很强烈的感受，监督报道做得好，对于记者、对于媒体而言，分量都是不言而喻的。可同时，摆在监督报道这杆秤上的，有媒体的公信力和影响力，还有这份媒体的责任感以及其采编群体的综合素质，不让这杆秤出现一丝的偏差，那么作为这个媒体的一分子，在采访和写作技巧上的把握，对于各方利益的把握，都是一个记者需要经常去磨砺的基本功。

（作者系人民日报社安徽分社记者）

第八篇

及时准确抢现场　冷静思考挖纵深
——如何报道突发事件

1. 紧逼盯人抢出来的新闻
——《重庆川东北一矿井发生天然气"井喷"》采写经过

范伟国（2004年2月24日）

>>> 这是一篇上下联动抢出来的新闻。一个"抢"字，值得我今后继续努力

得知《重庆川东北一矿井发生天然气"井喷"》一稿被评为报社一等奖，高兴之余也有点惭愧，就策划意识和写作水准而言，这不算我最好的一篇，觉得可以说说的是，这是一篇上下联动抢出来的新闻。一个"抢"字，值得我今后继续努力，也盼望版面能多一点本报记者自己抢出来的新闻。

由于与重庆市委值班室建立了"突发事件互报"的制度，重庆川东北气矿发生"井喷"一事，记者在2003年12月24日上午就知道了，获悉井喷中有8人死亡、30余人中毒。在重庆，发生10人以下的死亡事故，一般由当地政府处理，上午市里没派领导下去，我们因人手少也没去现场。在我自己的印象中，天然气井喷要死那么多人，还是第一次听到。感觉到要关注这个事，就先将初步情况发了内参。

12月25日上午，和市委值班室联系，对方称死亡人数没有增加。但近中午时的一个电话使我感觉异样，原定两点半开的常委会提前到两点钟召开。中午有当地的通讯员打电话说，井喷死亡人数增加到30多人了。我意识到出大事了，立马回家准备好电脑、照相机和简单的行装，并叫采访车待命，准备开完常委会就出发。下午2时进入会场后，看到黄镇东书记紧皱着眉头在听工作人员汇报，公安局长朱明国在不停地跑进跑出接听电话，一副临战时的状态。

会议按时开始了，但是一项项的议程进行得比较快。

没半小时，黄镇东书记就说，今天的常委会由在家的副书记主持，井喷现场的情况很严重，我要到现场去。说完就走，我在会议室门口拦住他说，书记，我跟你去现场。略一思索，他说，好吧，你们是主流媒体，一起去看看。新华社重庆分社的同志也跟了上来，给我们的准备时间只有半小时，好在我的车就在旁边，行李也准备好了。由于到的早，还挤上了公安局长朱明国的车，要盯住他，我知道这是一个指挥与信息中心。

开县离重庆主城有330多公里，要经过万州。由于出发时已是下午3点半，路上雨雾交加，到万州吃饭的地方已近晚上7时。为了抢发稿时间，我只喝了几口汤，立马打开电脑干活，将头脑中印象最深的情况尽快打入电脑。知道新华社也在抢着发稿，于是先同记者部编辑组联系，请他们先同总编室的同志沟通，能否尽量用我们自己的稿件。不久，编辑组的信息反馈过来了，请前方记者尽快写，尽量用自己的稿件。这个表态，给了我极大的信心。晚上9时不到，我的稿件就传到了记者部编辑组。到开县后参加汇报会再盯人，一直忙到凌晨4时半。

由于我们有上下沟通，了解的情况就更多更全面一些，不但有事故现场的抢险情况，也有重庆市有关部门的支援情况。这篇稿件打响了，重庆方面提供的消息也更多，让我们天天参加事故的分析会，随时了解救灾情况，于是也有了以后一系列的人物报道和现场即景。

因此，在这篇稿件评上一等奖的时候，我心里更多的是想感谢报社领导，总编室和记者部同仁为本报抢采突发新闻的品牌意识。在重大突发新闻时有了上下联动抢采新闻的环境，应该会有更多这样的新闻出来，版面也有了自己的鲜活稿件。

（作者时任人民日报驻重庆记者站站长，现已退休）

2. 突发事件试身手
——回味陈家山矿难报道

王乐文（2005年4月28日）

>>> 突发事件之后，人们迫切想知道一切信息，处于新闻饥渴状态，谁能够最迅速地把原始状态报道出去，谁就能赢得读者

人民日报如何在突发事件面前，从容应对，推出有分量、有力度的报道，从而达到引导舆论的积极效果，"让中央放心、让人民满意、让同行敬慕"，是一个值得探讨的问题。

我刚到人民日报工作，就赶上了报社改版；我刚到陕西驻站，就赶上几起突发事件，真是机缘巧合。

2004年11月28日，陕西铜川陈家山煤矿发生瓦斯爆炸。在近一周的时间内，我们共采写发表了11篇报道，反响热烈，受到了报社领导的表扬，陕西省代省长陈德铭也亲自向我们表示感谢。通过这次采访活动，我深感只要用心，人民日报在突发事件的报道中大有可为。

主动是前提。突发事件之后，人们迫切想知道一切信息，处于新闻饥渴状态，谁能够最迅速地把原始状态报道出去，谁就能赢得读者。矿难发生在周六早上7点多钟，我立即打开了电脑，查到新华社刚刚发出几十字的消息，其中提到矿难可能是瓦斯爆炸，而且井下的矿工有188人。凭借经验，我意识到这可能会是一次重大事故，因为瓦斯爆炸产生的有毒气体扩散和极端高温，所造成的后果在矿难中常常是最严重的。我马上向站长孟西安作了汇报，要求立即赶赴事故现场。从知道消息到到达100多公里外的现场，我们只用了一个多小时的时间，是第一家赶到现场的新闻媒体。陕西省省政府主要负责人到现场后，我和孟站长作了分工，由他跟随采访省领导活动，我负责采访收集矿区的其它一切信息。矿难的最初几天里，到达现场的中外新闻媒体记者上百人，但只有我们提供的信息最全面、最权威、最及时。陕西的媒体对矿难的报道主要还是转载人民日报的文章，人民日报成了那几天陕西当地读者阅读的主要对象。

策划是基础。在传播手段现代化、媒体竞争激烈化、读者信息选择多样化的今天，策划在新闻报道中的作用显得尤为重要。陈家山矿难发生后，我首先想到的就是向编辑部的同志作汇报，和他们沟通，商量报道的选题。视点新闻版主编叶蓁蓁

接到我的电话后，建议我们及早赶到现场，多写有现场感的新闻，把现场的抢险气氛充分表达出来。之后，他又逐步有了自己比较成熟的想法：写一个矿难发生后一定时间内的抢险过程，重点突出党和政府对矿工生命的关心。实际上，我们当时也不断了解到中央领导对矿难抢险的指示，深受感动，觉得有必要让人民知道党中央对人民生命的重视。在以后的大半天时间里，叶蓁蓁始终坐镇指挥我们的前方采访，随时与我们沟通，互相通了十几个电话。我们采写的消息《矿难发生后十八小时》发表后，起到了十分积极的效果。陕西日报总编辑在他们的编前会上说："人民日报确实是精心谋划，可以看出他们对突发事件的关心。"

　　刻苦是关键。"灾难是记者的节日。"但记者在这样的"节日"里却要付出汗水甚至生命。突发性事件发生在人们的意料之外，没有一种吃苦的精神是不行的。王科同志对我说，他报道大连空难的那几天，"吃不好，睡不香"。这实际上是记者报道突发性事件时的一种常态。陈家山矿难现场位于山沟里，无线通信信号时断时续，全矿只有几个卫生条件非常差的小面馆，唯一的一个小招待所也不对外营业。在近一周的时间里，我们在汽车里写稿，到居民家找电话线传稿，每天夜里两点多驱车赶到大山外面找地方休息。

　　方向是保证。突发事件都有起因和背景。人民日报的导向性至关重要，引导事态向最好的方向发展。看报道成不成功，首先应该看报道是否产生了积极的社会效果。尤其是事件刚刚发生的时候，情况异常复杂，我们要看主流，抓主线，以不变应万变。陈家山矿难发生后，矿区职工情绪很不稳定。我们推出了《矿难发生后十八小时》，把中央领导的关心、地方上的积极抢险及时告诉大家，人们的情绪很快稳定下来。由于井下地质情况特殊，抢险受阻，指挥部分析井下人员已经没有生还可能，但谁也不敢告诉家属，以至许多家属几天不见人生还而变得焦躁，冲击指挥部，殴打谩骂救援人员。我们经过和专家、领导的认真研究，觉得应该让家属对亲属生还不能寄予过分希望。我们大胆发表了《专家分析：井下人员已无生还希望》，详细分析了井下人员无生还希望的科学依据，也着重介绍了依然在紧张有序地进行的抢险工作，得到了家属们的理解，帮助家属们调整心态，积极配合政府的抢险、善后。陕西省代省长陈德铭对记者说："非常感谢人民日报，你们的报道为矿区的稳定注入了一剂强心针，为抢险工作打下了基础。"当然，对于矿难发生的原因，我们也积极展开调查了解，同时写了内参《职工反映：陈家山矿难乃人为所致》。

（作者系人民日报社陕西分社采访部主任）

3. 暴风雨中的坚守

江宝章（2005 年 10 月 13 日）

>>> 记者的天职就是及时准确地报道发生在身边的新闻事件。记者是没有假期的，尤其是党报记者，在发生重大自然灾害的时候，更应该坚守岗位，自觉与党和政府，与人民群众同呼吸、共命运

2005 年 10 月 2 日，第 19 号台风"龙王"正面袭击福建，登陆时风力 12 级，并在福建上空滞留 10 个小时，给福建沿海地区，特别是省会福州造成严重灾害。福州城区大部被淹，陆、海、空交通全部中断，市区大面积停电、停水，市民生活受到严重影响。

在重大自然灾害面前，福建记者站记者放弃休假，坚守岗位，主动出击，协调配合，连续采写并刊发多篇消息、通讯和内参，及时全面地报道了台风对福建省造成的严重破坏，以及福建各级党政部门、人民群众奋起抗灾、重建家园的真实情况。

福建本是多台风的省份，2005 年夏季以来，先后有 5 次台风在福建登陆或从福建周边擦过。10 月 2 日上午，福建沿海风雨逐渐增强。下午，狂风裹挟暴雨倾盆而下。在责任感的驱使下，记者采访了福建省和福州市防汛抗旱指挥部，了解台风动态，以及各级党委、政府的应对措施。台风登陆时站长蔡小伟和我一起发回了第一篇报道。

晚上八九时，福州上空电闪雷鸣，暴雨瓢泼。10 时，我居住的福州六一北路新闻大厦一带突然停电，周边一片漆黑，风声雨声交作。第二天早晨我被眼前情景惊呆了：一夜之间，福州已成为水乡泽国，放眼四周，一片汪洋。大街小巷，水深及胸，随处可见因浸水而熄火的汽车，所有的交通已经中断，不断有房屋被淹、道路被冲毁以及断水断电断煤气的消息传来，手机也失去作用。我的住处也变成一座孤岛，外面的人无法进来，里面的人无法出去，供电依然中断。在 48 个小时里，我尝试着用自行车、三轮车甚至木桶作为交通工具外出采访都失败了，后来，只能依靠收音机和座机电话获取外部信息。通过电话了解，在这次台风袭击中，福州 3 小时最大降雨量达 276 毫米，概率和强度均为超百年一遇，并造成武警部队 80 多人牺牲、10 多名市民死亡（后统计 42 人死亡），城区路面最深积水 1.9 米，且高水

位持续时间长达 20 小时，113 条供电线路中断，36 个小区停电。严重的事态使记者站感到有必要作进一步报道。

3 日上午，站长蔡小伟提出能否从福建省、福州市党政军民是怎样抗击台风"龙王"的角度再作一篇报道。这真是一次奇特的协作报道：由于被困"孤岛"和停电，电脑无法使用，我用电话采访省、市防汛抗旱指挥部，以及福州市城建、电力、环卫、园林、卫生等部门后，通过电话把采访内容转告给能使用电脑的蔡小伟。蔡小伟又结合从政府部门有关网站收集、掌握的材料，动手赶写报道，终于在夜班截稿前完成《福建军民战"龙王"》一稿。

4 日，蔡小伟再次提出，能否再写一篇福建努力恢复灾后生产生活秩序的报道，于是有了 5 日那篇《福州努力让群众过好国庆节》的报道。6 日，记者站发回反映 19 号台风"龙王"的综述性内参。10 月 9 日，我采写的《台风"龙王"来袭，288 万游客无恙》见报。11 日，按照报社要求，蔡小伟、赵鹏写的《洪水中永生》见报。

可以说，今年的"十一"长假，是福建站记者过得最紧张、最繁忙，也最艰苦的一个假日。7 天中，记者没有休假，甚至比平常还要累。对此，我们有一个很深的体会：在任何时候任何地方发生重大新闻，记者决不能缺位；在关键时刻，人民日报记者更要冲锋在前起到表率作用。记者的天职就是及时准确地报道发生在身边的新闻事件。记者是没有假期的，尤其是党报记者，在发生重大自然灾害的时候，更应该坚守岗位，自觉与党和政府，与人民群众同呼吸、共命运。这是我们的职责所在。

福建记者站这次对台风"龙王"的密集报道，凝聚着报社领导和记者部、总编室各位同仁的心血，没有他们的理解和支持，就不可能做这样的报道。因为，我们的感情是共同的，我们的心是相通的。

（作者系人民日报社福建分社副社长）

4. 在感动中前行

田丰（2008年7月1日）

>>> 这些天，经历过余震，躲避过飞石，走过崎岖的山路，参与过路遇交通事故后的抢险。采访过程中，我们经历过恐惧和紧张，经历过饥渴和寒冷，但我体会最深的，是那一次又一次的感动

2008年5月29日上午，我接到通知要尽快赶赴四川参加抗震救灾报道。当晚11时，乘飞机由南宁抵达成都。5月30日上午，带着帐篷和睡袋，赶到了都江堰。就这样，开始了抗震救灾的报道。

自此，我开始了每天打电话、赶路、采访、写稿、传稿的紧张节奏。在灾区采访的过程中，我和同事到过都江堰，去过映秀镇。翻越了海拔4000多米的夹金山，从成都坐车经800公里"生命线"进入汶川县城。经历过余震，躲避过飞石，走过崎岖的山路，参与过路遇交通事故后的抢险。在我的采访对象里，有维护生命线的养路工人，有积极生产自救的朴实农民，有安置点和帐篷小学的学生，有最可爱的人民子弟兵……在采访过程中，我们经历过恐惧和紧张，经历过饥渴和寒冷，但让我体会最深的，还是那一次又一次的感动。

现在我的电脑里有这样一张照片。那是我在北川县城里拍摄的一个解放军战士的背影。在他的迷彩裤上，已经磨出几个洞，而他本人却一直在坚守岗位、浑然不知。这不就是我们最可爱的人英勇地战斗在抗震救灾第一线的一个缩影吗？在都江堰、在映秀、在汶川、在北川……只要是灾区，随处可见解放军和武警战士。他们中很多人年龄还很小，但稚嫩的面孔下却是压不垮的肩膀。他们中很多人没有告诉家人自己是在灾区抢险救灾，但很多灾区的群众都把他们看作自己的孩子。"看到解放军，就看到了希望。"许多灾区群众如是说。"有困难，找解放军。"这也成了我们采访时总结出来的一条经验。

小金县是成都至汶川800公里"生命线"上的重要一站。6月2日晚上10点半，我们到达了小金县的接待站。在接待站的厨房里，我看到了十几位藏族妇女，她们很快给我们端上了热腾腾的饭菜。开始，我很愧疚因我们的到来让她们那么晚还没有休息。可当我得知她们从5月16日就自发地每天在那里为来往人员做菜做饭，

有时甚至要忙到夜里两三点的时候,我的心中充满了感动和崇敬。当我称呼她们为"巾帼英雄"时,她们羞涩的笑容显得是那么的善良、那么的温暖。

在汶川县雁门乡月里村,汽车只能开到村口。当我们走了3公里多的崎岖山路爬上海拔2000多米的月里村四组采访时,村民们热情地给我们拿出了牛奶。我至今难忘村里的孩子在旁边望着牛奶时那种渴望的眼神,我也将永远难忘可爱的灾区同胞们,他们在缺吃少穿、损失严重的情况下仍无私地拿出最珍贵的东西招待我们。又累又渴的我们都没有喝,感动之情已犹如汩汩甘泉,滋润了每个人的心田。

感动,一次又一次的感动。都江堰9岁的小学生邓煜锐,陪同我们到汶川采访的阿坝州机关干部缪鹏,我的同事陈娟,他们的坚强毅力、他们的无私奉献、他们的敬业精神,无不让我感动和钦佩。我被身边的每一个人感动着……

感动是相互的。6月4日,当我们从汶川县月里村采访完回到驻地的时候,我们每个人都已是满身尘土、满怀疲惫。那位陪同采访的汶川县工作人员对我们说:人民日报记者是好样的。采访完了接着又要写稿,既有体力劳动又有脑力劳动,你们的敬业精神和扎实作风让人感动。

我想,或许正是这种人与人之间的相互感动,让抗震救灾战场的所有人共同地忘我战斗。在汶川桑坪中学接待点,一位解放军排长告诉我,他为自己没能去一线救人而遗憾。我告诉他,无论是在废墟救人,还是在接待站维持秩序;无论是在灾区一线,还是在各地捐款捐物,我们每一个人都是在为抗震救灾尽一份自己的力量。这就叫万众一心,这就叫众志成城。正因为有这样的万众一心,我们一定能够战胜这次特别重大的地震灾害。

在感动中前行。我觉得自己很"幸运",作为一名记者,我能够到灾区第一线采访报道,用自己的实际行动为抗震救灾贡献自己的力量。所以,感谢报社给了我这样一个机会。同时,我也要感谢我们"前指"的领导和同志们,他们传达指令、策划选题,还要负责前方记者的后勤保障。也感谢后方的编辑们,他们为我们的稿件进行精心编辑、处理。这次在灾区连续的紧张工作,让我的采访报道、沟通协调、新闻敏感等各方面业务能力都有了一次大的提高。

6月26日,我离开四川回到记者站。人走了,但我仍将关注着这片土地。近一个月的灾区采访,让我对四川有了一种特殊的感情。这段宝贵的经历,将激励我不断前行。

(作者系人民日报社地方部编辑,时任人民日报驻广西记者站记者)

5. 危险，阻挡不了记者奔赴现场的脚步

杨彦（2008 年 7 月 1 日）

>>> 余震、塌方、奔波、熬夜……危险和辛苦是所有灾区一线记者的共同体验。不过，这一切都阻挡不了抢险人员进入现场的脚步，同样也阻挡不了记录历史的记者靠近现场的脚步

2008 年 5 月 12 日地震发生时，我正在西安一栋高层建筑的 6 楼参加会议，明显的震感让人心生恐惧。安全撤离后，紧张情绪刚刚稳定，我赶紧与陕西省应急办联系，了解陕西的受灾和抗震救灾情况，并将这些情况及时发回了报社。

5 月 13 日，本打算与总编室雷声老师一起，前往陕西汉中灾区采访，当得知记者部安排青海站的刘鑫焱驰援陕西参与抗震救灾报道，希望与他见面商量报道计划，故而继续留在西安，与省应急办保持密切联系，随时了解最新情况。

5 月 15 日，当刘鑫焱到达西安后，我们经过简单商议，决定刘鑫焱去汉中，我去宝鸡灾区采访。当晚，我赶到宝鸡市抗震救灾指挥部，连夜采写稿件，一直忙到第二天凌晨。16 日一大早，我又赶往宝鸡市受灾最为严重的太白县鹦鸽镇瓦窑坡村 4 组采访，傍晚回到宝鸡市写稿时，接到了总编室刘磊老师的约稿，他想让我与西安铁路局联系一下，了解宝成线 109 号隧道抢险的最新情况。我正打算第二天前往 109 号隧道采访，刘磊老师很高兴地说，他们将在第二天把版面留出来，等着我的稿子。从宝鸡市开车到 109 号隧道需要 4 个多小时，如果按原计划在第二天出发的话，发稿时间就会有些紧张。于是，我马上打电话与西安铁路局联系，得知当晚 8 时，有一辆轨道车从宝鸡站出发前往 109 号隧道。于是，我赶紧把手头的稿件处理完，之后匆匆赶到宝鸡火车站，独自搭上了前往 109 号隧道抢险指挥部的轨道车，这时，我才想起，自己没吃晚饭，有点饥饿的感觉。

当晚 11 点 30 分，我乘坐的轨道车在甘肃徽县车站缓缓停下，这里就是 109 号隧道抢险指挥部所在地。媒体记者全部被安排在一辆卧铺车厢上住宿，车上没电没水，我也顾不了许多，直接和衣而卧。

第二天早上 7 点，我从指挥部前往隧道抢险现场。这段路程大约有 2 公里多，但却是一段非常崎岖的山路，公路上方，山石已经被震得摇摇欲坠，几名抢险人员

随时观察着山体，以提醒抢险施工车辆和人员注意飞落的山石。有一次四五百方石头从山上飞落，冲向正在清理嘉陵江河道的施工人员，幸亏两人机灵地选择躲藏在巨石后头才幸免于难。

在隧道南口上方，我看到已被熊熊大火烧成黑黑一片的石壁和一处特大滑坡体，从那上面时常有碎石和泥土滚落下来，20日下午，一名抢险队员在此处施工时，就被山上的一块落石砸中，不幸殉职。最可怕的是隧道里还有12节装满汽油的油罐车发生燃烧，随时有爆炸的危险。不过，这一切都阻挡不了抢险人员进入现场的脚步，同样也阻挡不了记录历史的记者靠近现场的脚步。从17日到18日，我一直在隧道南口施工现场采访、拍照，发回了抢险的最新进展和抢险队员的感人事迹。17日晚上，为了发稿，还颇费了一番周折。因为指挥部不能上网，我只能去徽县县城发稿。但是，因为徽县受地震影响较为严重，而且余震不断，许多店面都早早关门，根本找不到一家营业的网吧。直到去了徽县宾馆询问，他们说宾馆二楼一个房间可以上网，但是已经住人，需要我们自己去协调。敲开房门，原来是甘肃电视台的记者，向他们介绍情况后，他们非常爽快地给我提供了帮助，让我感觉到了同行间相互支持的温暖。

5月23日，当得知宝成铁路有望在第二天抢通时，我与刘鑫焱两人连夜从西安驱车数百公里，历时近7个小时赶赴抢险现场，于24日凌晨1点左右到达。24日上午10时，宝成铁路通车，我们拍到照片，做完采访，已是中午时分。简单吃过午饭，我们匆匆往西安赶，又是7个小时的车程，回到西安已近下午7点。顾不上休息，顾不上吃饭，直接赶到办公室写稿，晚上9点多即把稿件传回报社。25日，当看到本报五版头条"热点解读"栏目刊发了我与另两名记者联合署名文章《宝成铁路 提前7天抢通》，以及我拍的109号隧道恢复通车照片与头版头条稿件配发时，内心真是无比喜悦。我对109号隧道抢险的两次采访报道还得到了西安铁路局的肯定，该局党委在抢险结束后的第二天，给本报写去感谢信。

5月27日，当获悉汉中市宁强县当日发生5.7级强余震的消息后，我于28日直接赶赴宁强的青木川镇和广坪镇，到两镇的受灾群众安置点了解情况。当晚夜宿广坪镇时，由于帐篷内床位有限，我就窝在小车的后排座上过了一夜。

6月7日，全国普通高考开考，陕西亦如期开考。为了了解灾区高考的实况，我6月6日去汉中市略阳县，7日在目睹了社会各方为灾区如期高考所作的种种努力后，发表了《板房中的高考进行时》一稿。

余震、塌方、奔波、熬夜……危险和辛苦是所有灾区一线记者的共同体验，而我也深知，比起在四川的同事们来说，我所经历的实在是微不足道。但我却同样收到了副总编辑米博华、记者部副主任李忱等领导发来的慰问信和慰问短信，让我既感惭愧又倍觉温暖。同时，我也想对同事们说声感谢，这段特殊时期，你们对我关怀，让我感受到了亲人般的温情。

（作者系人民日报社地方部编辑，时任人民日报驻陕西记者站记者）

6. 面对灾情，记者要像抢险的战士一样

刘裕国（2008年7月9日）

>>> 面对灾情，记者就要像抢险的战士一样，只能往前冲，别无选择。如果不是冲过去，我们就不会抓到那么多新闻，就不能拍到那么多生动画面

说实在的，活到现在最不愿意回忆的事情，是"5·12"汶川大地震，因为太悲痛！最让我觉得无愧于心的事情，是参加"5·12"抗震救灾报道，因为我尽心了！

做记者就得往前冲

2008年5月12日下午，我正在乐山市新光多晶硅厂采访。二楼会议室突然一阵晃动，在场的人都意识到：地震了！

我立即给四川记者站办公室打电话，一位同事拿起电话惊慌地喂了两声就挂断了。出于记者的职业敏感，我意识到肯定是出大事儿了。

"做记者没什么说的，这个时候肯定要往前冲。"结束多晶硅厂的采访，我连夜赶回成都。我想，这个时候，记者的第一要务，是去灾区现场。于是，我给司机小黄发了短信，让他备好越野车，准备去汶川。一个小时后，小黄回电话说，去汶川的路塌方堵了，我们站写字楼的地下车库被保安控制了，不让人进去。晚上9点，我从乐山进入成都市区，看到满街都是车，二环路沿途两边很多群众打起了地铺。由于仍然无法跟总社和记者站取得联系，我打算自己先到街上去看看。

在这个地震发生后的第一个夜晚，500多次余震把400多万成都市民逼上了街头。我的采访就从露宿的人群开始。凌晨2点，我写出第一篇反映地震的报道《成都震后第一夜》，从多角度反映地震当晚成都的社会状况和群众互助的情景，讲述了成都一个余震不断但却充满真情、温暖和关爱的特别之夜。

随后，我返回家中，通过拨号上网断断续续将稿子发回人民网。13日凌晨3点多人民网刊发了，此稿迅速被新华网等多家大型网站转载，对鼓舞和稳定人心起到了积极作用。

写完《成都震后第一夜》后，我给郑德刚站长发了一条短信，请求前往绵阳北

川采访。凌晨4点，站长打来电话，说他已经从北京飞回重庆，正连夜赶回成都，通知站里同志开个紧急会。

13日凌晨，位于人民日报驻四川记者站办公楼旁的星光宾馆510房间，已经是我们的前方指挥部了，人民日报记者抗震救灾报道的战斗就是从这里打响的。站里的会议很简短，动员、要求、布置，记者站兵分三路，我和司机黄静去北川。

作为记者要尽量靠前

成都到北川境内，需要4个多小时的车程。到达北川时，天空阴沉，飘着小雨，快进入县城的公路已是一片废墟。这条盘山公路，当地人称之为"三道拐"，地震造成的断裂，最大的地方有了4米多的高度差。一处山体严重垮塌，公路路面完全被大小岩石阻断。进入山区的路段被泥石流堵塞，只好半路停车，徒步进去。当时，我是人民日报社第一个赶到重灾区现场的记者。

由于道路坍塌无法进入北川县城，我立即前往距离县城3里路的北川中学采访。然而在那里，我见到了让我一辈子都不能忘记的场面：一个个血肉模糊的伤者被抬出来，死者的遗体摆成一大片。现场指挥员指着那一大堆废墟，用沙哑的声音告诉我，被埋的中学生可能有1000多人。我脑子顿时一片空白！那都是些青春少年，祖国的花朵和希望，父母的心肝宝贝。一个头上流着血的女学生被抬到帐篷里，我蹲下来看她，她问我："叔叔你是干什么的？"我说我是人民日报的记者，小妹妹你放心，党中央、国务院、全国人民都会来帮助你们的，只要活着出来就好，听完这句话女学生流泪了，我的眼泪也止不住流出来。

从来没见过这么惊心动魄、让人震撼的场面。现在一想起当时的场景，想起那些伤员痛苦的表情，自己的心情仍然没办法平静。我的心一直在震颤，拍照片时我的手在不停地抖。第一天在北川中学救援现场，我拍了700张照片。

作为记者，就是要尽量靠前，到废墟中去，到伤员中去，到救援队伍中去，尽量把救援的英雄拍摄下来，把灾难的场面记录下来。

生动画面出自现场

14日清晨5点多，在写稿后几乎一夜未睡，又前往北川。此时，余震依然不断，但我还是决定尽快赶赴县城的救援现场。

途中遇到垮塌的巨大土石方堵塞交通，我就下车冒着山体在余震中再次滑坡的危险，从堆积如山的泥石上爬过去。泥石非常松散，上面悬着的石头又很多，随时可能出现垮塌,而身体的左边就是悬崖,感觉像是在死亡线上爬行。

其实,这样的危险并不只是发生在地震后的头几天里,后来,不断发生的余震也让危险不断袭来。遇到危险,嘴里总会喊一声"冲过去","冲过去"三个字成了那段时间的口头语。有一天,北川救援现场传说唐家山堰塞湖很快要决堤了,有的人群和车辆开始往外撤。我们怎么办?和司机商量后决定开车向里面冲,我想到指挥部看个究竟。结果是一场虚惊,当时唐家山堰塞湖还没有危险,水位在专家的密切监测中,我赶紧把这个真实情况第一时间发到人民网,编辑很高兴,说太及时了,网友正在问,这下起到了平息谣言、稳定人心的作用。5月26日,绵阳召开了唐家山堰塞湖疏散群众动员大会,当时群众心情很紧张。会议一结束,我和司机开着车就往擂鼓镇跑,到那里采访和拍摄了堰塞湖抢险的一些情况,发到报社和人民网。在唐家山堰塞湖抢险那段时间,我带领几个记者一直坚守在绵阳,天天报道排险情况,报社前线指挥部多次通知我回成都休整,我都谢绝了。

彭州市银厂沟是这次大地震地质灾害最严重的地方之一,有的地方两座山合并,有的地方隆起一座新的山体,垮塌的山体埋了不少的村庄和群众。有一天,我们几个记者采访也进了银厂沟。有一座山名叫玻璃山,山边一段路救援部队称为鬼门关,空军部队的30名"敢死队"队员走过这道鬼门关,我们记者也走过去了。

我想,面对灾情,记者就要像抢险的战士一样,只能往前冲,别无选择。我有30年的党龄,20年的军龄,12年的人民日报社记者的社龄,这时候就应该义无反顾地往前冲。如果不是冲过去,我们就不会抓到那么多新闻,就不能拍到那么多生动画面。

我在灾区一线整整一个月。人民日报前线报道指挥部让我担任第一报道组组长、临时党小组组长,负责绵阳和广元的报道,有10多个记者。一个多月跑了绵阳、北川、青川、安县、江油、平武、彭州市等县,去了受灾最重的擂鼓、桂溪、南坝、平通等10来个乡镇和几十个村组。抗震救灾中的抢通生命线、废墟中救人、医疗救治、决战堰塞湖、安置受灾群众、重建家园等每一个阶段,我都亲身经历了。

每天写稿到凌晨

在灾区最初十几天,我一直在北川、平武、安县、青川、江油等地的20多个受灾严重的村社以及20多个灾民救助点、医疗点来回跑动。每天的发稿量最少时也是三四篇。同一天发回报社的稿件电头有"本报青川"、"本报绵阳"、"本报北川",编辑问我到底在哪儿,我回答说:"我在汽车上跑"。

由于采访任务繁重，采访时机宝贵，从 12 日到 15 日，我连续 4 天 4 夜基本没有睡过觉，困了就在采访途中趁司机开车的时候打个盹儿。15 日晚返回绵阳后，我们住进震后刚刚开始营业的绵阳开源宾馆，凌晨 5 点写完稿后，我才第一次躺在床上睡了 3 个小时。16 日晚上在强烈的余震中，我又坐在宾馆大厅里一直写稿到第二天早晨 6 点。

那些日子，脑子里想到灾情，想到报社的任务，就一刻也不愿意停下来，晚上写稿子就像打仗一样，给人民日报写完又要给人民网供稿，每晚几乎都要写到四五点钟才睡。以前加班过了凌晨 2 点，这一晚上就别想睡着了，第二天不仅头疼，连爬楼梯腿都是软的，而在灾区那段时间，坐在地上就能睡着，也不觉得头疼，睁开眼就干活，不知道怎么会有这么好的精神。

在灾区吃饭，除了 14 日晚上在绵阳喝过两小碗稀饭外，最初的几天里我没喝过一口热水，饿了就吃车上带的点心和矿泉水，一天一顿，忙了就不吃了。一个月下来，我和司机买干粮一共花去 500 多元钱，两人都吃得胃出毛病了。5 月 23 日，给家里打了第一次电话，才知道老母亲在成都因为躲余震长时间休息不好，身体垮了，心脏出了毛病，当天送到医院，情况有点紧急。我心里着急，可是只能在电话里做些安排，把所有的事情都交给家里。此时，我只有一个念头：到重灾区去，到读者最关心的地方去，到一切需要报道的地方去，这是记者的天职。

牵挂灾区的人和事

记者奔波在灾区，40 多天与灾区群众有着共同的生活经历，对他们所遭受的苦难有着更多的牵挂。

在北川采访期间，我见到一名县委宣传部的女干部，她的任务是接待、陪着记者采访。一路上这位女干部都显得特别平静，完全是一种工作状态。可采访结束时，她告诉我，她的女儿也被压在县城靠河边的幼儿园的废墟下。我听到之后心里特别难受。当时是 5 月 14 日，她说还有孩子在废墟下"爸爸妈妈"地喊着，作为母亲她是一种什么心情？但她依然在工作。她给我留的小灵通号码始终打不通，可这件事我一直惦记着。

在北川的那个早上，我在公路边遇见一个妇女带着两个小女孩，她们来自北川曲山镇东溪沟村，村里房子全垮了，母女三人逃生出来，两天没吃过饭了。正好旁边有一块牌子，上面写着驻渝某部红军师便民服务站，我赶紧去排队，给她们领来三盒方便面，可大一点的小女孩说啥也不吃，她妈妈说："这孩子是被村支书从废墟里挖出来的。"后来，这个母亲引出了《村支书，你现在咋样了》的故事。写完这个报道，我心里一直惦记着那个村支书和那母女三人。5月20日左右，我想尽办法去找他们，居然在擂鼓镇安置区213号帐篷里找到了，让人激动。接着，我写了这个村支书的续篇，这组感人的报道，在读者中引起强烈反响。

灾区让人牵挂和心动的故事有许多。这次灾难让我的灵魂也经受了一次洗礼。过去以为记者就是背着包去采访，走走看看，可现在对记者这个职业有了更新的认识。记者的职责不单单是写稿子、拍照片，还要救助、交流，要给予灾区群众精神上的安慰，鼓励他们好好生活。平常采访不会想这么多，在这个时候，你就会不知不觉地把这种责任表现出来。

参加抗震救灾报道，虽然有悲痛、有惊险、有劳累，但没有后悔，没有遗憾。一百多篇抗震救灾报道是一次难得的收获，这是一笔宝贵的财富，是对抗震救灾报道的回忆，我将永远珍惜，永远珍藏！

（作者系人民日报社四川分社副社长，时任人民日报驻四川记者站采编部主任）

7. 责任在肩不畏险

王伟健（2008年7月9日）

>>> 在抗震救灾一线20多天，采访报道的条件虽然艰苦，但我为能完成本报抗震救灾报道任务而自豪。我深深感到，记者这份职业带来的责任感，远远超过饥饿、劳累、危险所带来的身体、心理上的创伤

2008年5月14日，在地震灾情最为严重的时刻，我从湖南长沙搭乘飞机赶到四川，立即投入抗震救灾的报道中。

5月15日，我和人民日报另外两名记者一起，到绵竹汉旺镇东汽中学采访国家救援队员抢救学生的事迹。此时的东汽中学教室几乎全部倒塌，断壁残垣林立，随时可能发生再次坍塌，而在废墟下，则是一具具让人惨不忍睹的学生遗体。冒着生命危险和忍受着强烈的悲痛，我们坚持在现场采访，直至救出最后一名生还者。

5月16日晚10时，当得知"北川中学仍有微弱生命迹象，国家救援队正在援救"时，我立即搭乘志愿者的车，从绵阳市区赶往北川中学。此时，绵阳通往北川的道路险象环生，夜间行车，随时可能撞上横亘在道路上的障碍物，也可能遇到山上不断滚落的大石头。大约在夜里11时到达北川中学，我连夜采访后，于凌晨5时返回到绵阳写稿。

在震区，余震不断，对于参加抗震救灾的人来说，不仅每天都要面对危险，也面对着考验。18日凌晨1时，江油市发生6.4级余震，造成当地大面积的房屋倒塌，并造成人员伤亡。余震发生时，我正在江油市委宣传部已成危房的办公室内写稿。

20日凌晨4时，我随驻扎在江油的解放军部队一起进入深山解救被困的老百姓。地震造成道路毁坏，从山脚到山顶，只能是爬行。由于余震不断，不仅要面对随时滚落下来的石头，还要面对极其危险的山体滑坡。为了拍下解放军官兵的英勇行为，记者必须冲在最前头，将镜头对准迎面而来的士兵们。为抢镜头，在过一个峭壁时，我不小心将头撞在一块突出的石头上，顿时疼痛难忍，但硬是挺了过来。经过4个小时的徒步，终于将老百姓送到山脚下安全地点。

在震区采访，经常是顾不上吃饭，有时只是用随身带的一点干粮充饥。5月15日，在东汽中学采访之后，已是夜里11时，我匆匆吃口面包，便急急赶回德阳写

稿。18日，为完成报社交给的采访日本救援队的任务，我搭乘汽车从200公里远的江油市赶往北川县城。紧张的采访之后，已是夜里11点左右，接着又是紧张的写稿发稿，等做完所有的工作，已是次日凌晨1时。此时，早已饥肠辘辘。20日，从深山里将老百姓转移出来之后，已是下午6时，又匆匆返回解放军驻扎在江油的营地，直到夜里11时发出稿件才吃上一碗方便面。

5月26日下午，我搭上直升机进入唐家山堰塞湖，成为当时最早一批进入唐家山堰塞湖的记者。从5月26日到6月2日，我几乎每天都在唐家山堰塞体上，并在堰塞体上住了两个晚上。唐家山堰塞体上生活条件十分艰苦，白天烈日当头，温度最高可达摄氏30度以上，晚上则是凉风飕飕，最低可在摄氏10度以下；吃的是干粮，睡的是帐篷，帐篷下面是凹凸不平的小石块，且蚊虫乱飞。更让人担心的是，堰塞湖的水位越来越高，万一来场连夜雨，住在堰塞体上的人们，有可能面临湖水倾泻的灭顶之灾。在如此不利的条件下，我与其他同志一道，克服困难，每天及时准确地将反映唐家山堰塞湖的稿件传送给报社。比如，发表在5月27日晚"人民网"首页上的《唐家山堰塞湖并未泄流》，及时澄清了某些媒体未经采访就发表的有关唐家山堰塞湖开始泄流的虚假报道。6月2日人民日报刊登的《决战唐家山》，则展示了战斗在唐家山堰塞体上的武警和解放军官兵以及技术专家们的风采。

至6月4日，在抗震救灾一线20多天，采访报道的条件虽然艰苦，但我为能完成本报抗震救灾报道任务而自豪。我深深感到，记者这份职业带来的责任感，远远超过饥饿、劳累、危险所带来的身体、心理上的创伤。

（作者系人民日报社江苏分社记者，时任人民日报驻湖南记者站记者）

8. 雪域高原的一场舆论遭遇战
——拉萨"3·14"事件报道回顾及体会

徐锦庚（2008年8月27日）

>>> 当记者面对突如其来的重大事件之时，平时新闻素材的掌握程度，直接决定作品的高度、深度、广度和感染力。我进藏前，就购买了许多介绍西藏的书籍。进藏后，更加注重收集第一手资料，慢慢地积累了一个"百宝匣"

2008年拉萨"3·14"暴力犯罪事件发生后，西方媒体如获至宝，不实报道铺天盖地，达赖集团更是兴风作浪，造谣惑众，恶语中伤。围绕这一事件，中外媒体展开了一场正义与邪恶、真实与谎言的舆论遭遇战。

作为中央驻藏媒体的一员，我义不容辞地参与其中。

一线记者 必须冲到前线

我春节离藏休假，于3月初从宁波径直赴京，随西藏代表团参加全国两会报道。3月14日下午5点半，代表团里传出一个惊人的消息：拉萨街头发生严重骚乱，许多商铺被抢被砸，新华社西藏分社、西藏日报社也受到了冲击，已有多名群众伤亡！我急忙打电话回人民日报驻西藏记者站询问情况，站里的同志说，骚乱发生在布达拉宫以东，布达拉宫以西没有受到冲击（人民日报记者站位于布达拉宫以西的罗布林卡路）。我便叮嘱站里的同事一定要注意人身安全。

职业责任感告诉我，必须立刻返回拉萨。于是，我向记者部主任龚达发报告了拉萨情况，提出中断两会报道、提前返回西藏。

3月16日下午，我抵达拉萨。当我进入拉萨市中心时，被眼前的景象惊呆了：北京东路、冲赛康路、朵森格路、林廊东路、大昭寺广场，到处是四脚朝天、被烧成空架子的车辆，数百间商铺烧成了黑洞洞的大口，烟熏火燎的衣物、食品、桌椅、电器扔得满街都是。

身临其境，心情只能用两个字形容：沉重！

此时，拉萨街头车少人稀，饭馆商铺大门紧闭，农贸市场空无一人。我和记者站司机贾长飞好不容易找到一家关着半个卷帘门的小店，买了几箱方便面。那天晚上，当我埋头于方便面的热气中时，凄凉之感油然而生。

考虑到局势不稳，当晚我给全站每位同志配备了一根两米长、大拇指粗的钢筋，又动员大家搜集了两麻袋的石子，藏在一楼的楼梯下，以备自卫——3月14日下午，当暴徒冲击新华社西藏分社和西藏日报社时，两家新闻单位的员工奋起自卫，与暴徒之间展开了一场激烈的"掷石战"，最后齐心协力击退了暴徒。

部署妥当后，我才开始写稿。

3月的拉萨高寒缺氧，气压不稳。由于是刚进藏，加上一下飞机就奔波不停，我头疼欲裂，但时间不允许我躺下。凌晨3点，我终于把通讯《阳光下的罪恶》定稿。

这是国内媒体第一篇详细披露事件真相的报道，稿件于3月18日在海外版刊发后，社会反响很大，搜狐等主流网站纷纷转载，仅一上午时间，搜狐网就有留言数千，网友无不群情激昂。

3月20日下午，编辑部向我约写一篇揭露真相的重头稿。放下电话，我一气呵成，写成5000余字的《度尽劫波凝斗志》。在谋篇布局时，我考虑到暴力事件已过去五六天，受众对事件已经有了一个大致的了解，为此没有局限于披露事件本身，而是围绕三方面落笔：第一部分简要报道事件全过程；第二部分揭露达赖集团数十年来的分裂破坏活动，用铁的事实说明这是一次有组织有预谋的事件；第三部分针对外界对事件后果的最大疑虑——有可能严重伤害民族感情，运用藏汉群众在这次事件中互帮互助的生动事例，说明民族团结经受住了考验。稿件见报当天，便得到了中央领导同志的肯定。

集腋成裘　方能信手拈来

报社同事在事后称：在特殊时期写出的《阳光下的罪恶》和《度尽劫波凝斗志》两稿是"倚马可待"。其实，我心里明白，要说"倚马可待"，那就是"倚"于我多年的素材积累。

我深知，当记者面对突如其来的重大事件之时，平时新闻素材的掌握程度，直接决定作品的高度、深度、广度和感染力。我进藏前，就购买了许多介绍西藏的书籍。进藏后，更加注重收集第一手资料，慢慢地积累了一个"百宝匣"。

俗话说，"好记性不如烂笔头"，每次采访时，我都尽可能记得周详，特别是对数字、地名和姓名，更是反复核对。我还有一个习惯：除了采访时必记时间、地点、采访对象姓名、单位、职务、电话和采访主题等，还在每个采访本都标上序号和起止时间，记完之后仍然保管起来。

"百宝匣"里有乾坤。记得2006年9月5日下午,西藏分社接到任务,从9月11日起刊发3篇宣传西藏成就的系列报道。我靠着自己有个"百宝匣",就显得从容不迫,在第五天就轻松地如期交稿。结果,新华社主动向人民日报索稿,将我的3篇报道全部发了通稿。事后,张研农总编辑在我的业务研讨文章上批示:"西藏的重大报道,任务急,时间紧,犹如'遭遇战',但打得漂亮。锦庚同志的体会道出了'诀窍',源于平时的积累。这是一个很有说服力的实例,可进记者部的'教案'。"

"3.14"事件以来,"百宝匣"再次让我尝到了"信手拈来"的甜头。在《阳光下的罪恶》和《度尽劫波凝斗志》两稿中,对达赖集团数十年来分裂破坏活动的详实揭露,丰富的资料就是来自这个"百宝匣"。因为几年来,围绕西藏尖锐复杂的反分裂斗争,我搜集积累了大量的资料,并据此撰写了一批引起中央领导关注的内参稿件。

拉萨"3.14"事件发生后不久,针对有的媒体称"西藏自元朝纳入中国版图后正式成为中国的一部分",我通过长途电话采访了在京的中央统战部民族问题专家、曾任西藏自治区党委副秘书长的罗广武,撰写了4000余字的专访《西藏自古以来就是中国的一部分》,从藏族的起源、人种及西藏的自然地理特点等方面,阐述西藏与祖国的密切关系,澄清了前述的错误观点。说起来,我之前就读过罗广武编著的《西藏地方史通述》,知道此书阐述的"西藏自古以来就是中国的一部分"的观点,富有确凿的史料。所以,这篇专访发表后被媒体广泛转载。一些媒体还依据此稿,概括出了"自古论"和"版图论"两种观点。

旧西藏政府官员夏格巴所撰的《西藏政治史》,一直是达赖集团和西方敌对势力鼓吹"藏独"的"宝典",在西方社会流传甚广。我进藏后,就着手搜集西藏自治区社科院藏学专家批驳《西藏政治史》的详细材料。"3.14"事件发生后,我专访国内惟一的国际藏学会理事、西藏自治区社科院民族研究所所长巴桑旺堆研究员,运用大量的史实材料和典型细节,采写了近5000字的《西藏始终置于中央政权有效管辖》,鲜明地论述了"无论是在强盛的元朝和清朝早期,还是在内外交困、积贫积弱的民国时期,西藏从来就没有真正成为过一个独立的国家;而在我国国力强盛的今天,达赖集团妄想搞'藏独'更是痴心妄想"。稿件于4月29日见报后,央视也邀请巴桑旺堆作了专访。

(作者系人民日报社山东分社社长,时任人民日报驻西藏记者站站长)

9. "求快"而不"失准"

王科（2009年1月20日）

>>> 真实是新闻的原则，是新闻的生命，更是突发事件报道的原则和生命。发布及时而准确的信息，才能够满足读者知情权，才谈得上有效引导舆论，才是我们"抢第一"之目的

面对突发公共事件，驻站记者要快速反应、快速报道，已成共识。社领导新近又吹响了向国际一流媒体进军的冲锋号，我们这些前方将士更要做到"第一时间、第一现场、第一落点"，守土有责。快与准不矛盾，但互相制约。在现场混乱、扑朔迷离的情况下，如何求快而不失准呢？结合自己报道过的大连"五·七空难"、山西襄汾溃坝事故、山西洪洞矿难、汶川特大地震等突发事件，谈三点感悟。

一悟：抢第一更求真实

"第一时间、第一现场，有我们在"，是使命也是追求。然而，片面求快，忙中出错，是大忌。在去年9月的山西襄汾溃坝事故当天，某通讯社播发了当地政府发布的"暴雨导致泥石流"、"一死一伤"虚假通报，非常被动，群众质疑，总社不满。

对此，人民日报驻山西记者站始终保持着清醒认识。真实是新闻的原则，是新闻的生命，更是突发事件报道的原则和生命。发布及时而准确的信息，才能够满足读者知情权，才谈得上有效引导舆论，才是我们"抢第一"之目的。

求真，需要深究的勇气和机敏。在襄汾的日子里，我们既注重从尽可能多的渠道获取信息，更注重把来自现场、群众、政府、调查组等多个不同渠道的信息互相比对。襄汾溃坝事故刚发生时，当地有报料说有500多人死亡，而政府通报说"一死一伤"，事后证明200多人死亡。就本报驻地记者机智躲开当地政府弄虚作假的陷阱，米博华副总编批示："在当前社会环境和舆论环境都比较复杂的情况下，应该强调：马路消息，不可轻信；疑似之迹，不可不察。这也是人民日报记者应有的敏感和机智"。面对突发事件，除了争抢第一的迅捷，还得有探求真相的勇气，拨云见日的机敏。米总的话可谓圭臬。

求真，需要深入到最前沿阵地。时下许多所谓"现场"，并非真正的现场，而

是设在宾馆里的指挥部。许多到了"现场"的记者都以安全的名义被圈在指挥部里，坐等新闻发布。山西洪洞矿难中，真正的现场外设了七道卡。去洪洞的路上，我们设计了几套方案"闯关"，最终以正面报道救援为由说服了省委宣传部副部长，傍晚进入矿区，当晚写出目击记。

面对突发事件，记者无权避险。回顾我参与的几次突发公共事件报道，都想方设法到达了最前沿。特别是抗震救灾报道中，我和鲍丹驱车数千公里，二越夹金山，深入理县重灾区，由此才收获了《抢救茶坪》、《铁军挺进深山村》、《为了生命线的打通》等一批"一线报道"。

二悟：抓独家更思效果

不想抓独家新闻的，不是好记者，尤其是在强手如云、众目睽睽的突发公共事件报道中。大连"五·七空难"报道中，我当晚发稿六七篇，人民网成为海内外了解空难搜救进展的唯一媒体。第二天，记者云集，我又设法抓到一独家新闻：发布了乘客名单。这也是多年来突发事件报道中首次发布遇难者名单，事后不止一位同志感谢人民网的这一突破。就这个案例来说，经过"第一时间、第一现场、第一落点"的较量后，第二轮是独家视角、独家发现、独家新闻的竞争。而"抓独家"与"抢第一"相比，更偏重于对已发生事实的挖掘。

但也有人为求轰动，剑走偏锋，似是而非；更有人以偏概全，本质失实。作为党中央机关报记者，抓独家的同时，要时刻牢记社会效果，守原则，讲党性，不盲目，不低俗。

如何做到这一点呢？首先还是政治意识、大局意识和责任意识。维护党和政府形象、维护社会稳定、做到让党放心、让人民满意，是提升舆论引导能力的应有之义。在洪洞矿难搜救和善后中，我们报道的首发率、原创率和转载率都非常高，相关炒作的杂音没有市场、没人转载了。舆论引导如此有力有效，以至于省委书记张宝顺数次在大会上肯定，要求将此经验提升为山西省应对突发公共事件的一种机制。

思效果，得多在救援、善后上着力。灾难事件进展很快，人们的关注点也会随之从了解事件概况转到关心救援、善后，相关新闻也需要从最初的遇难、受损信息迅速转到救援、善后报道。从效果考量，充分、尽快地报道救援、善后有助于人们重树希望和信心。我参与的几次突发公共事件报道中，都挖掘出许多救援、善后方面的独家新闻。党和政府以人为本，关心群众；和谐社会一方有难，八方支援，这些都是本质性的，把握这个根本，才能总体上不失准。

思效果，还要多点人文关怀的思维和眼光。人文关怀精神，既是突发事件报道的重要内容，同时也应成为指导突发事件采访的原则。面对惨不忍睹的遗体，面对痛不欲生的家属，一定要保持理性，不能为悲情所困，将惨状自然主义地再现。灾难中，要反映出我们这个社会的主流：崇高与尊严，美好与温暖。比如在抗震救灾报道中，本报密集报道了志愿者、白衣天使的大爱，报道了灾区群众自救互助的坚韧，给人以勇气和力量。反面的例子是：大连"五·七空难"中，有的地方媒体记者为渲染悲情，将打捞出的残肢照片上传至网上，引发网民声讨；汶川地震中，有的媒体为了完成报道不顾时间地点打扰幸存者，一位电视台记者甚至对刚抬出废墟的伤员提出要求"再拍一次"。

三悟：即时报更纵深挖

即时发布是对前方记者的基本要求。突发事件报道中，常常一天发10多篇稿，随时将现场情况告知读者。这是媒体信息传播规律的要求，有助于最大限度消除信息传播的不确定性。

同时，即时报道又是零碎的、不完整的，事件的真实原因也是深藏不露的，真相往往随着调查的进展最后才浮出水面。面对絮片般的即时信息，如何让读者知信息更知真相、知前因更知后果、知动向更知趋向，完成一次有头有尾的报道，需要我们思考。

一是挖掘深度。由于突发公共事件的复杂性和敏感性，记者在公开报道中进行深度分析很难。但我们完全可以根据常识、经验、知情人介绍、专家的指点，在现场明察暗访，分析、预测事件成因，有什么教训，有哪些警示。有了扎实的前期准备，一旦调查组出定论，便能很快成稿。洪洞矿难国务院调查组成立会场上，我和鲍丹就发稿5篇，当天写出深度报道《不该发生的悲剧》。

二是延伸广度。每日零碎的即时报道，不能完全满足读者了解事件全过程的需求，需要抓住事件关键节点推出全景式报道，增强报道的连续性和冲击力。大连"五·七空难"告一段落时，凭借前期积累，我很快写出《大连空难纪实》长篇通讯，将笔触延伸到政府、遇难者家属、救援人员和市民等各个方面，真实记录了空难及救援、善后全过程，在人民网分上、中、下发表后，我的手机响个不停，不少同行称我为人民日报又"挣了一分"。

第三，策划机制至关重要。前方记者时间紧、条件差，成稿粗糙，在准确性方面要靠后方编辑把关。而在深度、全景式报道的呈现，后方编辑策划更是至关重要，统筹协调才出合力，才能科学发展。记者在现场掌握第一手资料，而编辑部掌握全局、了解背景，能更好地确定选题、指挥采访。我参与的几次突发公共事件报道，出彩之处多是后方编辑策划、指导的结果。抗震救灾报道中，前线总指挥龚达发和郑德刚、胡跃平、贺广华几位副总指挥，每天殚精竭虑，策划了全省党员发挥先锋队作用、重灾区重建家园等多个全景式报道，有力地引导了舆论。

（作者时任人民日报驻山西记者站站长）

10. 从报网融合谈突发性事件报道

李增辉（2009 年 1 月 20 日）

>>> 突发事件发生后，人民日报如果能准确的把握住社会心理，积极引导，有力监督，通过报网融合模式，运用诸多渠道及时说出大众想说的话，做到大众没有想到却应该做的事，大众就会信赖、亲近人民日报社，形成媒体的向心力

当前，中国传媒业正在经历着一场深刻变局，传播模式的多元化，传播对象的分众化，使单一媒体单打独斗的路子将越走越窄，对于平面媒体而言，报网融合将是一条必由之路。

这是党的新闻事业所处的大环境，也是人民日报社想获得长足发展的时代背景。把人民日报建设成"国际一流媒体"，就需要以科学发展观为指导，从实际出发，围绕报网融合，实现人民日报社事业的全面、协调、可持续发展。

报网融合是指纸质媒体和网络媒体在信息采集、制作、传播过程中，全方位渗透、交叉、支撑、合作、促进，并最终融为一体，最后发展为报网合一的"全媒体"。简单地说，报网融合就是一架 24 小时不停运转的"媒体机器"。

报纸和网络因载体不同，品牌的含义和管理模式自然不同。我们把党报和党网品牌融合为一，就扩展了人民日报品牌的内涵和外延，从而塑造出一个更高层次的人民日报品牌。权威性是党报品牌的核心竞争力，也是党网品牌的核心竞争力，自然也是报网融合模式的人民日报品牌核心竞争力，其深度、广度得到了前所未有的加强。

从诞生的那天起，权威性是人民日报的固有特质。然而一个不容否认的事实是，目前，人民日报的权威性正在被都市化媒体、互联网等新媒体悄悄消解。原因有很多，其中一个就是大多数情况下突发性事件报道的缺位，即便在位也属于不作为。

由于突发性事件具有无与伦比的新闻价值，媒体的反应直接关系到公众的知情权实现，同时也是检验一个媒体在受众中的公信力高低的直接标准。在信息技术日益发达的今天，当人们无法从大众媒体上获取信息，从党报党网得到权威印证时，就会转向人际传播、互联网传播、手机传播，甚至从境外媒体寻求。在突发性事件的第一时间保持缄默不等于就能维护稳定，相反容易引发不稳定，很多事实证明了

这一点。

突发事件发生后，人民日报社如果能准确的把握住社会心理，积极引导，有力监督，通过报网融合模式，运用诸多渠道及时说出大众想说的话，做到大众没有想到却应该做的事，大众就会信赖、亲近人民日报社，形成媒体的向心力。同时，正确、有力、及时的舆论监督，会抑制谣言传播的空间，维护社会稳定和人心安定，对于政府有效处置突发事件非常有利。这样，上下满意，人民日报就会得到政府和大众的认同和尊重。

因此，要以报道好突发性事件为抓手，走出一条维护、巩固、强化人民日报社权威性的道路。

报网融合是一场革命，决定这场革命成败的关键是体制。作为第四媒体，人民网有着独特的地位和不可估量的生命力。人民日报社应该充分利用国家政策优势，壮大人民网的发展，将人民网打造成世界一流的跨媒体平台。

人民日报和人民网的关系史，也是报网互动发展的历史。报网互动从无到有，从边缘走向主流，从合作走向融合。目前，随着突发性报道、重大时政报道的增多，一种以报网共存为基础的报网紧密合作模式浮现，报纸和网络两个编辑部门可以形成一种报网融合的新式编辑部，报纸和网络之间的界限越来越模糊，最后发展为融合各种表现手法的报网合一式"全媒体"。

人民日报、人民网在2008年抗震救灾报道上，尽管编采模式、盈利模式有很大不同，但最终结果充分体现了人民日报社"全媒体"的特点：母报、子报子刊、互联网、短信、手机报、音视频、移动视频、博客、论坛，一个都没有少。

搞好突发性事件报道的报网融合，人民日报社就可以自由整合报纸和网络的新闻，全方位、全天候地进行报网紧密协作，从而实现人民日报社人力资源、新闻资源、品牌资源的统一，最终做到报网一盘棋，走向报网合一，打造出一艘新闻界的航母。

（作者系人民日报社河北分社采访部主任）

11. 突发事件报道的三重困境和三种考验

曹红涛（2009年1月20日）

>>> 新闻报道不同于文学创作，更不同于个人写作，只有理性、建设性地看问题、想事情，才是负责任的大众传播。不顾社会后果的情感宣泄或居高临下的道德审判，在突发事件报道中是大忌

突发事件是新闻报道的宠儿，媒体也可能成为突发事件的最大受益者。新闻媒体突发事件报道的实践与探索，是国家应对突发公共事件制度化的体现和折射。

突发事件报道面临"三偏"困境

我国对于突发事件报道的开放度，就自身纵向比较有明显进步，但横向比与我国经济社会的开放和文明程度，与信息社会迅速发展相比，还有较大差距。目前，突发事件报道大致面临三方面困境：

传统文化的偏见。中国的传统文化对突发事件比较排斥。所谓"家丑不可外扬"、"报喜不报忧"、"好事不出门，坏事传千里"、"大事化小，小事化了"，等等，这些都说明传统中国社会对突发事件缺乏包容精神和科学态度。突发事件打乱了人们的生活常态甚至造成严重破坏，对于注重中庸等价值理念的国人来说，是非常不遭人待见的。

在这种文化背景下，忧患意识常常被看成杞人忧天，防患未然常常被当作小题大做，大家都以为事情只会发生在别的地方、别人身上，问题离自己很远。因此，社会对突发事件往往是被动应对，缺乏事前防备；事件发生后，人们也往往一厢情愿地把情况往好了想。由此导致的突发事件应对不力，最常引发的反问就是：天灾，还是人祸？

执政理念的偏差。自2008年5月1日起正式施行的《政府信息公开条例》要求，行政机关对涉及公民切身利益的信息、突发公共事件的应对情况主动公开和重点公开。但不可否认，在当下的政治生态中，突发事件发生后，有关部门不是考虑如何利用媒体组织、宣传、动员群众和政府一起妥善应对事件，尽量减少损失和对公众生产生活的影响，而是把心思用在平衡利益、计较利害、明哲保身上，把工夫下在

捂真相、封消息、堵记者上。

西方危机公关理论有个著名的"3T"原则：Tell it your own（告知你所知道的情况），Tell it fast（尽快提供情况），Tell it all（提供全部情况）。很值得我们的政府部门借鉴。

传媒自身的偏颇。"打铁还需自身硬"，突发事件报道是传媒新闻理念和综合实力的大检验。媒体常见的问题，或是自缚手脚、三缄其口——"失语"；或是人云亦云、缺少主体判断——"失真"；或是在报道时机、角度、分寸等方面拿捏不准——"失度"，这些情况不但会损害媒体和政府的公信力，甚至会给突发事件的解决制造新的困难。

一般来说，党报对新闻报道谨慎持重，但诸多实例一再证明，对于一般性突发事件，报比不报的好，早报比晚报的好，报得具体比报得抽象好，主动发布比被动解释好。

突发事件对传媒报道的三种考验

考验传媒应急报道机制。如果把去年人民日报抗震救灾报道比做一场战役的话，胜利的取得离不开英明的战略决策部署（报道策划）、灵活的战时排兵布阵（前指调度）、高效的前后方协同配合（采编互动），以及得力的技术装备支撑和后勤物资保障。

但客观地说，我们的应急报道机制并非尽善尽美。比如，通讯和交通等硬件保障疲软的问题，在抗震救灾的最初阶段比较突出，人进不去，稿子发不出来，贻误了战机。再比如，信息支持系统不完备。可以预见，包括食品卫生事件、自然灾害事件和环境问题事件将在今后处于高发态势，应该建立健全相关资料信息库，以备不时之需。再比如，报道策划系统仍显疲弱，除加强自身策划力量的整合外，还可考虑建立社外专家系统并引入智库，使我们的声音成为"意见领袖"，提高党报的舆论引导力。

考验传媒政治意识、责任意识和大局意识。在四川参加抗震救灾报道时，记者曾为死难学生家长情绪安抚问题所困惑。记者曾亲眼目睹了绵竹市死难学生家长游行的场面，这种游行在当时的绵竹比较频繁，绵竹市委书记甚至有一次当场给家长们下跪，舆论因之哗然，在境内外引发了恶劣的影响。这些死难孩子家长情绪何以失控？一些媒体有关坍塌教学楼建筑质量的报道的确起了一定的负面作用。为安抚学生家长的情绪，牵扯了地方党委、政府大量的精力，而这份精力对于震后灾区的意义，不言而喻。

平心而论，那些媒体记者的置疑态度是求实的，采访作风是踏实的，甚至文字功底也是深厚的，但他们低估了公开报道对公众情绪的影响力，对类似敏感话题的报道时机没把握好。媒体多一些政治意识、责任意识和大局意识，就能让报道发挥更多的建设性作用。

新闻报道不同于文学创作，更不同于个人写作，只有理性、建设性地看问题、想事情，才是负责任的大众传播。不顾社会后果的情感宣泄或居高临下的道德审判，在突发事件报道中是大忌。

考验记者的知识积累、专业精神和意志品质。在四川抗震救灾报道前线时，龚达发主任经常用某坦克部队那句精典的口号"首战用我、用我必胜"来激励前线的同志们，可以说把突发事件报道者应有的心态和状态概括得淋漓尽致。

突发事件报道与常态新闻报道一样，都要遵循新闻规律。不同的是，突发事件报道任务紧要、形势复杂、社会关注、时间紧迫，需要记者冷静分析、敏锐判断、抓住时机、敢打必胜。

从认知层面来讲，除驻站记者外，突发事件报道应该以跑口记者和专业记者为主。因为这三类人往往具备相关报道所要求的知识结构、信息储备和人脉关系，能够快速抓住问题要害，访到关键人物，从而提高采访效率，保证报道质量。

另外，突发事件报道要求记者坚守专业精神。很多新闻同行都在反思这样一些事情：俄罗斯救援队救出第一名幸存者时，摄像机的强烈灯光正对着幸存者的眼睛；一位医生在手术室消毒完毕，正准备给伤病员做手术时，有记者未经允许却突然闯进来采访；还有的因提出一些不恰当的问题，深深刺痛了受害人的情感，对他们造成二次心理伤害，等等。专业精神的欠缺使新闻记者自取其辱，也让新闻媒体为之蒙羞。

突发事件报道涉及到的群体不外乎四方：政府、公众、媒体、关众。所谓"关众"，就是突发事件当事人或利害攸关者。突发事件报道时间紧、任务重，记者往往专注于达成某一采访目的，而对关众的遭际、命运和感受缺乏人本的体察，由此造成"遗珠之憾"值得反思。

（作者时任人民日报社黑龙江分社采访部主任）

12. 突发新闻报道之"四快"

侯露露（2009 年 1 月 20 日）

>>> 脚快、脑快、手快、沟通快。近半个月的汶川地震采访经历，让我对如何报道突发事件有了更直观的感受

突发新闻，由于其本身具备的不可预见性以及重要性，成为考验新闻记者能力的绝佳题材。2008 年发生的突发公共事件中，以"5·12"汶川特大地震尤其牵动人心。我有幸参加了本报的抗震救灾报道，近半个月的采访经历让我对如何报道突发事件，有了更直观的感受。

脚快——尽快地、尽可能地贴近新闻现场

突发事件发生后，进入现场是记者展开一切工作的前提，但突发事件的新闻现场往往处于重重封锁之下。汶川地震发生时，我正跟随中央媒体西部大开发采访团，经成渝高速进入四川境内，下午 2 时 30 分得知四川发生严重地震的消息，我立刻跟北京总部联系要求留下参加采访，13 日凌晨，我接到记者部通知允许我留下的短信。

事实上，尽快地、尽可能地贴近新闻最前线适用于突发新闻的各个阶段。5 月 14 日，我和摄影记者史家民赴广汉采访 30 架民用直升机投入救援的消息。起初，当地仅允许我们在机场采访，但找到机场各级领导反复沟通，并承诺只带最基本采访设备上机，最终我们和中央电视台成为仅有的两家新闻媒体，登上了第一架执行救援任务的民用直升机。也正是这次随机前往灾区，我亲眼看到了公路、桥梁、民房被严重损毁的情景，采访到了被困在山里的村民，以及步行进入山区与大部队失去联系的解放军。

脑快——利用各种资源抢抓新闻"第一落点"

既然是突发事件，注定留给记者的时间很少。如何在众多媒体中抢到新闻的"第一落点"，如何在众多报道中表现独特的视角、讲出不同的故事？我个人认为有三点值得注意：

首先，应尽可能多地在到达新闻现场之前进行必要的准备。以汶川地震报道为例，12日整晚我都在看各台关于地震的新闻报道，对地震的范围、震级、伤亡情况等有所了解，13日在赴重灾区德阳市汉旺镇的东方汽轮机厂采访的路上整理出采访提纲，因此虽然抵达后大雨滂沱，厂内情况非常混乱，但我们仍能迅速展开采访。

其次，要充分利用当地的各种资源。记者到达一个陌生的环境，迅速在当地找到能够对采访提供帮助的人至关重要。仍以本次地震报道为例，我和同事魏贺、史家民负责德阳市的抗震救灾报道。在德阳的10多天时间里，我们和当地宣传部的负责人员密切沟通，德阳市每天的最新伤亡数字和工作简报我们都能最先拿到，当地在抗震救灾中出现的问题宣传部也会主动反馈给我们，使我们在抢抓新闻的"第一落点"时有了基础。

从部队入手，是自然灾害等突发事件报道中另一个非常有效的渠道。因为部队战斗在救灾的第一线，跟随部队往往更容易进入新闻现场最前线，而部队本身对宣传工作的重视又为这种合作提供了可能。此外，作为抗震救灾的主力军，部队中存在着很多生动感人的故事和人物，我就是在一次跟随派驻德阳的空降兵某部采访途中，发现了该部一名四川籍战士钟旺，在身患晚期胃癌、与母亲失去联系的情况下，仍担任抗震救灾党员突击队队长，坚持在抗震一线。

最后，要尽可能地搜集素材。突发事件发生后，一般来说有三个方面可资报道：即突发事件本身、突发事件的受害者、突发事件引发的政府和社会行为。记者到达现场后，应力图将所闻所见一网打尽。唯此，才能够给报社多侧面、多点位、立体式报道提供更多的"料"，使报社整体报道既有时间的深度，又有空间的广度；既有事件本身的报道，又有与此相关的、由此引发的延伸报道。

手快——抓紧一切时间和手段传递新闻

突发事件到来时，每家媒体都在为最先将新闻发出进行PK。在时间如此有限的情况下，对前方记者来说，最快地将所采访到的素材简单加工成文传回后方是很必须的。这就要求记者不能像日常报道那样对稿件进行精雕细琢，而可能更多选择白描式的手法，通过运用大量的细节、数据、图片等传递新闻。在参加抗震救灾报道时，绝大多数稿件都是当天采写当天上版，由于采访日程紧、采访地点之间相隔较远，因此许多稿件我都是在车上完成的。

身处一个新闻事件几乎可以在发生后瞬间上网的时代，网络媒体的传播能力成为每个记者必须正视的事实。而本报记者因为有了人民网这个平台,在抗震救灾报道中亦能够感受到报网融合带来的巨大力量。正因为如此,在很多时候,记者到达新闻现场的第一件事情是拨通网站编辑的手机进行现场连线。在首架即将起飞参加救援的民用直升机的机舱里、在被困数日刚被营救出的两名警察的手术室外,我都与人民网编辑进行连线,第一时间将新闻发回。

沟通快——与后方编辑保持实时沟通

抗震救灾报道期间,前方记者每天发回很多稿件,由于报纸版面有限,部分稿件无法落地。怎样避免做无用功?比较可行的做法是,在前一天和记者部、各版面编辑通电话,一是了解第二天有无选题策划,二是将自己第二天的采访计划告知,在沟通中了解版面需求,也给版面提供线索。当天到达现场采访后,及时将新闻现场的情况反馈给版面进行修正,以确保有的放矢。《心理疏导 现在开始》一稿即是这样完成。5月21日,震后第一所抗震希望小学在绵竹市开学,我们组当天的主要采访任务即是开学仪式,到达现场后发现开学仪式后的第一课是心理疏导课,随即和视点新闻版联系提供了这条线索,版面立刻决定跟踪这个线索并写篇相关报道。由于目的明确且准备充分,该稿很快传回总部于次日发在视点版头条,并被评为记者部好稿,可算是前方后方一次成功的合作。带着想法去采访,但并不囿于想法,及时发现有价值的新闻点并和版面沟通,记者的采访工作能够事半功倍。

(作者系人民日报社地方部编辑,时任人民日报驻重庆记者站记者)

13. 雪灾报道带来的三点体会

贺勇（2010 年 2 月 20 日）

>>> **作为人民日报的记者，应当对采访的一手材料进行进一步的理性分析，把视角从灾害本身延伸到灾害引发的其他深层次问题**

2010 年初，一场几十年罕见的暴雪寒潮天气席卷内蒙古大地，茫茫草原，风雪连天，滴水成冰。列车受阻、人员被困、牲畜冻死、饲草告急。作为一名驻地记者，我有幸参与了这次抗击冰雪灾害的报道，身临其境地感受到了人定胜天的伟大，也深深地为各族群众的顽强、拼搏与真情所感动。

这场抗击冰雪的战役在 1 月 4 日打响。当天我接到新闻线索："由于集通铁路管内集宁至正镶白旗管内普降大雪，载有 1400 名旅客的 1814 次旅客列车被困。"职业敏感告诉我，1400 名旅客的安危事关重大，我立即与呼和浩特铁路局和集通铁路公司取得了联系，随时关注事态的发展。当天下午 5 时左右，1814 次列车最后 4 节车厢被解救出来，重新踏上了旅途，当天晚上我将稿件发到编辑部，这就是抗击冰雪的第一篇稿件《列车冰封 25 小时》。

实事求是地说，由于事出突然，时间仓促，许多问题搞不清楚，这篇稿件基本上是一篇倾向性不太明显的突发事件报道。究竟这个事件怎样看待，是应该正面突出抢险英雄吗？那么发挥主力军作用的英雄到底是谁？是武警？消防？还是铁路职工？另一方面，这次事件虽然有天灾成分，那么有没有人祸因素呢？是否该提出问责呢？

在抗击冰雪灾害的火热现场，也是新闻媒体比拼激烈的战场。在突发性事件面前，人民日报记者要牢牢地把握正确的舆论导向，这是我在这次采访中的第一个感受。人民日报是中共中央机关报，地位十分重要，突发事件的报道往往政治性、政策性都很强，关系到灾害的事态发展和人民日报的信誉，记者必须牢固树立政治意识、大局意识和责任意识，并要充分考虑灾害事件的复杂性和报道后可能产生的影响，唱好主旋律。

为了更好地把握这次事件的定位，列车通车后的第二天，我继续采访了大量当事人，包括列车上的工作人员、沿线抢险人员和旅客，基本还原了事情的整个过程，毫无疑问，这是一场人天对决的战斗，铁路人发挥了主力军的作用。我把采访了解到的材料整理成两篇稿件发回,在编辑部的支持下,这两篇稿件在1月6日的报纸上以几乎整版的规模推出,不仅体现了铁路人团结一心、众志成城的拼搏精神,也体现了心系旅客、服从大局的奉献精神,有力地引导了舆论。在随后举行的全国铁路工作会议上,国务院副总理张德江两次提到人民日报的报道,他说,虽然有关部门向他报告了内蒙古列车遇阻的情况,但铁路人究竟如何奋勇抢险的情况是看了人民日报的报道才了解的。

这次采访中我的感受之二是:灾害面前群众是真正的英雄,记者的镜头应当放在老百姓的身上。在采访雪灾的日子里,我永远不会忘记正镶白旗工务段副段长王国亮与暴风雪搏斗整整两天两夜,脸和双脚被严重冻伤,险些被截肢;三介海子线路工区工长黄德玉连续在暴风雪中清理线路大小积雪20余处,致使双脚严重冻伤;商都站客货值班员刘俊枝带领姐妹们连续高强度工作40多个小时毫无怨言;集宁车务段十八台站党支部书记高平连续29小时没合眼,安全路风科科长薛二文将塑料袋裹在脚上连续奋战20多个小时;职工梁春雷连续作战16个小时,耳朵、手、脚都被冻伤,眼睛被暴风吹得又红又肿……这一连串超负荷的时间数字实在让我觉得感动又沉重,为他们的执着坚守,为他们的虔诚忠义。

内蒙古分社社长岳富荣常常对我们说:"稿子的后面是细节,细节的背后是情节,情节的背后是采访,采访的后面是积累,积累的后面是思想。"作为人民日报的记者,应当对采访的一手材料进行进一步的理性分析,把视角从灾害本身延伸到灾害引发的其他深层次问题。

抗击雪灾最紧要关头过去后,我又来到灾区重访。我发现,这次雪灾暴露出两个问题,一、由于生产方式的显著差别,牧区遭受损失往往比农区严重,但是,同样是牧区损失也不一样。这次内蒙古呼伦贝尔气温比锡林郭勒盟更低,但损失反而不大,这与当地加强基础设施建设、转变传统畜牧业生产方式有极大关系。暴风雪给牧民上了一堂生动而强烈的"科技兴牧课",这是一个值得关注的现象。其次、由于雪灾和其他灾害影响,内蒙古部分地区出现了不少"因灾返贫"的现象,当务之急固然是帮助灾民过冬度春,解决他们的生计之困、燃眉之急。但从长远看,对内蒙古这样一个自然灾害频发的地区,如何从制度上解决农牧民因灾返贫问题,如何建立防灾减灾长效机制是一个亟待引起重视的问题,我已经把相关内容整理成内参。"调研应当成为记者基本功",这是我的第三点体会。

(作者系人民日报社内蒙古分社采访部主任)

14. 雪灾报道锻炼了我

韩立群（2010 年 3 月 3 日）

>>> 我边走边了解抗雪灾情况，到了乡村公路抢通现场，到了农牧民家里，到了牧业定居点，到了羊圈和蔬菜大棚里，到了县医院救治病人现场。在牧民家里喝了用雪水熬的砖茶，午饭就是在车上吃些馕和榨菜

2009 年 12 月中旬我到新疆分社工作，作为一名从地方机关转入报社的新人，我抓住一切机会学习、实践，加强与各界的联系和沟通。幸运的是，新疆雪灾报道很快给了我一次锻炼的机会。

2010 年初，新疆阿勒泰、塔城、伊犁的雪灾牵动了全国人民的心，中央领导十分关注，温家宝总理亲自到阿勒泰、塔城视察、看望。我赶赴现场，及时发回了一系列报道。

阿勒泰遭受 60 年一遇的雪灾，是新疆雪灾最严重的地区。1 月 20 日，在灾情最严重的时刻，戴岚社长派我到阿勒泰采访。20 日当晚 11 点多，我一走出阿勒泰机场，就被眼前的雪灾景象震惊了，也被阿勒泰人民的抗灾精神感动了。到了宾馆，我开始向地委宣传部和地区应急办了解有关情况，一直工作到夜里 3 点多。

第二天一早，我乘车到 110 公里外的布尔津县抗雪灾一线采访。沿途都是 1 米多厚的积雪，五六级的寒风刮得雪花飞舞，不时见到大型除雪机械在劳作。当时气温是零下 35 摄氏度。一到县城，县委宣传部的同志就让我套上了军用棉大衣和皮帽子。我边走边了解抗雪灾情况，到了乡村公路抢通现场，到了农牧民家里，到了牧业定居点，到了羊圈和蔬菜大棚里，到了县医院救治病人现场。在牧民家里喝了用雪水熬的砖茶，午饭就是在车上吃些馕和榨菜。我们的越野车也两次陷到雪窝里。每次都要 1 个多小时才爬出来。

当天晚上，我工作了一个通宵。写了 2 篇稿子：《阿勒泰抗雪灾亲历》，《暴风雪中的温情小屋》。第二天早上 6 点半，我又从布尔津县出发，奔赴阿勒泰机场参加直升机救援行动。

2 月 5 日晚我返回乌鲁木齐。16 天来，我走遍了阿勒泰、布尔津、吉木乃、福海等受灾县市，在阿勒泰地区行程 1400 多公里。为了到受灾最严重的国家级扶贫

工作县吉木乃，两次遭遇"闹海风"（当地暴风雪的一种），第三次才去成。特别是有些地方没有网络，无法传稿，只能传真发稿。期间共采访260多人次，写稿10篇，人民日报采用8篇。现场特写《党徽在抗雪灾一线闪光》受到各方好评。

采访期间戴岚社长经常及时给我指导，每篇稿子也尽可能给我提出修改意见，采访素材的选择、时间的安排也尽可能帮我出主意。分社办公室的同志也全力以赴支持我。南北疆网络不通，我就把稿子发回乌鲁木齐，办公室的同志再帮我发到报社。他们经常为我发稿加班加点，有时到深夜，有时要占用他们的休息日。

总编室、地方部的领导、同事也多次询问、指导，对我的稿件耐心修改、完善，使这次采访任务能够较好地完成。

第一次独立外出采访，能够得到这么多的支持和帮助，让我切身感受到人民日报这个集体的力量和温暖，同时也感到自己要学的东西太多，要实践的东西太多，要思考的问题太多，感到肩上的担子很重。

（作者系人民日报社新疆分社记者）

15. "跑"赢的一场报道硬仗
——新疆抗雪灾系列报道点评

张凤来（2010年3月29日）

>>> 优秀的新闻作品往往是"跑"出来而不单纯是写出来的。本次新疆抗雪灾系列报道，充分印证了这一点

2010年伊始，新疆阿勒泰、塔城、伊犁等地持续出现60年不遇的强降温降雪灾害性天气，给当地群众的生产生活造成极大影响。

面对严寒暴雪袭击，党中央、国务院高度关注，新疆各部门、各地区快速应对，打响了全力抗灾救灾的硬仗。

灾情发生后，新疆分社第一时间作出反应。仅有的两名记者在零下三四十摄氏度的严寒天气中，迅速奔赴受灾最严重的阿勒泰、塔城等地区采访。在近1个月时间内，他们先后采写了《新疆众志成城抗雪灾》《党徽在抗雪灾一线闪光》《阿勒泰县乡公路全部抢通》《雪海孤岛救灾记》《暴风雪中的温情小屋》《巴克图口岸：积雪堵路通关难》《塔城正经历考验……》等系列报道，及时、全面地反映了新疆各地的灾情和抗灾救灾情况，受到社会各界的好评。新疆阿勒泰地委宣传部在致本报的感谢信中动情地写到："正是有了你们的及时宣传报道，阿勒泰的灾情在第一时间为外界所了解；正是有了你们的及时宣传报道，引起了党中央、国务院、自治区党委、政府对阿勒泰雪灾的高度关注；正是有了你们的及时宣传报道，社会各界纷纷伸出扶助之手，帮助阿勒泰抗灾救灾；正是有了你们的及时报道，一件件衣物、一片片爱心，化作一股股暖流涌向被风雪冰封的阿勒泰大地，温暖着受灾群众的心田。"

优秀的新闻作品往往是"跑"出来而不单纯是写出来的。本次新疆抗雪灾系列报道，充分印证了这一点。然而，在极度严寒，狂风暴雪肆虐中，"跑"又是何等的艰难，期间，记者连续作战，奔波于雪灾最严重的地区之间，突进在积雪厚度超过马背的乡村道路上，一跑就是上千公里。不论是在北沙窝"闹海风"中马匹转移，还是在青格里雪崩的第一现场，不论是直升机风雪中的生命大搜救，还是救助卡拉麦里野生动物，哪里有灾情哪里就有我们记者的身影。其中的艰辛外人难以想象。

灾情发生后，社长戴岚在指挥、指导记者的同时，不畏严寒，亲赴灾情严重的塔城、伊犁等地采访了半个多月，走进被雪墙封堵了的农牧民家庭，采写了《新疆——众志成城战暴雪》《塔城正经历考验……》等有现场、有深度的报道。新疆分社记者韩立群在回忆当时采访情景时曾这样描述："1月20日，在灾情最严重的时刻，戴岚社长及时派我到阿勒泰采访。当晚11点多，我到达宾馆后即开始向地委宣传部和地区应急办了解有关情况，一直工作到夜里3点多。第二天一早，我乘车110公里到布尔津县抗雪灾一线采访。沿途都是1米多厚的积雪，五六级的寒风刮得雪花飞舞，当时气温是零下35摄氏度……我们的越野车也两次陷到雪窝里，每次都要1个多小时才爬出来。当天晚上，我赶写稿子熬了个通宵。第二天早上6点半，我又从布尔津县出发，奔赴阿勒泰机场参加直升机救援行动。"

正是记者在如此恶劣的条件下，不怕疲劳与危险、连续奔波于冰雪灾害一线，才能抓取到一条又一条鲜活的新闻。尤其是系列报道中的《雪海孤岛救灾记》《暴风雪中的温情小屋》等特写，虽然结构简单，文字质朴，但那眼见耳闻真情实感的叙述，无不透出浓烈的现场气氛，真实地再现了紧张火热的抗灾救灾场面，以及各民族干部群众在灾害面前众志成城、互帮互助的感人事迹，让读者心灵为之震撼。这些来自抗雪灾一线的报道，为阿勒泰等地抗灾救灾工作营造了良好的舆论环境，极大地鼓舞了灾区各族群众，增强了他们战胜灾害的信心和决心。

可以说，在这场抗击60年不遇的强降温降雪灾害过程中，新疆分社记者经受住了考验，"跑"赢了宣传报道的硬仗。"跑"的背后，体现的是我们党中央机关报记者那种强烈的责任意识、顽强的拼搏精神以及优良的职业素养。

（作者系人民日报社地方部高级编辑）

16. 暂忘茶滋味
——"玉树抗灾"采访六日记

周东平（2010年4月23日）

>>> 举目望去，看到街道两旁到处张贴着抗震救灾的标语，又生感慨：灾难既然来了，就要勇敢面对，不是有这样一句话吗：再大的困难，除以13亿，都会显得微不足道

今年是计划去玉树采访的，原打算待到六七月，去看看仙境般的玉树草原，了解三江源保护的新进展，体验一下粗犷纯朴的康巴风情。可做梦也不会想到，玉树会遭遇巨大灾难，我这么快就成行了。

2010年4月14日上午，从网上和电视中获知玉树发生地震的消息，很快闪了下念头：要不要请示报社，去灾区采访？中午，收到地方部主任龚达发短信："玉树地震应速赴灾区，及时报道。"我联系省公安厅，他们下午有3辆车要往玉树运救灾物资。我立即背上电脑包和简单的行囊，急急赶往省公安厅。在出租车里，听到广播，已有300多人死亡，意识到灾情很严重。省公安厅宣传处考虑到坐大货车太慢，决定派辆越野车，送我和青海法制报的一位记者去玉树。车好，驾驶员技术好，我们一路超过了许多提前出发的车队。在离玛多县130公里的地方，还追上了比我们早4个小时出发的西宁特警支队的车队。

车轮滚滚，9个多小时的疾驰，800多公里路程被甩在身后。半夜，到了玉树州府所在地，也是此次地震重灾区结古镇。作为人民日报的记者，当天赶到了第一线，感觉"我们没掉队"！

马上找设在玉树军分区的抗震救灾指挥部报了到，在指挥部的大帐篷里坐到天亮。第二天，总社派出的采访组丁伟、王建新、赵亚辉来到灾区，武少民、江山和人民网、环球时报、京华时报的几位记者也随后陆续赶到，本报的采访队伍在壮大。

15日下午，我到现场采访后回到指挥部，急忙张罗着去找顶帐篷。玉树海拔近3800米，昼夜温差很大，白天20多度，夜里零度以下，露宿街头，是不可想象的。省委宣传部协调没能成功，我便直接找到省民政厅厅长要来了一顶帐篷，和环球时报的一位同志一起把帐篷搬到选定的地点，等把帐篷支好，天完全黑了。第二

天，又在帐篷里接通了电源。这样，住宿和工作的基本条件总算解决了。

一顶12平方米的帐篷，就是人民日报前线报道组10多人的家和办公室。白天，大家分头出去采访，夜里回来写稿、发稿，工作忙完，就在地铺上和衣而睡。玉树春天的风沙很大，每个人满头、满脸、满身都是土。没有水，大家几天刷不了牙，洗不了脸，一个个都是"灰头土脸"的。无法洗脚换袜子，两天一过，一股异味弥漫在帐篷里。19日晚上，青海省委书记强卫来看望大家，走的时候笑着说，都是男同志，一堆臭鞋。军分区里倒是供应早、中、晚3餐，但人太多，去晚了就没了，而且经常因采访或者赶稿误了饭点。啃点饼子甚至是干吃方便面，喝点凉水，往往就是一顿饭。19日早上，王建新终于喝上了来灾区后的第一碗热粥，一天里感叹了好几回：哎呀，粥真好喝，看来人的要求有时候是很低的。

从北京来的几位记者都有不同程度的高原反应。丁伟、武少民头疼了两天。王建新头两天都睡不着觉，吃不下饭。赵亚辉每次采访回来，都是一身疲惫。环球时报的记者还发烧了。看大家的脸色，都显得很憔悴。我是体会过什么叫高原反应的：头疼欲裂、胸闷气短、没有胃口、浑身乏力，就像生了一场大病。好在这几年都在高原工作，习惯了，没什么反应。只是没热水，喝不着茶有些难受。喝茶几乎是我生活的一部分，平时早晨起来后不喝杯浓茶，一天都觉得提不起精神。不过也怪，到灾区这些天虽没喝茶，并没觉得没精神。

生活艰苦，高原反应，丝毫没有削弱大家的工作热情。记者们都明白，要安逸，就不来这里了。丁伟运筹帷幄，每天晚上，组织大家一起商量次日的报道计划。天一亮，大家立刻分头或结伴出发去采访。一人采访，单独发稿；集体采访，每人写上一段，交由一人"组装"，或由一人执笔。王建新往往是"总装师"，稿件由他最后完成。16日至19日，他分别执笔或"组装"了4篇各3000字左右的重头稿：《危难时，我们挺直脊梁》、《生死竞速，仍在进行》、《废墟上盛开民族团结花》、《灾区一日》。16日至18日3天，他每天只吃了一包方便面。我说，建新，你真行啊，3天3包方便面，却出了3篇大稿。赵亚辉整个是拼命三郎，出去一天，连写带摄，第二天总有好几篇稿子和照片见报。武少民笔头快，文字清新。江山跟着部队跑，很辛苦。人民网、环球时报、京华时报的几位年轻人，也同样表现不俗。可以说，人民日报社的人，个个都是好样的，干什么，像什么。18日晚上，青海分社老郑和陈沸宇，以及总社的王君平也到达结古镇，天一亮他们便投入了采访。

根据领导安排，我于20日返回西宁。第一场春雨，飘落在大地，空气清新甜腻。比起6天前，树枝头又绿了许多，紫丁香花含苞欲放。西宁，一片宁静、安祥、有序，想想那几成废墟的结古镇，泪水不由得在眼眶里打转，心生感叹：没灾没难，平平安安，真好，真幸福！举目望去，看到街道两旁到处张贴着抗震救灾的标语，又生感慨：灾难既然来了，就要勇敢面对，不是有这样一句话吗：再大的困难，除以13亿，都会显得微不足道。

回到家，赶紧泡上一杯浓茶，哎呀，真香！

玉树，我还会再去的。

（作者系人民日报社青海分社副社长）

17. 焦急中的坚守

刘鑫焱（2010年6月4日）

>>> 突发事件，谁首发谁就掌握主动权，这就需要"抢"。抢信息发布速度，纸质媒体已不是长项；有深度、有质量的独家分析性报道、评论应是我们的优势所在

2010年3月28日13时40分，华晋焦煤公司王家岭煤矿发生重特大透水事故，过百人被困井下，一场生死大营救就此展开。数千救援人员、数百车辆参与救援，创造了中国救援史上的奇迹。百余名记者用镜头、话筒和文字记录了难忘的日日夜夜。

笔者有幸成为其中的一员。在青海工作5年有余，没有参与"像样"的灾难性应急报道，王家岭矿难报道是笔者参与的第一次"有力度"应急事件报道。作为一名矿难报道的新兵，连续十几个昼夜的高强度采访、报道，确实是非常宝贵的历练。

急！赶赴现场

"3·28"事故发生当天正是周日，中午得到发生矿难消息，马上向安洋老师汇报。当从安监部门确认是重特大事故，需马上赶赴现场时，来不及更换衣服，背起电脑包，权衡速度，决定搭乘宣传部赶往现场的车辆。实践证明，选择是正确的，路上恰逢山西省委书记、省长去现场的车队，一路绿灯、没走一点弯路，及时、顺利抵达现场。

在赶往现场的路上，时时与安监、宣传、事故涉及公司保持联系，了解透水事故最新进展，并把情况通过电话通报人民网。

4个小时的奔波，我于当晚10点半赶到现场，是极少几家赶到现场的媒体之一。其后，安监总局局长骆琳、国务院副总理张德江先后抵达。记者迅速进行报道工作，到事故现场实地采访，参加抢险救援指挥部会议，了解到最权威、最直接、最及时的信息。经过多方采访，于29日凌晨1时左右把透水事故稿件发回报社，稿件得以顺利刊发，做到了及时、准确报道此次事故，也为事故救援工作的后续报道奠定了好的基础。

到王家岭其后的几天，都是上午现场采访，晚上写稿子。最初3天，在视点新闻版的《热点解读》栏目发出3篇关于事故发生、救援情况、原因调查等稿件。而随后的几天，每天基本都是水泵安装、排水量、水位下降等救援的进度性报道，进入了一个平稳期。

焦！现场坚守

抢险救援的黄金72小时、100小时、120小时……救援时间一分一秒过去，迟迟不见下井救人，每天就报道这些数字性进展，包括几次预计下井救人的时间一再延后，感觉救上人的希望越来越小，不禁让我们这些做报道的记者心生懈怠。大家都盼着，哪一天、哪一时能下井救人，能救出受困人员。某中央媒体的记者在报道2号垂直钻孔有生命迹象时，激动得流了泪，反映了在那里奋战了六七天的新闻记者共同的心情。

期间，安洋老师忙完手头的活，来到王家岭"增援"。4月4日上午，指挥部内部通报，准备中午下井救人，没成行；下午3点、5点下井，又没成行。晚上8点多还没什么动静，安老师和我都有些没底，感觉4日的下井救人没戏了。此前，我们提前写了一篇关于抢险救援进度情况的程序性报道，发到报社，以备不时之需。晚上9点多，在现场我们也是欲走还留，正在犹豫之际，指挥部传来消息：晚上10点多将下井救人。这个消息无疑是一针"兴奋剂"，我们决定留守现场，心里有期待、也有些许不安，主要是能救出多少受困人员。大约是11点多，有人传来消息，有受困人员将被救出，人数不详；接着收到消息，有9名受困人员获救。接到确切消息后，我们马上与总编室负责此次事故连续报道的版面编辑联络，全力做好抢险救援这一阶段性成果的报道。

我们火速把现场的情况发回报社，总编室编辑们精心编排，王家岭透水事故首批9名幸存者升井获救这一阶段性救援成果，第一时间在本报头版头条以"179小时，王家岭见证生命奇迹"为题刊出，在社会上引起较大反响。

其后，115人被困人员获救成功，王家岭的报道进入一个小高潮。《为了生命的尊严》这篇"大块头"通讯是重头工作之一。此前，在整体构思上，我们做了些准备，但具体操作过程还是颇费周折。

"大块头"通讯需要众多的人物、情节来具体支撑、表现，涉及到的人物多、采访量大，稿件整个形成过程几乎是"马不停蹄"。其他采访都是比较顺利，人物采访遇到一大障碍：人物采访要涉及到成功被救的受困人员，而当时救援指挥部有要求，为保证获救人员得到及时、有效的救治，媒体不能采访获救人员，以免影响获救人员的救治。

如果缺了获救受困人员的采访，稿件肯定大为"减色"。当时，安老师马上与卫生部门同志联系，了解到第一个升井获救工人的名字；并通过其他渠道采访到获救工人的一些言谈、细节，这些都为《为了生命的尊严》这篇通讯的写作提供了充足的素材。

稿子传回报社，于4月6日在一版刊出，在社会、同行反响相当不错。

突发事件，谁首发谁就掌握主动权，这就需要"抢"。客观地说，在抢新闻上，纸质媒体面临来自电视媒体、网络媒体不少的挑战。在此次突发事件报道中，中央电视台在"抢"新闻方面就占尽了优势。

现场直播使新闻事件的发生过程与报道播出时差几乎为零。中央电视台在此次突发事件报道中充分利用这一时间优势、容量优势，使其成为王家岭事故关注者的主要信息来源。

我个人感觉，抢信息发布速度，纸质媒体已不是长项；有深度、有质量的独家分析性报道、评论应是我们的优势所在。

（作者系人民日报社山西分社采访部主任）

18. 责任，让我们奋然前行
——甘肃舟曲特大山洪泥石流灾害采访体会

王乐文（2010年8月26日）

>>> 泥石流造成的巨大灾难让人震撼，热火朝天的抢险救灾场面更让人震撼，与时间赛跑、与死神竞争、与灾难做斗争的责任感无时无处不在，激发着我，鼓舞着我，让我虽然身处灾区，但无所畏惧、精神振奋

从没有如此近距离地感受死亡，从没有看到如此之多的生命在瞬间消亡，从没有如此紧张地看着生与死的较量。在舟曲7天的采访，将在我的记者职业生涯中留下永久的回忆，也将成为我生命旅途中一受益匪浅的大课堂。

2010年8月8日晚10点多，地方部领导打来电话，让我前往甘肃舟曲特大山洪泥石流现场采访。接到电话，我很兴奋。汶川大地震发生时，陕西的灾情也很严重，可是我当时正在广西挂职，错过了机会。虽然后来也多次报道过灾区的恢复重建工作，但作为记者，在重大事件发生时没有第一时间亲临现场，毕竟是十分遗憾的事情。这次总算可以补上一课了。向分社领导汇报后，我立即通知司机，让他制定出前往灾区的最近路线，到街上的夜店买好水、干粮等食品，"越多越好，把车要装满。"同时通知人民网陕西频道的两名同志，让他们准备好录音机、摄像机、照相机。陕西频道刚刚创办，借此机会也可以让大家经受一下锻炼。一会儿，甘肃分社社长林治波发来短信，说灾区的住宿无法解决。夜已深，西安的商店已经关门，我又给凤县的朋友打电话，让他明天上午给准备三个帐篷，待我路过时来拿。安排完后，我打开电脑，尽可能多地搜集舟曲的有关材料。这时，我的心已经飞到了泥石流灾害的现场。

第二天早上6点，我们一行4人出发了。从西安到舟曲，除了到宝鸡一段是高速路外，其余全部是在崇山峻岭中穿行。沿途接到几次地方部和分社领导发来的短信，都是提醒我们注意安全，陕西频道的两名同志都是新来的，他们说，没想到人民日报对自己的记者这么负责任。是啊，报社的关心和支持是我们战胜困难、取得进步的力量源泉。后来在现场，龚达发主任等领导还多次给我打电话，叮嘱我注意

休息、作好安全防护。

　　经过 10 多个小时的颠簸，当晚 9 点多赶到舟曲，深一脚浅一脚地走过没膝的泥泞，终于找到新闻中心所在地的县委统办大楼，这里还是抢险救灾的临时指挥中心，也是县城里唯一通电的地方。新闻中心在 9 楼，挤满了从各地赶来的记者。林治波社长和其他先期赶来的同志已经在最里面的一排桌子旁赶写稿件。打过招呼，林社长递过一堆材料，就又沉浸在他的工作中去了。整个大厅虽然人满为患，但出奇地安静，大家都在努力地做着一样事情，就是尽快把这里发生的一切告诉给全中国、全世界。下半夜，同行们或靠桌子、或躺板凳，凑合着休息了。

　　泥石流造成的巨大灾难让人震撼，热火朝天的抢险救灾场面更让人震撼，与时间赛跑、与死神竞争、与灾难做斗争的责任感无时无处不在，激发着我，鼓舞着我，让我虽然身处灾区，但无所畏惧、精神振奋。

　　我们赶到舟曲的时候，由于交通拥挤，只好停车步行，停车的地方正好是武警交通部队的宿营地，一排整齐的军用帐篷依白龙江搭建，但帐篷里只有一名女战士。她告诉我们，从 8 日中午抵达这里后，300 多名部队指战员就一直在现场抢险救灾，帐篷始终就没有人住过。"30 多个小时了，大家还没有合个眼。饿了就吃点带的干粮。"他们主要负责打通县城主干道，否则外面的救灾人员和物资根本进不到现场。武警交通部队的现场总指挥跟我说："打通生命线是我们的责任，我们不是来休息的。"经过 50 多个小时的连续作业，县城主干道终于被打通。《抢通生命线》于是在本报刊出。

　　泥石流和地震不同，给受灾者留下的生存空间很小，生命的抗争要付出的代价也更大，但现场的救灾部队和人员始终以饱满的热情拯救一个个生命。四川广元军分区是最早赶到现场的部队之一，3 天的时间快过去了，官兵们的手都磨出了血泡，却仍然情绪高昂。藏族同胞刘马胜代终于被他们从死神手里夺了回来。我正好在现场，许多人激动地高喊："奇迹呀，奇迹。"是的，是奇迹，是以人为本的精神和高度的责任创造了奇迹！这个奇迹被人民网第一时间发布，第二天，本报又以图片形式在显著位置刊登。

　　抢险救灾是在炎热的高温中进行的，但比天气更热的是现场的气氛。被泥石流覆盖的舟曲县城几乎成了各个部队大比武的战场。"抢险突击队"、"党员先锋队"、"硬骨头连"等旗帜分外夺目，"听党指挥、服务人民、英雄善战"、"应急救援当先锋,抢险救灾打头阵"等标语催人奋进。穿梭在一个又一个队伍中,看到一个又一个的生命被救出,我们为之动容,我们为之欢呼。这种大爱里体现出的责任感,经常让在现场的我潸然泪下!正是在这种大背景下,我日夜采访,发出了通讯《共产党员托起生命之舟》。

最使我难忘的是一个高中刚毕业的藏族小姑娘,她叫冷曼。那天深夜我们赶到舟曲,在漆黑的街道上,她站在齐腰深的淤泥中,用手电给一个又一个的路人照明。她说:"你们到我们这里来,给我们带来了温暖。我也要把我们的温暖传递给你们。"后来,我经常看到这个小姑娘,不是在搬运救灾物资,就是在分发救灾食品。看到她,我似乎平添了无穷的力量。天下兴亡,匹夫有责,大难当前,每一位同胞都承担起救人、抢险和重建家园的责任。党报的记者,更是体会到在突发性灾难中为党、政府、人民鼓而呼的报道责任。我也抓住这个小姑娘为新闻线索,先后写出了《千名志愿者活跃在灾区》、《藏汉一家亲》等稿件。

正是这种责任,让我们克服了一切困难,在地方部、总编室和人民网的指挥下,向人民日报和人民网发回了大量报道,有文字、有图片、有视频。我们陕西频道虽然刚建立不久,但我们开设的"舟曲泥石流报道"专栏,一下子成了陕西网民关注的热点。

报社同事们也纷纷给我打电话、发短信,以示鼓励,报社大家庭的关心在灾害面前更显温暖!离开舟曲的那天,抢险救灾还在进行,林治波社长还坚守在岗位。知道我们要走,武警交通部队的同志们坚持要送我们一程,总指挥何俊才副参谋长告诉我:"你们人民日报写的报道给了广大指战员以极大的鼓舞。"

责任,让我们奋然前行!

(作者系人民日报社陕西分社采访部主任)

19. 重大突发事件中的深度报道

龚达发（2010年10月27日）

>>> 做好重大突发事件中的深度报道，要追求"快"、"准"、"狠"，并处理好"前"与"后"、"文"与"图"，"公开报道"和"内参"的关系

我一直有两个非常强烈的观点，一是重大突发事件已经成为分社记者尽情发挥的大舞台，二是抓重点、抓独家、抓深度报道，是人民日报的优势所在。在重大突发事件中，人民日报就必须做好深度报道。

拉萨"3·14"事件、汶川大地震、我国南方地区冰冻雨雪灾害、乌鲁木齐"7·5"事件、玉树地震、王家岭矿难、舟曲泥石流，这些至今回想起来印象深刻的重大突发事件，不仅考验了我国政府的应急水平和抗灾能力，也让新闻媒体经历了一次次报道大考。这其中，人民日报驻地记者用自己生动的新闻实践，创造了做好重大突发事件深度报道、提高舆论引导能力的一些经验。

重大突发事件中的深度报道要追求"快"、"准"、"狠"

1. 深度报道要"快"

目前，很多新闻从业人员和研究者有这样一种认识：以为"快"只是针对于动态消息而言，而深度报道首先讲求的是深度，时效性并不重要。其实不然，深度报道的根本属性是新闻，重大突发事件的深度报道同样要"快"，快也是深度报道的生命！

一旦发生重大突发事件，各媒体同台竞技的时候就到了。如果说动态性的消息报道，我们与通讯社以及地方新闻单位相比，并不占优势，但深度报道上我们无论如何"输"不起。

先发制人，后发制于人。在网络、手机等新兴媒体高速发展的今天，报纸如果还像过去做深度报道那样花十几天甚至几十天精打细磨，等你的声音发出来时，读者的兴奋点已经转移，你写得再好，也只能"自我欣赏"。

怎么叫"快"？1991年，江苏等地发生严重洪涝灾害，报社派出杨振武、龚永泉、何伟组成报道组，7月15日出发，7月22日开始写稿，7月28日长篇通讯《百年一遇的搏击》见报。这篇报道文采斐然，气势宏大，被评为报社好新闻一等奖、

全国二等奖。历时 13 天，这在当时已经是最快的速度。

2008 年，拉萨 "3·14" 暴力犯罪事件发生后，西方媒体如获至宝，不实报道铺天盖地，达赖集团更是兴风作浪，造谣惑众，恶语中伤。

3 月 14 日下午 4 点多，随西藏代表团在北京参加两会报道的西藏站徐锦庚获知后，立即向我通报，我向社领导请示后通知他立即返藏。徐锦庚 16 日下午抵达西藏，忍着强烈的高原反应，坚持采访、写稿。17 日早上 8 点就拿出长篇通讯《阳光下的罪恶》。徐锦庚在后来的业务研讨中谈到，之所以能那么快，都是因为自从进西藏站工作之后，就注重收集第一手资料，积累起了自己一个关于西藏资料的"百宝箱"。我们很多记者在采写突发事件的总结中都说，灾难面前记者也是战士！战士是打仗的，打仗慢了就要死人！

《阳光下的罪恶》刊发于 3 月 18 日的人民日报海外版，率先详细披露事件真相，社会反响强烈。随后 3 月 22 日，长篇通讯《度尽劫波凝斗志》揭露达赖集团数十年来的分裂破坏活动，用铁的事实说明 "3·14" 事件是一次有组织有预谋的事件。

这两篇深度报道都很快，在事件发生的 4 天和 8 天之后迅速推出，有学者评价认为，我们这些报道 "对立场的阐述鲜明有力，对气氛的营造恰当充分，对舆论的引导适时有效，充分发挥了中央党报在重大事件中的舆论风向标作用"。

可以说，拉萨 "3·14" 事件中的舆论遭遇战，鲜明地亮出了对深度报道快速化的追求。正是由于这一系列报道的快速推出，我们迅速扭转了 "3·14" 以来在舆论上的被动局面。因此，早日推出重大突发事件的深度报道，才能实现新闻传播时效性和思想性的统一，起到引导舆论、统一思想的作用。

2. 深度报道要 "准"

深度报道的 "准" 一方面是指报道主题的 "准"，正好击中舆论漩涡的中心，要搔到 "痒" 处；另一方面指推出的时机要 "准"，应该把握住关键时间节点，因势利导。

突发事件多为所谓的 "天灾人祸"，具有不同程度的破坏性，具有血腥、灾难以及引发的社会不稳定等负面效应。对此，我们不是不报道，而是运用唯物辩证的方法，挖掘和反映事件所蕴含的警醒社会或启迪人生等方面的价值，不让报道停留在就事报事的肤浅层面。当然，这一切都是建立在对新闻事实真实准确深刻把握的前提下。

深度报道要达到主题的 "准"，就应该坚持从大局出发，站在 "解决问题" 的立场，坚持"建设性"的态度，为党和政府率领人民"解决问题"营造积极氛围。

在乌鲁木齐"7·5"事件中，本报前方报道组采写的《"不许玷污清真寺"》和《晨曦中，国旗照常升起》两篇深度报道，在主题上一针见血，准确掐住了舆论的"七寸"，有力地回击了国内外"三股势力"的挑衅。这两篇报道，新华社全文转发，国内媒体纷纷转载。

新闻的传播规律应该是讲究抑扬顿挫，注重节奏的。重大突发事件中的深度报道也是这样，在关键的时间节点推出的传播效果，与盲目推出有着天壤之别。这就是深度报道时机上的"准"。

2010年4月20日，是青海玉树地震七日祭。一般而言，七天后救人黄金期已经过去，转入灾民安置阶段。这是一个关键的时间节点，我们决定做一篇全景展现生命大救援阶段的深度报道。17日下午决定19日晚上版，总共只有48小时。地方部几位同志接受任务后，夜以继日，连续奋战，如期交稿。4月20日长篇通讯《在一起，人民有了主心骨——青海玉树地震大救援纪实》在本报一版头条推出之后，一炮打响。中央领导批示肯定，"人民日报通讯很感人"。张研农社长、吴恒权总编辑、米博华副总编辑也批示肯定此稿写作中所体现的快速反应、团队协作精神，表扬稿件在报道时效上占据了制高点。4月21日凌晨1时52分，新华社全文转发此稿。4月21日，《光明日报》《经济日报》《新华每日电讯》等报纸，都刊登了这篇通讯。

3. 深度报道要"狠"

"狠"主要是指我们推出深度报道的写作水平必须高出一筹，要有那种"我们说了话，别人不能说了"的气魄。前几年我在人民日报国内记者年会上讲，驻地记者要有"亮剑"精神，关键时刻，敢于亮剑；要有"舍我其谁"的气势，"首战用我，用我必胜！"这就要求我们平时注重提升自己的业务能力，倚马可待，在关键时刻能够大显身手。

人民日报近几年在重大突发事件报道中深度报道精品迭出，这些作品也充分展现了我们驻地记者较高的政治素质、业务水平和"招之即来，来之能战，战之能胜"的风采。

在2008年2月上旬，抗击雨雪冰冻灾害即将取得重大胜利之际，当时我考虑应该推出一篇全景式的深度报道，于是安排湖南贺广华、贵州胡跃平担纲，其他灾区各站记者提供素材，记者部编辑组予以配合。贺广华接受任务时，刚从"孤城"郴州赶回，立即与灾区各站联系，调动自己近20多天的采访积累，苦战两昼夜赶写出一篇8000多字的通讯《万众一心化坚冰——写在抗击雨雪冰冻灾害取得重大阶段性胜利之际》，2月18日头版头条推出。这篇报道从篇幅到影响，堪称此次抗灾期间所有报道之最，也为前段的抗击雨雪冰冻灾害取得的胜利"立了一座丰碑"。北京工商大学传播与艺术学院范敏撰文这样评价："通过精巧的构思、紧凑的结构、娴熟的语言，综合运用片段、闪回、穿插、剪接、反复等蒙太奇元素，用平面的文字为历史留下了一段立体的影像。"

2009年4月初，根据报社编委会的指示，记者部组织小分队前往汶川地震灾区与四川记者站同志一起，实施灾后一周年特别报道任务。我叮嘱采访小分队要"抓大放小"，有所为有所不为，突出重点，集中精力，重点经营好两篇重头报道，以大气势、大手笔、大篇幅全面展示抗震救灾、灾后重建一年来的巨大成就，全面反映在党中央、国务院坚强领导下，全国人民与灾区人民携手共建家园的精神力量。

最终，《重整山河织锦绣——献给重建家园中坚韧不拔的四川灾区人民》于5月11日在二版以一个整版的篇幅刊发、《"胜利一定属于英雄的中国人民"——献给抗震救灾恢复重建一周年》于5月12日以二版整版和五版大半个版的篇幅刊发。两篇报道都以"动情但不煽情，厚重但不沉重；展示更要揭示，回望更要展望"为主基调，全景再现、纵深展望抗震救灾和灾后重建的伟大历程，以人载事、以情动人、文风清新，巧妙地将"硬任务""软着陆"，提高了可读性，打了一个漂亮仗。

这两篇特稿"砸"下去，雷霆万钧，与12日刊发的任仲平文章一起发力，在"5·12"这个关键时间节点形成舆论引导强势，掀起本报纪念汶川特大地震一周年的报道高潮，体现了人民日报全国新闻战线排头兵、旗舰的水平。所以说深度报道是重武器，是重磅炮弹，甚至是原子弹，不鸣则已，一鸣惊人。

做好重大突发事件中的深度报道应处理好三个关系

1. 处理好"前"与"后"的关系

从过程来看，有一种观点以为，深度报道就是前方记者在采访、写作上下足了功夫的结果。其实，深度报道，尤其是重大突发事件中的深度报道，不能仅仅依靠前方记者的采写，我们许多有影响、有分量的深度报道都是前后方互动、策划先行的成果。

吴恒权总编辑对《在一起，人民有了主心骨——青海玉树地震大救援纪实》一文做出批示："青海玉树地震大救援纪实是17日晚上很晚才安排的，在达发和张忠同志的组织下，迅速完成了近万字的长篇通讯，夜班即时安排在哀悼日前一天见报，这就是前方和后方,白班和夜班,采访和编辑密切配合的硕果。"这篇报道由总编辑亲自策划,副总编辑悉心指导,总编室积极支持。

同样的,2010年7月23日一版出导读、六版整版刊发青海玉树地震后百日特稿《聚力托举新玉树》,成为中央媒体中进行报道的首家。这篇报道是早在玉树抗震救灾大规模集中报道告一段落之际,我们就着手策划的一个重点报道选题。

汶川抗震救灾报道中的《气壮山河的生命大营救》一文则是由后方编辑撰写完成的,后方编辑虽然没去现场,但通过全盘了解前线记者发回来的大量报道素材,能够全面把握新闻报道的点与面,整体与局部,亮点与盲点的关系,更有利于控制稿件的广度,挖掘稿件的深度。这是新华社等单位在突发事件中推出深度报道惯用的操作手法。

正如杨振武同志所言,现在很多深度报道,已不再是单靠记者一人采写了,许多重大的、有深度的"独家新闻"都是新闻媒体精心策划、记者深入采写、编辑妙手配合的产物,是多方合作的成果。

2. 处理好"文"与"图"的关系

从表现形式来看,似乎只有文字才能更好地展现报道的"深度"。但是,我们决不能片面地把深度报道理解成新闻报道的一种体裁甚至篇幅,而应将其理解成一种思维方式和新闻理念,并且在这种理念指导下进行报道。

人民日报社正逐步形成报纸、手机报、网络等传统媒体与新兴媒体并举的传播格局,我们的记者也应该不仅能写文字,还要会拍图片、会做音频、视频新闻。人民日报记者站改为分社以后,其中重要变化就是记者不仅要为报纸写稿,而且要为报社所有媒体服务,当"全天候"、"全媒体"记者。张研农社长在很多个场合都提到,今后我们人民日报记者要成为多栖记者、全媒体记者。

掌握先进传播技术以后,传统媒体的记者凭借良好的职业素养和专业训练,在抢时间上完全可以跟任何形态的媒体相比。这里有两个条件,一是要掌握现代传播技术、摄影、音视频等。这些技术只要善于学习,都可以掌握,年轻记者要学习,老同志也要学习;第二个条件是良好的职业素养,这是指吃苦精神、新闻敏感等。有了这两条,我想我们提倡的首发率、原创率、转载率就会提高。

3. 处理好"公开报道"和"内参"的关系

不是所有的突发事件都应该公开报道,但所有的突发事件都应该上报。报不报道是报社决定，反映不反映取决于记者。

乌鲁木齐"7·5"事件发生后，由王慧敏、戴岚、曾华锋、刘维涛、龚仕建、王南和人民网记者组成的本报前方报道组，虽然遭遇了歹徒袭击，经历了生与死的考验，但他们毫无畏惧，坚持深入一线采访，一方面通过公开报道，如《爱心抚平创伤 团结凝聚力量》、《各族同谱正义曲——乌鲁木齐"7·5"事件各族群众互相援助速写》、《"民族团结是生命"——新疆医科大学各族师生团结护校记》等等，在谴责一小撮暴力犯罪分子破坏新疆社会安定局面的同时，更是旗帜鲜明地捍卫祖国统一、民族团结、社会稳定的大局，有力有效引导舆论，不让敌对势力不可告人的企图得逞。另一方面，他们在关键时刻向中央及时反映有关情况，为中央决策提供了准确信息和参考，履行了党中央机关报记者肩负的职责与使命。

（作者系人民日报社文艺部主任，时任人民日报社地方部主任）

第九篇

深入一线不缺席　精心策划叫得响
——如何做好重大主题报道

1. 怎样把《经典中国》写得更好些

钱江（2004年9月24日）

>>>《经典中国》专栏创意精彩，但要在这1750字中将历史与现实糅合到一起，做到起承转合，上下呼应，有内涵，有文采，实在是极见作者功力的

6月28日至9月20日，本报《经典中国》专栏已刊发稿件38篇。我经手编辑这些专栏稿件，很有一些感受，与大家交流。

记者部记者是撰写《经典中国》的主力军，现已完成总任务量的一半左右，很有必要进行总结，梳理经验教训，以期把今后的《经典中国》采写得更好。

1. 弄清楚基本史实是写好《经典中国》的前提条件。

坦率地说，《经典中国》专栏创意精彩，但要写出经典之作来，颇为不易。这首先是因为《经典中国》属于大题材写作，当题目涉及历史的时候，要写的都是中国现代史上的重大事件（如建党、红军长征等）、重要人物（特别是领袖人物如毛泽东、邓小平），而且，这些重大的历史事件和人物又要和今天的当地发展联系起来，要求记者找到连接历史与现实的纽带。

可是，专栏给出的文字量又是很有限的：正文1500字，"编者的话"250字。要在这1750字中将历史与现实糅合到一起，做到起承转合，上下呼应，有内涵，有文采，实在是极见作者功力的。几位写过了《经典中国》的同事在文章发表后与我交流，都谈到为写好这篇文章下了不小的功夫。"事非经过不知难"，我认为他们说得很实在。

要写好《经典中国》，首先要弄清楚基本史实，阅读相关历史资料，不明白的地方要及时询问。为了尽快了解情况，可以向各地党史办的专家请教，及时了解他们在研究这个课题上的新成果。如果可以在文章中加以引用，往往起到"往事新传"的效果。

2. 把握现实与历史之间的联系，是将《经典中国》写出新意的关键。

《经典中国》文章总要涉及历史，但描述历史不是记者的主要任务。在过去的采写中，曾有几位作者在历史部分中花费笔墨偏多，结果整体比例失衡，还给修改全篇带来了相当的困难，这个教训值得记取。

以我的体会，在《经典中国》的篇幅中，现实部分是主体，应占主要分量，这一点不可含糊。涉及历史的部分可以大致控制在四分之一的篇幅。然后就要通过一个转折笔，转入对现实的描述。

这种转折之笔要运用得自然，以不见斧凿痕迹为上品。有的记者采用当事人介绍的方式转折，即引用一个人（通常是当地领导人）的话，说出"今天这个地方已经发生了巨大的变化"等。这个方式可以用，但不宜多用，而现在采用这种方式的文章已经有一些了，再用即有雷同之感。这也是这个专栏文章越写越难的原因之一。

历史和现实是有必然联系的。比如说写红军走过的地方，有些地方是有标志建筑的，比如纪念碑、历史旧址等等，吸引了今天的人们。对这样的历史痕迹要倍加珍视，要细细观察，写出新意。如果没有，就需要作者做更深入的发掘，通过寻找当事人、或当事人的后代等方式来加以实现。

3. 从现实切入是写好历史大文章的重要途径。

千万不要由远及近，逐一道来，如果这样请历史学家来就行了。记者写历史，要从最近点切入，从新鲜点切入。最好从亲眼所见的近点写出开篇。由于有这个要求，凡是对此专栏进行了现场采访的，写来就比较传神。

4. 虽然篇幅不长，还是要尽力寻找生动的小故事、小事例，使得文章生色，这是写好这个专栏的小诀窍。过去有的来稿叙述和评介、总结过多，读起来平淡。请作者加以修改，填入事例，文章就顿时生色，还获得了中宣部阅评组的好评。

（作者系人民日报社新闻研究中心副主任，时任人民日报记者部副主任）

2. 在打磨重点稿中锻炼提高
——采写《经典中国》"重庆篇"有感

崔佳（2004年10月8日）

>>> 通过这篇稿件的采写与打磨，我的突出收获有两点：一是要学会放弃"求全"思想。二是扣题不要光图形式，而要以事实来扣

《经典中国》"重庆篇"——《红岩热土见证山城新发展》于9月20日见报后，受到中宣部新闻阅评小组的肯定，称赞记者以洗练而细腻的笔触抚今追昔，叙说重庆交通、城建和人民生活发生的变化，生动地昭示了红岩精神在新的历史时期使山城发生的沧桑巨变。

这篇报道在当地也得到好评。重庆市文化局副局长、重庆红岩革命纪念馆馆长厉华给我打来电话，他说几乎所有的中央驻渝媒体都采访了他，刊播的稿件他也都看了、听了，觉得本报稿件胜出一筹，一是史实清楚，不蔓不枝，二是主题集中，具体事例生动，较有说服力。他提到有的媒体把红岩村与歌乐山写成一回事，引起了南方局老同志的意见。还有的媒体洋洋洒洒2000字，但内容显得空，且主题"硬贴"痕迹较重。

但我觉得很惭愧。稿件前后改动了3次，给部领导和编辑组同事增添了不少麻烦。如果说最后的稿件还算合格的话，也是部领导和编辑功劳居多。在这里想说的是，通过在总部指挥下打磨重点稿，自己经受了锻炼，确有很大心得，写出来就教于大家。

《经典中国》系列稿件自推出以来，上上下下都很关注，当站长把采写"重庆篇"的任务交给我时，我既感到光荣又觉得有压力。是来自总部的关心与指导为我树立了信心。江绍高副总编辑来渝开会时鼓励我认真采访，放手写作，并要求"写得活一些"；钱江副主任布置任务时，结合已发报道的经验与遗憾以及他本人对红岩历史的了解，给了我很多具体指导意见，讲了包括史实叙述与当今成就间的篇幅比例、内在联系和侧重点等等，让我的采访找到了方向。

虽然今年"红岩"稿件已写过多篇，但我仍觉得此稿有些难度：怎么把"红岩精神"与新重庆发展有机地联系在一起？采访中我反复问红岩纪念馆馆长："您觉

得红岩精神的实质是什么?"他回答是"出淤泥而不染,同流而不合污",我又翻阅了南方局65周年座谈会全部发言材料,老同志和专家们的见解不尽一致,但"不畏艰险迎难而上"和"创造性地开展工作"被很多人认可。于是我想,尽量往这上面靠吧,初稿写成1800字,写了些"红岩老人"对新重庆的感受,又把重庆直辖后几大方面成就点了点,自己不是很满意,但自我感觉把握住没有跑题。

编辑组很快反馈回来,稿件要动!陈伟光提了几条意见,都切中要害:史实部分还是长了,成就部分点得多但不透、不具体等。他建议不如专写一个大方面,比如交通。指令明确,赶紧动手,好在交通这块比较熟悉,于是完成了修改稿。交稿时间不长,钱主任打来电话,总体上肯定第二稿,但因原稿一些评述性语言被精简,字数尚有空间,要求我补充一个具体事例使文章生色,另外再把"红岩村"名字的由来简单交代一下。虽然是小动,我还是费了些脑筋,选来选去,决定写重庆最偏远的区县城口:因为路通了,城口的山货卖进了主城,主城的"红岩联线"也联到了城口,这不是既和交通有关,又和红岩有关吗?材料补充上去,得到了钱主任的表扬,最后见报稿中这部分被比较完整地保留了,当地同行也觉得这事例选的好。

在沟通交流过程中,钱江同志几次说道,别小看这1000多字的稿子,写起来不容易,编起来也不好编。看到见报稿,我发现仍有许多改动,从中我学到了很多东西。比如"编者的话",我原来写的评述性语言偏多,不精练,高度也不够。见报稿则点明:"红岩精神不仅是中国革命取得胜利的力量源泉之一,也是我们今天全面建设小康社会的宝贵财富。"文章结构也有所调整,把新鲜的事例放在了最前面等等。对照原稿,虽篇幅短了,但事实部分都在。

通过这篇稿件的采写与打磨,我的突出收获有两点:一是要学会放弃"求全"思想。因为是重点稿,不知不觉总想把成就写得全面一点,但实际上再重要的稿件也是新闻,要从新闻上切入才好,不能写成汇报文件。而且稿件篇幅总是有限的,"求全"往往会伤及具体事例,这是新闻之大忌。面面俱到不如把一面写深写活,这个原则在实际采写中却容易被忽略。二是扣题不要光图形式,而要以事实来扣。最初我写此稿生怕被责"扣题不紧",所以原稿中自己经常"跳出来"以议论语言往主题上贴。伟光打电话时有一句话让我豁然开朗:"扣题不要勉强"。我理解这话的含义就是要用事实来扣,而不是怕读者不明白自己跑出来说。是啊,把事实事例摆好,读者自会明白你的主题,何必画蛇添足去议论呢。

(作者系人民日报社重庆分社采访部主任)

3. "小分队"也能发挥"主力兵团"作用

郑少忠（2005年9月21日）

>>> 近两个月来，我们驱车一万多公里，采访了西藏20多个县的30多个乡镇，面对面采访300多人，现场目击了珞巴族村民的村委会改选，现场抓拍了83岁的藏族老阿妈抱着援藏干部、高唱《北京的金山上》等感人画面……

7月中旬到9月上旬，报社派出了包括总编室陈陆军、刘龙，西藏站郑少忠、徐锦庚和山东站何勇的"五人赴藏小分队"，进行西藏自治区成立40周年的前期宣传报道和随中央代表团赴藏宣传报道。期间，我们先后在人民日报发稿31篇，图片18幅，海外版9篇，人民网发稿60多篇。可以说，我们的规定动作完成漂亮，自选动作表现出色，徐锦庚采写的贾庆林同志的几个侧记更是得到了中央领导同志和中央代表团成员的普遍好评。

作为前方记者，作为这次战役报道的"前线指挥员"，我以为，此次报道战役能够取得成功，主要是把握好了以下几点：

一是谋划在前，充分准备，做到胸有成竹。

西藏举世瞩目，西藏自治区成立40周年的报道更是非同小可。今年4月8日，王晨社长专门嘱咐我和徐锦庚：西藏这几年大事多、喜事多，今年是自治区成立40周年，明年是青藏铁路通车，你们一定要深入基层、深入实际、深入群众，及时报道西藏各方面的成就，争取在宣传报道上做出新成绩。

我和徐锦庚4月中旬进藏后，一直忙于熟悉情况和"祁爱群"等重大典型的宣传报道，但40周年大庆报道这根弦一直绷得紧紧的。

7月初，我回报社休假，好几个晚上专程向曾在西藏工作10多年的张忠同志请教，随后向记者部龚达发主任专题汇报报道设想。回西藏前夕，我专门请示了米博华副总编辑和张研农总编辑，领会他们对西藏报道工作的指示精神。米总指示我，要出彩就要有神；张总指示我，不唯量要求质，要把标题做好、把眼睛擦亮。

随后，我还在网上调阅了西藏自治区成立30周年、20周年、10周年及西藏和平解放50周年的所有报道，查阅了广西、宁夏、内蒙古自治区成立50周年的资料，查阅了《人民论坛》《人民时评》《今日谈》等栏目的大量文章，从中提炼西藏报道的"精气神"。

二是站长要定好位、服好务，争先不好强，领跑不抢跑。

写稿是记者站"第一要务"，站长是首席记者，一定要身先士卒，靠前指挥；但站长不能把自己混同于普通记者，只顾自己往前冲，要立足于抓大局、抓协调、带队伍、出人才，要争先不好强，领跑不抢跑，要鼓励、帮助记者争先创优、早成名、早成材。在采访第二阶段即中央代表团赴藏采访活动中，我和记者站全体同志甘当配角，全力为徐锦庚提供后勤保障服务，为他提供基础背景材料。徐锦庚不负众望，"以一当十"，高质量地完成了任务。

我们"小分队"加上摄影记者4个人（陈陆军同志8月初回京值班），采访时天各一方，联系诸多不便。在和徐锦庚、何勇、刘龙电话商量后，我就前期报道的8篇文章的写作风格、标题制作、内容框架提出了明确意见，最后各司其职，成稿后相互修改，最后所有稿件基本上都是一遍成功。

三是勤汇报、多沟通、敢决策。

西藏报道政策性强，加之此次报道计划变数大、采访难度大，及时汇报、多方沟通、果断决策显得格外重要。按照报社安排，7月底本报采访组原定的3篇报道已经完成采访任务，即将进入后期写作。7月27日，中宣部组织10家中央新闻单位8月1日起赴藏采访，采访内容与报社原定方案大相径庭。我当即决定采取"并轨措施"，调整报道思路。对采访中拿不准的问题及时请示。

近两个月来，我们驱车一万多公里，采访了西藏20多个县的30多个乡镇，面对面采访300多人，现场目击了珞巴族村民的村委会改选，现场抓拍了83岁的藏族老阿妈抱着援藏干部、高唱《北京的金山上》等感人画面……从而更加深切地感受到党中央、国务院作出的包括援藏在内的一系列重要决策的睿智和英明。我们几个暗下决心，一定要用我们的笔和相机，把党中央的关心、全国人民的支援、西藏各族人民的艰苦奋斗写活、写好，把西藏自治区成立40周年的巨大变化写出彩，否则就对不住为西藏工作作出了巨大牺牲的援藏干部，就对不住在西藏这块土地上默默奉献了几十年的西藏人民，对不起培养我们的人民日报社！

可以说，我们关键时刻没有掉链子，我们的采访"小分队"发挥了"主力军团"的作用。

（作者系人民日报社辽宁分社社长，时任人民日报驻西藏记者站站长）

4. 既当指挥员 又当服务员
——组织《社会公德》栏目报道小结

施娟（2006年2月24日）

>>> 这次报道取得成功，除了记者的辛勤劳动和版面的精心安排，很重要的一点是发挥了编采互动的作用

本报"社会公德"专栏于2005年12月8日开栏，至2月20日，共刊出稿件50篇，其中记者部提供36篇，占72%，再次发挥了报道主力军的作用。第627期《新闻阅评》认为该栏目坚持"三贴近"原则，把这一宣传搞得很鲜活、生动、很容易入脑入心，文字短小精干，评点鞭辟入里，富有文采。张研农总编辑批示："'社会公德'做得精心，坚持现有水准，实属不易。言论质量也在提高。"

这次报道取得成功，除了记者的辛勤劳动和版面的精心安排，很重要的一点是发挥了编采互动的作用。从"落实科学发展观"系列报道开始，记者部大型报道任务设专人协调，负责到底。不仅保持了工作的连贯性，明确责任，避免"掉链子"，出差错，而且提高了报道质量和水平。这次"社会公德"专栏的报道，我们也采取了这种方式，编辑既当指挥员，又当服务员，取得了较好的效果。积极组织稿件，保证栏目稿源。栏目开办之初，为迅速组织到稿件，我们在向记者发出约稿信的同时，主动向一些快手约稿。蔡小伟、杜峻晓等记者很快响应，报来选题，在开栏之前向总编室提供了几篇备用稿件。稿件见报后，起到了很好的示范效应，其他记者纷纷来稿，保证了栏目不断线。版面要提前请人为稿件配漫画，我们确保总有3、4篇稿件备用。

随时根据栏目的变化，指导记者进行调整。2006年1月中旬，中宣部发来通知，要求栏目刊用一些反映旅游景区、公交站点等场所社会公德的稿件。此时正值国内记者工作会议，我们抓住会议的间隙向记者约稿。会议结束后，《昆明火车站：春运忙而有序》、《西湖：开放的文明》等稿件相继见报。

主动与记者沟通，共同策划选题、确定主题。刚开始，记者报来的选题多有雷同，或者不是很切合栏旨。我们要求记者采写之前必须先报选题，经过商议确定主题后再采写。我们也通过互联网、新华社电稿库等搜集一些选题线索，在记者部传

输网上公布,供记者参考,或直接向记者约稿。

深圳的义工组织发展得比较好,此前深圳记者刚好写来相关主题的稿件,我们向深圳站约写义工的稿件,经过多次沟通,最终确立的选题角度、立意比原先有了提升:在义工精神的激励下,帮助别人的义工在自己遇到困难时,人们也向他们伸出了援手,形成了爱心接力,爱的奉献得到了回报,形成了良性循环。《深圳:爱心接力十六载》一文和短评顺利出炉。

《重庆:"零公里"标志数次被毁拷问市民游客素质》一稿,原是作为记者来信发来的,一直没有被版面选用。我们浏览稿库时发现该稿后,认为很适合社会公德栏目。立即与作者余继军联系,配写短评。稿件刊出后收到了较好的反响,重庆市委书记汪洋要求重庆市委宣传部就此类社会公德问题,在重庆市级媒体上组织开展讨论,通过舆论引导,提高市民公德意识和文明程度。

湖北站记者张志峰采写的武汉大学将推行"无人监考"的稿件,其时文化新闻版已选但尚未刊用,与记者联系后得知版面想在无人监考施行之后再做这个选题。此时社会公德栏目正缺诚信方面的稿件,于是我们和记者商量将该稿件先用在社会公德栏目,并请记者配发短评,这就有了《武大推行"无人监考"》一文。

此外如《超市购物商品怎能随意放》、《百步亭人爱整洁》等稿件都是我们提供线索由记者采写而成。

在组织报道的同时,我们坚持精心编辑每篇稿件,一些稿件返回记者几次修改,并请擅长言论的记者为稿件配写短评。

此次专栏的组织报道也留下了一些遗憾。如选题的面再广泛一些,文风再活泼一些,言论再精当些?专栏将更加出色。

(作者系人民日报社地方部新闻编辑室副主编,时任人民日报记者部编辑组编辑)

5. 把握新闻的"虚"与"实"
——采写《潮起北部湾》体会

李红梅（2006年8月11日）

>>> 如此大而"虚"的选题，要落脚成一篇新闻稿，如何把握这种"虚"题材写成"实"新闻？我的体会是，找准事物发展的关键点，——攻破之

7月14日，我和郑盛丰站长合写的长篇通讯《潮起北部湾》在本报经济新闻版刊出，并被各大新闻网站转载，也得到自治区党委的赞赏。可回忆写作过程，至今仍大汗淋漓，因为这篇稿件是我们的新尝试，即采用"虚""实"相间的办法把握大题材、新领域的新闻写作。

为了这篇稿件，我在郑站长指导下，准备了约1个月时间，先后下载查阅相关资料几百篇、文件几十份，翻阅区域经济书籍三四本，采访三四个地市，访问相关人士若干，研究了以前报道。尽管如此，还是觉得准备不够，总觉得是匆匆下笔，自己修改三四次，期间经过郑站长、北部湾（广西）经济区规划建设管理委员会负责人、版面编辑指导修改三四次，才得以刊发。

如此大而"虚"的选题，要落脚成一篇新闻稿，如何把握这种"虚"题材写成"实"新闻？我的体会是，找准事物发展的关键点，——攻破之。

"虚"的主题落脚在关键点

按照新闻的定义，新闻是新近发生的事实的报道。而区域经济观察通篇要谈到北部湾地区的加快开放开发，谈它的潜力及未来的发展。这些都不是新近发生的事实，都是比较抽象的东西；按照新闻的价值来看，这条所谓的"新闻"谈不上太时新，对全国人民来讲只是一个地区的事情，接近性、重要性又欠缺了一些；从经济新闻的价值取向来看，有用性、广告性似乎也都不太沾边。

这样看来，北部湾地区发展似乎没有新闻价值。但是转换视角，从历史角度来看，泛珠三角开发、中国—东盟自由贸易区、大湄公河次区域开发等几大机遇叠加，这片地区确实面临从未有过的历史机遇；从全国层面来看，沿海地区未发展板块不多，这一块的发展将很有可能在种种有利机遇的推动下，成为中国新增长板块。我

眼前一亮，原来这就是它的新闻价值。

理论上是这样，可是怎么把这个主题写"实"？我又采访了几名专家，听听他们的意见。我注意到，这块区域要加快发展，成为中国新增长板块，还需要克服很多困难，这些困难包括行政区域的协调、要素的流通障碍、市场的分割等区域发展通病，也包括自身基础薄弱等因素。我们不禁要问，区域发展重点在哪里？能够拉动区域发展的动力源在哪里？于是，这两个问题成为我在文中着重提出并讨论，试图摸索其解决之道，寻求启示。

写作"虚""实"相间

下笔的时候，我意识到，这类文章既不能是"报喜式"，也不能是"证明式"，也不是"措施+效果式"，更不是"广告式"，总之，由于主题与领域的宽广，与之前的各种经济报道类型截然不同，无法套用。从以上我分析的文章主题来看，似乎谈这片地区的发展过程比较合适。

事实上，经济发展过程往往是大家比较关注的。原因有二，一是发展中如何克服各方面问题，值得大家借鉴；二是向人民群众揭示困难现状，做好准备，合力度过难关。这个过程往往是新闻集中发生的过程，因此，关注这个过程，写出经验，合乎经济新闻写作要求。

经过这一番剖析，文章的写作思路基本已定，即是写出成为中国新经济增长板块的潜力，以及发展过程遇到的关键问题探讨，我把它称为"虚""实"相间的写法。

"虚"的方面，我欠缺些，提的高度不够，还得站长出手。"实"的方面由于盯住了问题，直击关键，做了一些分析。提高度，谈要害，这种"虚""实"相间的文章构成法，结合述评的新闻写法，在我是新的尝试。

实际上，我直到现在心里还发虚，总觉得文章应该挖得更深些，采访再多些，翻阅资料再多些。但是转念一想，缺憾也许正促成我对这个问题长期关注。

（作者系人民日报社经济社会部记者，时任人民日报驻广西记者站记者）

6. 驻站记者要善于抓住重大问题
——《福建全省推进林权制度改革》采写体会

蔡小伟　赵鹏（2007年3月16日）

>>> **两年多积累的丰富素材，使我们在写作过程中游刃有余。但在选择素材时，我们注重提炼而非累加。由点及面，由面及里，层层推进中全部用实例过渡，行文因而比较流畅**

本报新近评出2006年度精品奖，《福建全省推进林权制度改革》（2006年2月12日头版头条）有幸入选。作为这篇消息的采写者，回顾这篇报道，我们有三条体会：

（一）记者要善于抓住重大事件，小地方也出大新闻

作为一名驻地记者，接触的题材多是一省一地所发生的事件，不易像总部记者那样相对频繁地接触到事关国计民生的重大事件。但事实上，许多重大事件，包括事关国计民生的方针政策的出台，往往是源于地方的实践。从这个角度看，大事来源于小事，局部隐含着全局。驻地记者必须具备能把握全局的一双"新闻眼"。古人说：风生于地，起于青萍之末。能否见微知著，月晕知风、础润知雨，是对一线记者的综合考验。

（二）涵养题材犹如精心育苗，重大新闻需不断挖掘

面对重大新闻，记者，特别是党报记者，还要考虑在什么时候报道，怎样报道，报道到什么程度，才能取得良好的舆论引导效果。好奇、敏感、冲动，应可视为记者职业的本性。失去了这种本性，也就失去了从事这份职业的原动力。但仅有这三点，最多只是一名"职业化记者"而不是"政治家记者"。党报讲究的就是要政治家办报，作为党报记者特别是党中央机关报记者，需有一种政治家记者的气度和敏锐。

面对迎面来的重大题材，正确判断报道的视角、内容、时机，往往成为决定这一题材生命力的关键所在。这就需要"对报道题材进行涵养"。所谓"涵养"，就是

要等待、捕捉这一题材深度发展、广度蔓延、规律廓清、制度完善的最佳时机。这种"涵养",既是素材积累的过程,更是主题的提炼过程。如果把新闻素材比喻为树苗,那么报道者的思想活力就是水。记者要用思想之水,去培育一棵棵新闻大树。

(三)重大事件报道要精选素材,行文简洁清新

对于新闻报道,特别是消息写作,不同记者有不同的风格。风格不分好坏,简洁最是关键。流畅胜于文采、事实胜于说理,这是我们一贯追求的。

这则消息全文 900 余字。在行文用语上,我们突出了群众语言的使用,例如导语中"现在这山定了权,树定了根,咱的心也定下来了!"群众用语的使用,增强了文章的生动性,活跃了全文表达。直接用语的使用,既增强了可信度,也使行文表达更为简洁。

由点及面,层层推进,是本文写作结构上的另一特点。两年多积累的丰富素材,使我们在写作过程中游刃有余。但在选择素材时,我们注重提炼而非累加。由点及面,由面及里,层层推进中全部用实例过渡,行文因而比较流畅。

(蔡小伟系福建省委宣传部副部长,时任人民日报驻福建记者站站长;赵鹏系人民日报社福建分社采访部主任)

7. 好东西要捂
——《一湖清水向长江》采访随感

贺广华（2007 年 12 月 19 日）

>>> 做新闻，快与慢是相对的。瓜不熟不甜，饭不熟不香。有时候，急于把新闻做出来的，效果不见得好，且有可能因事物起了变化而被动狼狈，甚至贻笑公众

（一）

做人，有涵养则有气度；做事，有涵养则有风度；做新闻，既是做人，又是做事，涵养二字亦不可或缺。

之所以这么说，是因为在地方呆久了，常常会遇到一些说不清道不明、剪不断理还乱的事儿，既需要自我克制，以免感情用事；又需要理性冷静，从容观察思考。

话说为洞庭湖治污，湖南痛下决心，于今年 3 月底将湖区 234 家小造纸厂全部关停，国务院领导同志称之为"全国减排的一大亮点"。对于这样一个重大新闻线索，作为驻地记者，自然不能也不会轻易放过。

但如何做出高出一筹的报道，却颇费思量。

（二）

6 月初，湖南省委书记张春贤来报社拜会社长王晨、总编辑张研农，对本报有关湖南减排治污报道给予好评，并希望继续支持。王晨社长指示湖南站重点关注，并要求写出高质量的报道来。

遵照社长指示，6 月中旬，我们再一次沿洞庭湖区调查采访，虽说小纸厂全部关停了，但历史的经验告诉我们，洞庭湖区自上个世纪九十年代中期起，大规模整治小纸厂污染不下三回，每回都是一阵风，不仅死灰复燃，且愈演愈烈。

这一回，虽说中央动了真格，湖南省委、省政府动了真格，但是否会像过去那样，风声一过又走过场？我们不太放心。

不放心，就要沉住气，继续跟踪观察。

（三）

就在我们耐着性子以观后效之际，各大媒体时不时地有相关报道出来。特别是中央电视台，派来了大队人马。

那阵子，节能减排是各大媒体的热门话题，洞庭湖治污又不时有新的进展，我们该参加的活动都参加了，该开的新闻发布会也都去开了，但就是一字不写。湖南省委宣传部领导同志问何故，我们就卖关子：不急嘛！

一晃近3个月。9月初，待别的媒体偃旗息鼓或班师返京之后，我们四进洞庭湖区，一路所见所闻，耳目一新，力度之大、效果之好，超出我们的想象。

更让我们兴奋的是，洞庭湖治污已从造纸业悄然延伸到了化工、苎麻、城市生活污水处理等多个领域，而这些，还没有媒体做过相关报道。

（四）

好的机遇是等出来的，好的作品是捂出来的。

因胸有成竹，文章一气呵成。主标题"一湖清水向东流"，化用"一江春水向东流"，是一时灵感所至，感到既大气又有些诗意。

三个小标题："水清了，鱼多了，湖区生态改善了；关住了，停稳了，猫鼠游戏结束了；警醒了，触动了，新的攻坚开始了。"痛快淋漓，乃是激情所至。

9月13日晚，我们将报道发回报社，总编室值班主任和值班总编辑慧眼识珠，当晚确定为头版头条稿，于次日刊出。

文章见报时，文字及小标题都没动，但副总编辑马利把主标题改了两个字，变成《一湖清水向长江》。什么是一字之师，这回马总给我们上了生动的一课。

（五）

报道刊出后，引发了较大社会反响。不仅得到编辑部领导和同仁们的肯定，得到湖南省党政主要领导的好评，还被众多网站转载。

湖南省委宣传部领导称："这是洞庭湖治污众多报道中迄今最大气、最出彩的一篇，挖掘出了新看点，写出了新意。"

中国社会科学院李培林研究员在读了本文后，特意给湖南省委书记张春贤同志去信，并写了一篇读后感。

记者部编辑组同仁在每周稿件"评点"中认为："它与众多的节能减排稿不同，

记者经过深入采访、细致考察和周到分析，在文中既体现了中央的大政方针和工作要求，又结合了地方的具体工作和实际困难，全文以数据和事实说话，回答了关停效果怎么样、关停以后怎么办的问题，兼顾了可读性和思想深度。"

（六）

这篇报道，虽非得意之作，却有得意之处。

它历经半年跟踪采访而成，体现了深入采访、理性观察的职业精神，以及精心涵养重大新闻线索的细致耐心；展示给读者的是很有吸引力的情境、现场，以及具有说服力的事实和思考。

它给我们自身诸多启示：做新闻，快与慢是相对的。瓜不熟不甜，饭不熟不香。有时候，急于把新闻做出来的，效果不见得好，且有可能因事物起了变化而被动狼狈，甚至贻笑公众。

洞庭湖治污报道这一仗，我们虽说在地方博得了喝彩，但往后的日子还长，我们希望笑到最后。

（作者系人民日报社江苏分社社长，时任人民日报驻湖南记者站站长）

8. 处处留心皆新闻

胡洪江（2009年3月23日）

>>> 参与全国两会报道，在紧张和忙碌之外，还有一个特别强烈的感受就是温暖。由于第一次参与全国两会报道，经验不足是必然的。我所在的政协采访组的不少领导、编辑、记者都通过不同方式给我鼓励，让我心头一暖。许多此前只见其名、不曾谋面的记者，大家碰到一起互相学习、交流、沟通，也给我不少有益的经验和启发

作为刚进报社仅8个月的新记者，又是第一次参与两会报道，难免生疏，所以不敢妄谈经验，有些体会和收获愿与同事们分享。

报道云南两会，为全国两会报道预热

我是今年1月底得知将参加全国两会报道的事，兴奋之余，也有些担心。以前只是从媒体上看别人报道两会，今年要亲自上阵，对于报道思路、方法、技巧、程序等全然不知，这如何是好？

春节过后，宣宇才站长特意安排我参加云南省两会的政协会议报道，让我提前预热，熟悉政协会议的特点、流程、提案情况等，使我有机会与部分政协委员有了提前的接触。

云南两会期间，我每天总能从政协会议上拿回一些线索，徐元锋以他的经验和新闻敏感与我一起甄别，帮我挑选出有新闻价值的线索，耐心地指导我应该从哪方面下手去写，同时为我提供丰富的背景信息。

侧重民生题材，两会系着千家万户的温暖

全国政协会议开幕的前一天晚上，我在一个朋友家碰到他的邻居过来串门，听说我是人民日报的两会记者，那位邻居大姐很认真地说，高安屯垃圾场的问题你再帮忙给反映反映，实在是太臭了。两会期间，有一天，我在驻地附近的公交车站候车，一个阿姨看到我胸前的记者证，主动上前跟我说，她收养了一个重聋女孩，今年已经18岁了，会一手漂亮的剪纸，"你能给宣传宣传，替她找个工作吗？"

面对这些普通的市民以及他们切身的困难，我无法一一回应，却突然意识到，

原来两会离老百姓的生活这么近，原来老百姓对两会和两会记者寄予了如此厚望。我暗暗告诉自己，在做好上情下达的同时，也千万不能忽略了下情上达，要多写反映民生疾苦、能为老百姓解决实际困难的报道。

带着这份沉甸甸的责任，两会期间，无论是旁听小组讨论，还是采访委员，我都有意将侧重点往民生方面倾斜。全国政协委员、北京师范大学学前教育系教授刘焱是我的第一个采访对象。她告诉我，我国还有20%的城市儿童和40%的农村儿童不能接受学前教育，许多民办幼儿园以盈利为目的，各地还存在着大量的"黑"幼儿园……她说，她曾在许多场合多次呼吁重视学前教育，加强对民办幼儿园的管理和指导，但收效甚微。我将她告诉我的情况以及她的建议写成内参，但愿能对此有所助益。

随后公开发表的《食品安全，怎么重视都不过分》（与余荣华、潘跃合写）、《加强食品安全可借鉴奥运经验》、《提高农业防御极端干旱能力》、《教育促公平　师生得实惠》等稿件也都与民生息息相关。

场内场外皆新闻，需要记者处处留心、善于发现

两会是新闻的富矿，无论会场内还是会场外，都不乏可写的新闻。但一开始，也曾有过不知从何入手的茫然，也曾有过连着三天没发出一篇稿子的焦虑，为此，还专门跟许多前辈记者发短信讨教过，他们告诉我：不要急躁，要处处留心，善于发现。

3月6日下午，我跟田丰一起去人民大会堂参加一场记者会，5位全国政协委员就扩大内需、农民工返乡、粮食生产等问题回答中外记者提问。记者会后，田丰跟我说，国家统计局原局长李德水在记者会上透露的"我国人均GDP突破3000美元"是一个重要信息，可以从"记者会侧记"这一"规定动作"中剥离出来单发一条消息。这一做法给我很大启发——要善于从程序性的会议中发现有新闻价值的其他信息。循着这一思路，我又在3月10日政协第二场提案办理协商会上，根据工业和信息化部副部长奚国华透露的信息，写出了《工业经济增长趋势出现积极变化》这条与政协会议并无直接关系，却对提振信心有着积极意义的消息。

会场内要留心，会场外也不能大意。3月8日，我在驻地旁听小组讨论。中途休息时，路过走廊，偶然听到一个声音说："北京奥运会给我们留下许多经验，并不局限于体育这一个领域……"我回头一看，原来是邓亚萍委员在接受一家媒体的采访。我当时正为不知道为体育界别写点什么而困惑，于是就停下来，想听听邓亚萍怎么说。她将奥运经验与时下备受关注的食品安全问题结合起来，提出"加强食

品安全可借鉴奥运经验"。我将她的建议稍加整理,发回报社,不想第二天竟见报了,真有"无心插柳"之感。

鼓励　协助　宽容:两会报道让我感受温暖

参与全国两会报道,在紧张和忙碌之外,还有一个特别强烈的感受就是温暖。由于第一次参与全国两会报道,经验不足是必然的。我所在的政协采访组的不少领导、编辑、记者都通过不同方式给我鼓励,让我心头一暖。许多此前只见其名、不曾谋面的记者,大家碰到一起互相学习、交流、沟通,也给我不少有益的经验和启发。在采访过程中,我还遭遇了一次不期而遇的"拒绝",幸得山西记者站安洋和鲍丹的协助,才使我顺利地完成了这一"规定动作"。

3月6日,我接到"深入开展学习实践科学发展观活动·代表委员访谈"约稿,让我采访全国政协委员、山西省教育厅厅长李东福。不想,连着约了两次,都被他以"我不想接受采访,教育界的其他委员也可以谈这个话题"为由拒绝了。眼看发稿时间临近,却不能按时完成任务,内心的焦急可想而知。无助之下,只得向山西记者站求助。我在电话中简单说明了情况,安洋热心地答应马上帮忙协调。果然,李东福委员很快就给我打来电话,表示配合采访。3月9日,《山西省教育厅厅长李东福委员:学校的一切工作都要为学生服务》一文如期见报。

在采访过程中,我也深切感受到政协委员们带给我的温暖。很多委员一听说是人民日报的记者,都格外重视,积极配合。有的委员在奋力摆脱一大帮记者"围追堵截"后,愿意停下来,给人民日报记者再说上几句。神七载人航天飞船总设计师顾问戚发轫是在晚上11点左右接受我的采访。采访结束后,他又详细地为我介绍了我国载人航天"三步走计划"。他说,"这些背景你不一定都要写,但了解以后对你写稿有帮助。"委员们平易近人、谦虚谨慎的作风,给我留下深刻印象。他们对我这个新记者的理解和包容,也令我由衷地感动。他们对于人民日报的重视,也让我更添了几分如履薄冰之感,对每一篇稿件、每一句话、每一个字都反复核对,力求准确无误。

然而,遗憾总是有的。最让我耿耿于怀的是,由于对我所负责的界别了解不够,难免会漏掉一些新闻点。遗憾之余,其实也是给我一个很大的提醒——在日常工作中,要多学习,多留心,多请教,多积累,力争做一个既广又专的记者。

(作者系人民日报社云南分社记者)

9. "西部采访，让我们补上了一课"

谢卫群（2009年11月4日）

>>> 跨区域采访，是这次辉煌60年主题采访的一次创新尝试，不同分社的记者组成小组，跨区域采访不同的省份，这对记者而言是一次很好的积累，开阔了眼界，而且学习汲取了许多新知

"经典中国·辉煌60年"西部组由上海分社的我、四川分社的魏贺、云南分社的胡洪江三人组成，是涉及省份最多的一个小组。由于时间协调的原因，我们采访的时间只有一周，在这么短的时间里，我们跑了西部12个省份中的5个：四川、重庆、陕西、内蒙和广西。在地方部领导及田丰、何昱华等同志及各相关分社的支持帮助下，我们按时完成了任务，《西部：大开发　大发展》如期发表，成都市等有关省市对报道给了表扬和肯定。

重大题材的报道需要人物与情感

一周时间，三个人同时采访完西部12个省市区，这是完全不可能的事情。怎样既保证一定的采访面，又能体现整个西部的变化，这是我们面临的突出问题。

我们的策略是，重点选择西部的几个省市区去采访，其它地区的情况通过第三方获得。事实上，一周时间，仅仅跑几个省市区也是很勉强的。为了在有限的时间里，做到有更多的收获，我们除了重点采访各省发改委领导，另一个重点就是寻找感觉和细节。为此，我们每到一地，时间再紧，都尽量找一两个点，访问普通的人，特别是农民、城镇居民。

这样做的目的，是为了使重大题材报道更丰满、更生动。按照规定，这组报道的篇幅只有4000多字，但是，材料是海量的。要在4000字里反映整个西部60年的变化容量真的是太小了，光是12个省的数据往里填都不够。重大题材的报道往往容易见事不见人，让人感觉宏大却不生动，篇幅很长，却难以给人留下印象。正因此，在时间非常紧的情况下，我们努力寻找西部变化的感觉和感受。这也是我们马不停蹄，有时一天跨三省的目的——尽可能地多感受。

在四川，我们深入蒲江县的一个山村，采访了农家乐的"女老板"；在重庆，

一到驻地，来不及休息，立即去乘坐重庆的地铁，感受山城交通的变迁；在咸阳，我们特意选择到郊外的农家院里吃饭；在内蒙，我们特地去访问了养牛户，走访了蒙族村民云妙丽。这些采访的内容都写进了报道中，有的放在了每个段落的开头，使报道既宏观、有历史感，还见人见事，有真情实感。这是我们这篇报道的一大亮点。

跨区域合作采访有创意，有收获

跨区域采访，是这次辉煌60年主题采访的一次创新尝试，不同分社的记者组成小组，跨区域采访不同的省份，这对记者而言是一次很好的积累，开阔了眼界，而且学习汲取了许多新知。我的感受尤其如此。

不到西部，不知道祖国之辽阔。到了西部，才深刻而清楚地知道，祖国的变化有多大，进步有多快，西部有多重要。平时，我身陷于上海的各式采访，感受到的是上海以及东部的发展进程，但是，当我们来到西部，才知道，不仅仅是东部，西部的发展步伐也在加快，而且快得超出了大家固有的想像。虽然每到一地只是浮光掠影，蜻蜓点水，但是，印象却很深刻。从繁华的省会，到优美的山村；从纵横交错的高速公路，到山村村民"生态是金"的认识，我们能深切地感受到西部和西部人从大到小，从物质到思想的转变。

这样的见识对我而言真的很宝贵。在过去的概念中，东部是中国经济的引擎，中国的产业由东向西梯度转移，但是，此行让我意识到，西部对国家太重要了，对中国的后续发展太重要了。全球金融危机之后，西部经济反梯度隆起，就是一个证明。由此，我更加强化了一种观点，上海及东部的繁荣不能代表整个中国，只有西部起来了，整个中国才起来了。这样的采访应该说让我补上了一课。

大协作出成果也受教育

不到西部，不知道人民日报地位有多高。到了西部，才清楚地知道，人民日报的人比报纸更好。此行采访，让我有机会接触了四川、重庆、内蒙古、广西分社的同志（路过陕西没进西安，所以与陕西分社擦肩而过），感受了他们的风采和活力。

8月底、9月初，正是各分社挂牌的紧张时期，但是，就是在这样繁忙的时候，所到分社，从社长到记者都给了我们许多的帮助和热情的接待。更重要的是，我们从各分社领导、同事那里也获得了许多思想与思路。郑德刚社长对我们的采访写作提供了许多思路，并分析了四川的重点和特点；余继军社长带领全分社记者与我们见面，也给了我们许多的灵感；内蒙古分社的岳富荣社长特地从外地赶回呼和浩特市，与我们见面，并给我们介绍了内蒙古的主要特色；而广西的郑盛丰社长，不仅给我们谈情况，还介绍采访体会和心得，其采访经历感人至深，催人泪下。从内蒙古到广西经停上海时，宋光茂社长也亲切地与我们交流思路和感想，虽然停留时间不长，但大家直接感受了东西部的对比。

这样一次采访，让我感受到了人民日报大协作的优势。可以说，西部篇不仅是西部报道组的结晶，也是西部各分社记者们的结晶。在此，我要向他们表示深深的谢意和敬意。

（作者系人民日报社上海分社高级记者）

10. 一次别具意义的采访

王建新（2009年11月4日）

>>> 对这次采访，我们给自己规定了一条铁律：没有经过亲身采访的事，一律不写进稿件；没有经过亲身采访的人，一个也不在稿件中出现

我和辽宁分社何勇、吉林分社孔祥武采写的稿件《东北：挺直脊梁担重任》，于9月17日刊发。这篇稿子在铺天盖地的国庆成就报道中，只是很不醒目的一滴小水粒，但仍获得一些肯定。吉林省委宣传部副部长姜凤国说，稿子很大气，结构很巧妙，写出了历史纵深感，写出了一个新东北。《光明日报》辽宁记者站站长毕玉才说，稿子构思巧妙，第一次从四个维度来观察评价东北，醒目准确，把一个难度很大的题目处理得很有可读性。

一次国情的再认识

国庆60周年，由地方部和国内分社负责东部、中部、西部、东北四个区域60年发展成就报道，其中一个采访小组由我牵头，我毫不犹豫地选择了东北。这其中的一点"小算盘"是：我出生和成长在"中部"湖南，曾在"西部"西藏做了4年多驻站记者，后又在属于"东部"的首都北京工作，和这三个区域都算有过较亲密的接触，而对于东北，除有过不到两天的大连经历外，其余均是一片"空白"。去东北，这是我最直接的选择。在东北前后近半个月，马不停蹄，有时甚至是夜行昼出，终于跑"遍"了东三省，去了吉林的长春市、吉林市、九台市，黑龙江的哈尔滨市、尚志市，辽宁的沈阳市、大连市。对我个人而言，半个月虽短，感受却可用"震撼"来形容，其中最强烈的一点是，我对东北，对国情有了一些新认识，虽然这些认识都是感性的、粗浅的。

东北资源那么丰富。在吉林省九台市，种粮大户李雨田一开口就让我迷糊了：他介绍的粮食单产在我看来，"高"得像个天文数字。我"刨根问底"，才第一次知道，东北的农田计量单位和我老家湖南是"两个体系"，他们用"大亩"，一"大亩"比我们那儿的"亩"大多了。我们那儿现在一人也就半"小亩"多一点地，而这儿一人随便就是好几"大亩"。黑龙江省一位部门负责同志告诉我们，黑龙江土地潜

力还很大："只要肯投入开发，黑龙江粮食再增产两到三成一点问题都没有。"

东北变化那么大。拿东北最具特色与优势的工业为例，正在改革中重新焕发活力。其国有企业数量减少了，但工业实力没有减弱，国有经济控制力反而进一步增强，一批关系国民经济命脉的大企业使东北仍旧保持着我国最重要的工业基地的地位。更让我们惊诧的是东北人观念的内在改变，东北那些著名的工业城市天那么蓝，松花江又恢复了清澈，紧邻吉林石化正建设化学工业循环经济示范园，大连獐子岛渔业即使牺牲产量也要保护海洋生态。

东北人那么坚韧。三省领导不约而同谈到，这些年，为改革"东北牺牲了整整一代人"。他们任劳任怨为共和国奋斗了几十年，可在改革中下岗了、失业了。但最可贵的是他们在这过程中体现出的韧性，即便是在"东北现象"最困难的时期，东北也极少因此出现群体性事件。60年，即便在狂风暴雨中，在艰难困境中，东北这个老工业基地的脊梁始终是直的，共和国长子的重任紧紧担在肩上。这其中，人是最关键的因素。

东北那么重要。新中国成立后很长一段时间，东北支撑起新中国的工业体系，其重要性显而易见。而今，在中国经济大棋盘上，东北振兴无疑是一招关系全局的妙手。在珠三角、长三角、京津冀之后，东北振兴必将形成新形势下具有独特优势和竞争力，带动中国经济发展的新增长极。

所有这些，对生活工作在东北和对东北熟悉的人来说，可能很平常，但对我这样一个"外人"来说，却是那么新鲜生动，那么真实深刻。经过东北采访，我最深切的感受是，对我们这样一个发展中大国来说，按照科学发展观的要求，推动区域协调发展有多么重要；对一个记者来说，"走出家门"，行万里路，去实践中增长见识，开阔视野有多么重要。

一次采访的再深入

按一般观点，这种大区域、大跨度的采访，关键是文章框架的设计和思路的提炼，至于现场采访和素材积累，则往往显得不那么重要，甚至有人说，这种稿子坐在家里写就可以了。我们也知道，这些年，各媒体写东北的东西非常多，现成的材料从网上随便就能"扒拉"到。但对这次采访，我们给自己规定了一条铁律：没有经过亲身采访的事，一律不写进稿件；没有经过亲身采访的人，一个也不在稿件中出现。

这次采访的题目时间跨度大：60年；地域范围广：整个东北三省。为此，我们精心设计了采访方案，主要从三个方面进行采访：第一，采访三省相关负责同志，了解全局情况。三省省一级发改委、国资委、农委等部门主要负责同志都接受了采访。第二，采写一些经历过东北60年发展的老同志和专家，先后采访了吉林省社科院院长邴正等。第三，选取一些有代表性的点和人采访，包括企业、农村、下岗再就业工人等。

亲身采访的好处是显而易见的，粗略地说，至少有几点：

一是准确把握情况。在采访有关部门负责同志时，他们都提供各省60年发展情况的材料，重要的时间关键点，如1952年（新中国成立之初）、1978年（改革开放）、2003年（东北振兴启动）、2008年的地区GDP、财政收入、居民生活水平，以及这些在全国的比重等都非常清楚，这对我们准确把握东北60年发展和东北对全国的贡献提供了很大帮助。

二是丰富稿件素材。我们选取的采访点可分为两部分，一是最能反映东北巨变的地方，比如一汽、沈阳市铁西区、北大荒等；二是选取一些富于历史与情感意义的点，比如我们特别花了一天时间，奔赴周立波《暴风骤雨》中的光腚屯原形——黑龙江省尚志市元宝村，这个"土改第一村"别具历史意义的变迁深刻地见证了东北60年翻天覆地的跨越。

三是提升稿件主题。一些采访对象尤其是官员与专家不仅谈历史，谈措施，而且谈思路，谈观点，在许多方面深化了稿件的主题。辽宁省一位发改委副主任谈到东北振兴对支持国民经济跨世纪发展的重要意义；邴正教授谈到如何认识新中国前30年和后30年东北对国家的贡献；吉林省委书记王珉在详尽的书面采访材料中，从他自己从沿海到东北的经历，阐述了对东北文化的看法。这些观点都拓宽了我们的思路，提升了稿件立意。

四是挖掘稿件亮点。在写东北对生态环境的重新认识时，原来准备也就是写写蓝天、清水等。但在采访中，我们发现了两个小例子，一是吉林市化学工业循环经济示范园对资源"吃干榨尽"，一是大连獐子岛渔业"耕海万顷，养海万年"。很明显，这两个例子能更深一层说明对生态的重视与呵护。

特别要提到，人民日报的影响力，地方部的指导与各分社的支持是采访顺利进行的保障。采访时，正值报社机构与职能调整全面推开，东三省分社刚刚挂牌成立，这在当地都产生了很大反响。许多领导和接受采访的同志都表示，近些年，能明显看到人民日报的变化，质量不断提高，影响越来越大。这无疑是我们采访顺利进行的最坚实"底气"。地方部的领导和编辑室的同志给了我们精心指导和支持。采写时，正是各分社挂牌高峰，但龚达发主任和张忠副主任仍抽出时间，组织制定和完善采访方案，直接指导稿件写作。编辑室多次和东三省分社沟通，安排相关事项，并精心修改稿件。

采访中，东北各分社都给予了最可能大的支持。刘亮明社长多次协调吉林省委宣传部领导，制定了详细的采访接待方案，并对生活做了周到安排。汪波社长牺牲周末休息时间，亲自接送站，同时全力协调采访活动，安排采访组生活。郑少忠社长组织省直多个部门负责人与采访组座谈，并多次带领采访组一同采访，悉心照顾采访组的生活。王金海副社长亲自联系采访单位，为采访组提供了极大的便利。分社其他记者和同志们也在采访和生活上给予许多支持与帮助。稿件中没有他们的名字，但凝聚着他们的功劳。

半月采访，我和何勇、孔祥武一路行走，一路采访，工作紧张而愉快。他俩是"地主"，情况熟、人脉多、思路宽、笔头快，实际的工作主要是他们完成的。他们在采访中先后患了感冒，但带病坚持工作。何勇贡献了许多好的思路，精彩的开头主要是他的功劳。孔祥武承担了大部分初稿写作任务，一个人关在沈阳的宾馆里边吃药边拿出了非常成型的稿件。这些都让我充满感动与感谢。

一次思考的再提升

在采写中，我们遇到的最大难题是，国庆60周年成就报道铺天盖地，这些年关于东北也有许多出彩的报道，我们这篇报道如何彰显特色？

我们觉得，这篇稿件如果说有一点可取之处，那就是稿件在立意上比较高。我们采写前就希望，稿件不仅仅写成就，而且要提供一个人们看待东北的有新意的视角，希望稿件的4个部分及小标题，能从不同层面比较准确而形象地把握东北的定位。为此，我们用"方位"来统筹稿件，正如稿件开头所写的，"走近东北，我们在共和国前进的历史中去追寻它的发展足迹，在共和国宽广的版图上去把握它的发展方位，在新世纪重要战略机遇期中去探询它的发展未来……"

依此思路，我们精心设计了稿件的逻辑结构，用"坐标"作为关键词，将稿件细化为时间坐标（东北60年历史变迁）、空间坐标（东北对全国贡献）、发展坐标（东北振兴实施思路）、文化坐标（东北发展内在精神动力）。以第一部分"时间坐标"与第三部分"发展坐标"为例，写60年变化离不开发展，而东北振兴也在60年的过程中，很容易交叉重复。我们反复推敲比较，最后将第一部分"时间坐标"主写变迁与成就，第三部分"发展坐标"主写思路及蕴涵于其中的科学发展观，这样既避免了重复交叉，又理顺了逻辑关系。

在写作中，我们还力求处理好下面这几种关系：

高与"低"。立意要高，但着笔可低，以求既有逻辑的力量，又有生活的真实。为反映东北60年巨变，我们选择写"元宝村"，一条路折射60年变化："在黑龙江省尚志市元宝村，车轮下的水泥路很难让人想起当年小说《暴风骤雨》中'老孙头'赶着马车几步一陷的马路。"

骨与肉。一篇好的新闻作品既要有内在严密的逻辑"骨架"贯穿其中，同时也应是血肉丰满的。我们力求稿件既有宏观上大开大阖的气势，也注重微观细节的丰富与选择。比如写东北对全国的贡献，我们写到了一个东北老工人的真切感受："长春火车站退休工人朱保林说，许多'老铁路'听到列车驶近，不用看就知道是进关还是出关，'进关的车都是满载，机车隆隆声坚实而沉重'。"

收与放。稿件内容很多，可容量有限，最后见报的就4000余字。怎么办？只能该放则放，该收则收。比如第三部分写东北振兴，初稿这一部分就有近4000字。最后只有忍痛割爱，将许多生动的例子去掉，用归纳性的语言写成思路："体制机制创新是关键，国企改革改制是突破口，结构调整优化是主线"。但是我们仍然尽可能保留了铁西区这个东北振兴的"标本"。

叙与评。在事例与细节的客观描述中，辅以凝练的议论，使文章有张力，有活力，以求言约意丰，这也是我们追求的效果。比如我们在写东北文化的与时俱进时这样评论："东北人在艰难转身，各级政府更始终将解放思想、与时俱进贯穿改革发展全过程，积极探索把东北文化固有的特色与内涵、科学的大工业文明同社会主义市场经济、改革开放更好地结合，铸造出新时代的文明，推动科学发展。东北人英雄豪情亦然，可其中多了市场意识，多了创新创业、开拓开放……"

一个多月后，再以一个读者的身份重读这篇稿件时，我们读出的更多的是遗憾。比如，稿件更多地偏于理性，人物与情感相对偏弱；又比如，"文化坐标"部分写得没多少"文化"味儿……我们知道，留下的这些缺陷，与其说是因为版面与篇幅的限制所致，还不如说是因为我们自身采访的深入程度和写作的驾驭能力限制所致。因此，留下的这些缺陷，也给我们清醒、给我们启迪、给我们动力。

（作者系人民日报社重庆分社社长，时任人民日报社北京分社采访部主任）

11. 有幸两次参加国庆报道
——参加国庆60周年庆典报道的点滴感受

赖仁琼（2009年11月9日）

>>> 记者中绝大部分是年轻人而且是新面孔，我是年龄最大、又是有幸两次参加国庆报道的记者，心中不免多了几分感慨

2009年国庆前，当阎晓明社长通知我参加国庆报道时，还有些犹豫："都老得跑不动了，还参加吗？"得知北京分社全体"参战"时，我也就愉快地服从了大局。

报社今年组织的国庆报道队伍阵容强大，除本报的文字、摄影记者外，还增派了海外版、人民网、环球时报、京华时报的记者共80多人。记者中绝大部分是年轻人而且是新面孔，我是年龄最大、又是有幸两次参加国庆报道的记者，心中不免多了几分感慨。

十年前，我有幸参加国庆50周年庆典报道工作。当时参加国庆报道的记者比较少，采写任务也相对简单。记得当年10月1日凌晨4点在中央电视塔接受安检后，我们就被送到了天安门广场西侧、大会堂北门外临时搭建的记者专区。那天雨后初晴，临时看台的地板还湿漉漉的，但几个外国记者把雨衣就地一铺，打开笔记本电脑，连上手机就开始工作。我对外国记者的先进装备十分羡慕。今年，参加报道的中国媒体装备精良，中央电视台的"飞猫"，人民网的直播车，摄影、摄像记者的"长枪短炮"各显神通。本报的不少文字记者都成了"双枪将"，采访、预演时都带着相机，节前见报的不少图片都是文字记者拍的。国庆当天，参加观礼的张研农社长、杨振武副总编也带着"武器装备"，他俩的摄影作品都上了10月2日的国庆特刊。

因安保的需要，今年参加国庆报道纪律严、受限多。两次预演都在深夜进行。北京昼夜温差大，在开演前几个小时的等待中，衣衫单薄的同事被冻得直哆嗦。摄影记者更辛苦，他们携带的摄影包有35公斤重，每当为寻找最佳角度而越位时，不是被安保人员训斥，就会被后排观众集体呼喊"记者——坐下！"预演时，我们的记者在临时观礼台东1台，国庆当天全部被安排在最西边的看台。摄影组李维娜的座位在我旁边，要想拍大场景根本没有可能，但她巧妙地混进了我们东边的一个

看台拍摄。活动结束后，我俩步行几公里到前门大街去坐车，负重几十公斤的李维娜已累得走不动了。

能参加新中国成立 60 周年庆典这样的重大报道，是记者的幸运！报道组的年轻记者素质好，且大都身手不凡。外出采访大家相互关照，撰写稿件又快又好，令我时常感叹"后生可畏"！负责特刊的主编、编辑们精心策划并与前方记者保持良好的沟通，编出了既有视觉冲击力又有好文章的版面。10 月 2 日的特刊出版后受到广大读者的喜爱，我们的一切辛苦就都值了！

（作者时任人民日报社北京分社高级记者，现已退休）

12. 三赴"灾区",在感动中成长

孔祥武(2010年2月12日)

>>> 灾难报道是年轻记者成长的课堂,能够持续跟踪报道灾后恢复重建是一个记者的幸运

1月14日下午,接到地方部抽调我去四川采访灾后重建的通知。没有丝毫迟疑,欣然领命。次日一早,搭乘最早的航班飞往成都。

这是我第三次到地震灾区采访。"5·12"汶川特大地震发生后,在青川等灾区采访35天,经历了灾后救援抢险阶段;2009年春节,再赴灾区,与灾区群众一起过年,采访灾后安置情况;这一次,采访灾后重建的巨大成就。

灾难报道是年轻记者成长的课堂,能够持续跟踪报道灾后恢复重建是一个记者的幸运。

年轻记者成长的课堂

入社3年,三次到四川地震灾区采访,见证记录抗震救灾三个阶段的进程,这是我记者生涯中非常宝贵的一笔财富。

在"5·12"地震发生后,进报社不到一年的我主动请缨奔赴地震灾区,说一点都不害怕是假的。一旦走进灾难现场,站在堰塞体上,尽管脚下就是炸药和雷管,心中再无一丝恐惧,一种职业荣誉感油然而生:我是代表人民日报来采访的,必须客观记录这一事件。

2009年初,报名参加了春节赴灾区采访小分队,和受灾群众一起过节,第一次没有和父母一起过年。除夕之夜,与父母通电话,漂泊在异乡的伤感是难免的,但并不孤独,因为我们这个小分队始终和灾区群众在一起,他们的坚强与坚韧感动着我。我在采访札记中写道:灾区涌动着暖流,灾区充盈着希望。

这次赴灾区采访,残存的废墟遗迹仍在无声地诉说,田里满眼苍翠,道旁野草疯长,一座座新房拔地而起,在倾覆的家园之上重建家园,在破碎的山川之间恢复生产,一位村支书的话让人记忆犹新,"村里要立一座碑,上面只写一个字:干!"

三次赴灾区采访,尽管主题不同,但都收获了无尽的感动。灾区英模人物的先进事迹和豪言壮语是一方面,更让人感动的是普通人、平凡事。谁能想到,在青川

县黄坪乡枣树村,最早建起新房的是一对残疾人夫妻,"有手有脚有条命,天大的困难能战胜"这句传遍全国的名言就是出自他们?谁能想到,有多少灾区的干部在一边打点滴,一边忙着帮群众协调建材、水电……他们做的事,谈不上重大,也说不上豪迈,就是这种坚持,让人钦佩,给人激励。

期待更多的小分队采访

2月2日,本报头版头条刊发了我们采写的特稿《拼搏才能胜利——四川灾后恢复重建大扫描》,《四川日报》随即在头版头条全文转载。根据安排,这次采访,我和刘裕国、曹红涛、梁小琴三位老师一组,负责灾后恢复重建特稿。

这是一个有梯次、有分工的紧密合作型团队:刘裕国全程见证抗震救灾三个阶段,常年在灾区采访,点面情况了然于心,对灾后重建的发展脉络把握清晰,一开始就提出特稿要突出"发展"这一主题;曹红涛思路开阔,逻辑缜密,善于统筹,其多年的总编室编辑的能力派上了用场,统稿的任务非他莫属;梁小琴熟悉成都灾区的情况,对成都在灾后重建中的体制机制创新提出了独到的见解。

新闻是"七分采三分写",有人说特稿写作应该倒过来,我们则坚持实地采访找感觉,在采访中出思路。虽然交稿时间紧迫,我们还是拿出整整一周的时间采访,走进汶川、青川、北川、平武、安县、什邡、都江堰等极重灾区,那些天,没有一次能按时吃饭,也没有哪一晚能在十二点前睡觉。

在饭桌上讨论,在车上讨论,每天晚上采访回来在房间里讨论,看完所有的材料后继续讨论,经过一次次的"头脑风暴",小分队成员逐渐统一了认识,万字特稿已经呼之欲出。在一次次的讨论和争论中,我感到从这几位资深记者身上学到了在大学新闻课堂上永远学不到的东西。

"师傅带徒弟",资深记者言传身教,小分队采访给年轻记者提供了难得的学习机会,也是传承人民日报优良传统的重要载体。记者是一个独立性比较强的工作,平时都是各自为战,同事一起采访切磋的机会并不多。作为一名年轻记者,我非常珍惜参加小分队采访的机会,注意"偷师"小分队成员的提问技巧、谋篇布局、文字表述等方面的经验,发现了自己在新闻采写中一些亟需改进提高的地方。

希望以后能有越来越多的小分队采访,不仅可以做正面的、经验性、成就性报道,也可以尝试调研报道包括舆论监督,形成厚重的系列专题调研。

(作者系人民日报社地方部编辑,时任人民日报社吉林分社记者)

13. 不断发掘灾区新闻这块"富矿"

魏贺（2010年2月12日）

>>> 材料都是"死"的，只有到百姓家中，到一线施工现场，才能挖到最鲜活最生动的故事

当我翻开2月10日《人民日报》第五版的灾区重建特刊，伴随着扑鼻的墨香，更有一种丰收的喜悦涌上心头。24天的时间，两篇万字通讯，4个整版特刊，作为四川分社的一名年轻记者，全程参与这段战役般的报道历程，让我受益良多。

清晰的文章脉络，真实的细节，感人的故事——由四川分社社长郑德刚、福建分社采访部主任赵鹏、地方部李波和我共同完成的对口援建长篇通讯《万里江山万里情》得到了报社领导的一致好评。在这背后，是精心的组织策划，入村入户的深入采访和大家默契的分工合作。

"浓墨重彩地报道四川地震灾区的恢复重建和对口支援工作。"元旦过后回到四川，郑社长布置下这个任务时，我确实有些发怵。驻站两年多，差不多有一年半的时间写稿"三句话不离灾区"。地震灾区题材的报道写起来虽然是轻车熟路，但如何才能保证这样大篇幅的报道出新出彩？

"可以先下去感受一下，大家都是来过灾区的记者，今昔对比就会产生一些思路和想法。"郑社长的提议，得到了大家的一致赞同。在赵鹏、李波等4人到达成都的第二天，我们便驱车赶往什邡、映秀体验、采访。大家不断地提出问题，由我和当地的负责同志介绍情况，一路上思想的交流、碰撞，擦出灵感的火花。而我也发现，只有换位思考，跳出思维定势，以外人的眼光重看灾区，才能更真切地感受到灾区巨变给人带来的心灵震撼。

恢复重建有序进行，群众生活趋于正常。而给灾区带来这份平静的，是不离不弃的抗震救灾，是如火如荼的恢复重建，是援建人员的无私奉献，我们的文章，正是要将这平静背后的伟大历程进行一次全景式的展现。思路一经明确，更加深入的采访随即展开。

材料都是"死"的，只有到百姓家中，到一线施工现场，才能挖到最鲜活最生动的故事。从1月15日到21日，我们深入各个灾区走乡串户，到援建指挥部、到

施工现场进行采访。一周时间过去，一整本的采访笔记，几公斤重的文字材料，上百张照片，让我们对这篇稿子的写作有了底气。

灾区不是已经没有新闻，只要肯发掘，这片十余万平方公里的土地，永远是新闻的"富矿"。

上海的援建者们，将都江堰一段用于拦水的竹笼放在援建指挥部，用来激励自己，援建工程质量要像千年古堰一样经得起历史考验；

江苏的草莓大王王柏生，放弃家乡年产值上百万的产业，带着妻儿来到绵竹，不求回报地进行农业帮扶；

山东援建干部崔学选，身患癌症依然坚守在援建一线；

江西的5名筑路工人，为了给小金人民打通"天路"，甚至献出了自己的生命……

这些感人的故事，都是以前未曾发掘出来或者材料一笔带过，语焉不详。只有亲临现场，倾听百姓诉说，才能获得最真切的感受，感情才会在写作时不由自主地流露在字里行间。

在一系列鲜活材料的支撑下，赵鹏老师理出了一条清晰的写作提纲，从中南海的果断决策，到各省市的迅速行动；从又好又快促民生的工程建设到为当地出谋划策的产业规划，逐层递进，由点及面，大家通力配合，迅速成篇。

精心组织，提早入手，让我们的报道获得了充分的采访和写作时间，赢得了先机和主动。1月22日，各路媒体大军来到成都，四川省委宣传部在当晚召开了协调会安排媒体下一周的采访活动，此时，郑社长与李波、赵鹏正在从汶川水磨返回成都的路上——而这已是我们整个采访的最后一站。集中力量，团队合作，重大报道的机制已经形成，希望今后能够经常有这样的机会，让我在参与的过程中不断学习、进步。

（作者系人民日报社地方部编辑，时任人民日报社四川分社记者）

14. 抓拍两会上最动人的表情

贺勇（2010年3月25日）

>>> 奥地利作家茨威格说："在暴露感情上，手比脸更直接，更坦白无异。"许多摄影记者在两会代表的"手"上面作文章，把人物拍活了。因为发言是代表们行使自己职责的重要方式，说话时手的动作最为丰富，最传神，能表达激烈、果断、勇猛、轻松等各种感情，因此，被称为人的第二张面孔。通过这些不同的手势，读者可以想见会议讨论之激烈和代表们参与意识之强烈。

翻开报纸，不难发现本报的新闻照片主要由新华社记者和本报摄影记者提供，这些专业人士无论技术、经验还是器材均好于我们这些文字记者，加上日渐庞大的图片库摄影师群体的挑战，我们的摄影作品想要在版面上分一杯羹实在是一件不容易的事情。

如何在两会这样的新闻大战中取得更好的成绩？如何做到图片与文字"两翼齐飞"？是我们这些随团记者一直琢磨的事情。两会主要是代表委员的活动，拍好新闻人物成为两会新闻摄影的重点。编辑的眼睛是雪亮的，我相信只要我们能够拍到出色的人物照片，一定能在版面上大放光彩。

扬长避短，尽可能熟悉代表

我们分社记者大多不是专业摄影记者，另外，由于名额所限，多数分社记者在随团参加两会时没有大会发的记者证，进不了大会堂会场，在一定程度上制约了新闻摄影的自由发挥。

其实，对以上情况不必过于放在心上。我去年参加两会时拿过记者证，但只能在大会堂3楼活动，向上拍天花板、向下拍会场、周围拍同行，代表委员基本上拍不到。另外，即使能在大会堂一楼拍照，代表委员听会时的动作表情幅度不大，拍出来的画面相对雷同，而在驻地则更容易表现出新闻人物的个性特征以及光影造型。同时，两会期间各种活动安排紧凑、委员和代表人数众多，专业摄影记者很难长时间去关注某一位代表、委员，特别是来自基层的代表、委员，更不用说去拍摄他们"在会场外发生的具有新闻内容的细节性图片"。

驻地，成了我们随团记者大显身手的好战场，我们最大的优势就是和本代表团有着"密切联系"。按照规定，记者无特许不准到代表委员房间里进行拍照采访。事实上，我们作为随团记者来参会，与很多代表都非常熟悉，串门是常有的事，我们既可以拍摄代表团的小组讨论，也可以拍代表在房间的活动，自由度很大。

"机遇只留给有准备的头脑"。要拍到表情、动态形神兼备的新闻人物，预见性是很重要的。可以说，正是因为我们随团记者对代表更加熟悉，大大提升了我们对出现决定性瞬间的预见性，增加了拍好照片的可能性。

研究版面，让"产品"适销对路

两会是全国人民政治生活中的一件大事，作为肩负着舆论引导重任的党中央机关报，本报对其他一些媒体热衷的宾馆服务员、值班警卫等花絮性的题材关注不多，多年来我们的两会报道中采用的照片主要是代表委员照片，着重反映他们在参政议政时展现的风采，这样一个大的方向我们始终要牢记。

从画面构成来看，版面所采用的人物照片主要有两类，一是广角端拍摄的环境人像照片，另一类是特写照片。不管哪一类照片其要求都是生动传神。由于场景所限，两会新闻人物图片所包含的事实信息含量其实并不大，我们应该在提升照片情感信息含量上下功夫。只有形象鲜活，感情丰富的照片，才能打动编辑，打动读者。每年的具体环境不同，与会代表表现出的感情和人格魅力也不相同。这种感情是通过新闻照片中人物的非语言传播即身体语言来表现，主要是通过镜头对新闻人物脸部表情和手势的细节描写，着重表现人物彼时的感情，以情感人。

有经验的老记者告诉我们，代表委员手势特别值得关注。奥地利作家茨威格说："在暴露感情上，手比脸更直接，更坦白无异。"许多摄影记者在两会代表的"手"上面作文章，把人物拍活了。因为发言是代表们行使自己职责的重要方式，说话时手的动作最为丰富，最传神，能表达激烈、果断、勇猛、轻松等各种感情，因此，被称为人的第二张面孔。通过这些不同的手势，读者可以想见会议讨论之激烈和代表们参与意识之强烈。

更新观念，不断提升摄影水平

经常有人说，要想拍好照片，就得多拍照片。我个人觉得，这句话对，也不对。摄影是一件实践性很强的事情，固然需要一定的锻炼和积累。同时，提高自我、拍好照片更重要的是不断学习、不断思考。两会其实是提高摄影水平的一个大好机会。

国内外各家媒体派遣的摄影记者都是精兵强将,摄影记者云集而生产出大量风格各异的优秀图片。同处一个现场,拍到的画面却大不相同。这个时候尤其需要我们去琢磨,究竟是我们拍摄的时机不对还是构图欠佳,通过这样的对比分析对提高我们的摄影水平益处很大。

对一些基础性的技术知识,非专业摄影记者也应当掌握。比如,两会照片多数是室内拍摄,不方便用闪光灯时需要借助现场光摄影。一般来说,我们大多采用手持相机的方式进行室内拍摄,这就要求快门速度不低于最低限度。在这种情况下,应尽量选择大口径的镜头,如 16-35mm/F2.8,70-200mm/F2.8 等镜头,光圈较大可以确保一定的快门速度,也可以适当调高相机的感光度,提高快门速度,保证拍摄的成像质量。

参加两会报道,有太多的东西需要去学习,去总结。对于我来说,感觉到特别充实。每天认真拍片,期盼着发稿。发稿后,等待领导和编辑的意见,更重要的是读者的意见和看法。如同一个刚参加完考试的学生,交出答卷后,忐忑不安地等着老师的评分……

尽管很忙、很苦、很累,但我依然期待着再次参加两会报道。

(作者系人民日报社内蒙古分社采访部主任)

15. 扬长避短跑两会

彭波（2010 年 3 月 25 日）

>>> 两会报道是国家政治生活中的一件大事，也是媒体与媒体之间、记者与记者之间激烈的竞赛场。要在这场比赛中胜出，就一定要扬长避短，尽量发挥长处，弥补短处

入社 7 年，第一次参加两会报道，收获颇多，感触也很深。在地方呆久了，目光不由自主地盯着本省那一亩三分地，站在田埂上的感觉有了，却没了站在天安门上看问题的胸襟。全国两会报道，无疑给了我一个开拓视野的良机。

地方分社的记者跑两会，有优势也有劣势。优势很明显，就是熟悉和了解。且不说代表团的新闻联络官、工作人员等都是平日里经常打交道的，就是代表们，细细一看，也有十多位以前采访过。再者，地方分社记者对本省的情况十分熟悉，不仅对省里当前工作的重点、重大的决策部署了如指掌，而且对各地市的工作也有积累和研究。在我跑两会的过程中，这两点优势让我事半功倍：别的媒体采访不到的代表，我能约到；别的记者还需要熟悉情况，我能直接深入主题；对全省情况的了解，也使我能够问出更有针对性的问题。

优势很明显，劣势也很明显。相对于专业部门的记者而言，地方分社的记者对全局的把握稍逊一筹，尤其在一些全国性的问题上，由于掌握的信息有限，常常不能切中要害，做出最准确的判断。全国人大代表都是来自各行各业的精英，他们所考虑的问题往往突破地域的局限，站在更高的层次上俯瞰全局。如果对全局把握不好、判断不准，就很难与他们开诚布公地探讨问题，从而影响到采访。这一点劣势，在两会报道中，也曾经让我吃到苦头。

两会报道是国家政治生活中的一件大事，也是媒体与媒体之间、记者与记者之间激烈的竞赛场。要在这场比赛中胜出，就一定要扬长避短，尽量发挥长处，弥补短处。在两会开始前，我给自己制定了一条原则：地方性的议题要站在全国角度来考虑，全国性的议题要突出地方特色写文章。这条原则，一直贯穿了我跑两会的全过程。

在采访地市市委书记、市长等较高级别的官员时，我注重将地市当前的主要工作与国家大政方针结合起来，通盘考虑。比如在采访张家口市市长时，我了解到，张家口市目前正在打造"4+3"现代产业体系，其中新能源、装备制造、旅游等产业都是国家正在提倡的"低碳经济"中很重要的组成部分。因此，在采访过程中，我向市长提问："张家口作为一个经济欠发达地区，如何发展低碳经济？别的经济欠发达地区能否借鉴？"市长联系张家口的实际，着重谈了"经济欠发达地区科学发展的需求更迫切"这一命题，其中观点都是站在全国的角度上进行分析论证。

而在采访基层群众、农村干部时，我注重将一些全国性的议题与他们所关注的焦点结合起来，着重突出他们对这些议题的感受和看法。比如在采访武安市白沙村党支部书记侯二河时，他谈到了农村养老面临困境的问题，而在政府工作报告中已经提出，今年要继续扩大新农保的试点范围，因此，我着重请他谈了谈当前农村养老的现状，造成困难局面的原因，以及政府在其中应当扮演什么角色，应该着重做哪些方面的工作等问题，侯书记结合本村的实际情况以及他几十年基层工作的心得体会，一一做了回答。虽然他提出的建议中，有些未必能在全国推广，但是他的很多看法都是亲身感受，也切中要害。

在两会报道中，我交出了一份还算不错的成绩单，发稿20余篇，头条稿件、重点稿件也有不少。其中一些文章发表后，社会反响较好。而我自己也从中收获颇丰，先后采访了近40名代表和委员。和他们的对话，不仅加深对河北省情的了解，对国家政策方针的理解也更上层楼。两会采访记录，我已经整理出来，其中不少都能够二度利用，为我"后两会"期间的新闻报道，提供了丰富的素材。

（作者系人民日报社河北分社记者）

16. 代表为民代言　记者为民立言

刘文波（2010 年 3 月 25 日）

>>> 作为人民日报的记者，我感觉有责任为这些人民群众中的无名英雄树碑立传

有幸参加报社两会报道组，十多天的紧张忙碌，有过分秒必争，有过耐心等待，有过彻夜不眠，有过哈欠连天，激动、兴奋、遗憾、焦虑、心安……一天之中往往五味杂陈。等到尘埃落定，梳理回顾自己的报道，尽管没有什么鸿篇巨制，大都是小小豆腐块文章，却也颇有些"敝帚自珍"的感觉，除此之外，通过亲身参与两会报道，也有一些小小的感悟和粗浅的认识，说来和大家共享。

人民代表为人民代言，人民日报记者为人民立言

就在回北京报到之前，总编室社会版编辑向我约了一篇稿件：在沈阳找一个居民从看病的角度谈对两会的心愿。我采访了附近社区的一位老大爷，他谈到看病贵的问题先是深感困惑，说到激动处有些言辞激烈。后来版上刊出来这组稿件——人民群众的两会心愿：盼工作好找、上学不难、看病不贵、收入提高、分配公平……由此看出，人民群众关注的不再是吃饱穿暖的温饱问题了，而是就业、教育、医疗等等新的更复杂更难解决的民生问题。百姓产生了更高层次的民生需求，正从生存性民生需求向发展性民生需求转移。

两会的代表委员们也敏感地看到了这些变化。全国人大代表、锦州市卫生局局长刘华提出推进医疗资源整合，加快建立区域医疗信息平台，加强社区卫生服务机构建设等议案；全国政协委员、辽宁奥克化学股份有限公司董事长朱建民带来提案：设立社会保障税，调节行业特别是垄断行业的分配收入，税负由超高收入的职工和企业缴纳；抚顺市市长王阳代表认为，公职人员需"让渡"部分私权，建议将"领导干部报告个人有关事项制度"上升为"官员财产等重大事项申报法"，他们的这些"真知灼见"我都写进稿件并发表了出来。

在两会期间，我还接触到了许多为两会服务的普通群众，如安保人员、社区巡逻人员、宾馆服务员、代表团新闻联络员等，我看到了他们恪尽职守、不辞辛劳，

对工作一丝不苟、精益求精,深深为之感动。应该说,记者和他们一样,都是为两会服务的人员。比照他们,我们记者起码还能在媒体上留下自己的名字,而他们却是在幕后做着默默无闻的贡献。作为人民日报的记者,我感觉有责任为这些人民群众中的无名英雄树碑立传。两会临近结束,我有感而发写就一篇手记《两会幕后英雄》并在人民网上发表。

重视官员专家建议　更重视一线基层声音

两会代表委员的主体是干部和知识分子,他们的认识比较有深度有条理,也有很强的被报道渴望,我在报道中给予了充分展示。像在一版《代表委员议国是》栏目中就发表了4篇稿件。4个代表中3个人是官员、1个是大学校长。但是后来我发现,企业家、工人、农民等一线工作者的声音更应该得到充分反映。

应别人之约一起承担写"两高"报告解读的重要任务,组稿者要求提前操作,报告没出来就先采访并提供素材。我就采访了辽宁大学法学教授石英和辽宁省高级法院院长王振华,但后来约稿者认为这两人的意见和建议都不够鲜活,需要另外采写,我便紧急赶往人民大会堂,在"两高报告会"场外采访了盛京银行董事长张玉坤代表,在回宾馆的汽车上采访了北京的律师许智慧代表,在宾馆等电梯的间隙采访了山东基层的代表刘建文,3个人刚刚听完"两高"报告,有感而发,言之有物,生动鲜活,我饭顾不上吃,赶紧整理,第一时间传给组稿者。第二天一看,3人的内容都被大段采用。

此后的采访报道,我将目光更多地对准了基层代表委员。

武秀君,原是本溪一名普通农村妇女,毅然决然替亡夫还清债务感动全中国,被评为首届全国道德模范,此后她又当选为全国人大代表。我在采访奥运火炬手候选人时曾去武秀君辽东大山深处的家中采访过。此次故人见面,格外亲切。我详细询问了她当选为人大代表后的感受,了解到她此次上会的建议是代农民反映应提高土地补偿金标准,很有意义,写了一篇《武秀君:从全国道德模范到全国人大代表》的稿件在人民网上发表。

徐强、王亮,两位工人代表,分别来自沈阳、大连两家国企的生产一线,都是高级工人技师,都带来了反映基层心声的意见和建议,我写了一篇小特写《双城记与二人转》,勾勒出两位工人代表为人民群众代言的风采。

重视人民日报上的发稿，也重视人民网上的发稿

两会期间，人民日报虽然有 8 个版面的两会特刊，但由于广告多，信息多，记者多，版面还是挺紧张的，有些稿件不能保证一定能刊出。但是人民网的空间容量是很大的，所以我的稿件在传报社"两会公共稿库"的同时，再传一份给人民网的邮箱。这样，有些稿件虽然由于种种原因在报纸上没登出，但人民网刊登了，又被其他商业网站转载。"百度"搜索引擎是将人民网的内容排在前面的。许多报道很容易被网民检索到，社会影响力不见得比在报纸上发的差。我写基层代表的几篇"自选动作"稿，都是在人民网上发出来的。

（作者系人民日报社吉林分社记者）

17. 感受玉树新生

禹伟良　颜珂（2010年8月2日）

>>> "深度报道也要快！"这是社领导和地方部领导平日对我们采编人员的一贯要求，也已逐渐成为大家的自觉追求

7月23日，长篇通讯《聚力托举新玉树》在本报六版整版刊出，并被国内外数十家网站转载。这也是首家中央媒体在玉树震后一百天对其灾后重建进行全景式报道。据悉，青海省委书记强卫对这篇通讯十分满意，表示近期内到高校作形势报告时，将以这篇报道作为素材。

"深度报道也要快！"这是社领导和地方部领导平日对我们采编人员的一贯要求，也已逐渐成为大家的自觉追求。

早在一个月前，玉树抗震救灾大规模集中报道刚告一段落，青海分社便着手策划后续报道，总编辑吴恒权、副总编辑米博华分别对报道方案作出批示，要求重点写好震后百日特稿。

考虑到青海分社人手紧张、连续作战、身心疲惫等情况，地方部领导抽调我们驰援青海，承担特稿的主要撰稿任务。7月初，我们即着手搜集资料，理清玉树抗震救灾与灾后重建的"大事记"，以及特稿的框架结构。

此后不久，青海分社的同志介绍，玉树将于7月10日举行灾后恢复重建万人誓师大会暨第一批重建工程开工仪式。我们马上意识到，这是玉树灾后恢复重建的一个重要时间节点，不能错过。

采访行程由此展开。7月9日，我们搭乘当天最早航班，从北京飞抵西宁，在曹家堡机场等候两个多小时后，即飞赴平均海拔近4000米的玉树藏族自治州。

七月的玉树，已到最美的季节，蓝天白云之下，浓浓的绿色铺满草地和山头。在玉树州府所在地结古镇，热闹的人流已恢复如初，满街都是大大小小的帐篷。在这片曾经满目疮痍的土地上，活力与希望正处处显现。

还来不及一一细看，强烈的高原反应，不经意间便已袭来。头晕、胸闷、四肢乏力……虽然之前已有心理准备，却未想到这种感觉来得如此之快。9日下午，我们在玉树州委的办公楼前，坐了一个多小时，高原反应仍未消退。

时间紧迫，采访不能因此而耽误。感谢青海分社社长郅振璞，在灾区住宿条件十分简陋的情况下，为我们在玉树抗震救灾军地联合指挥部争取到了两间活动板房。此后几天，这里便是我们采访的临时基地。

对于玉树抗震救灾，媒体报道可谓铺天盖地；而灾后重建仍未大规模展开，"百日祭"的报道如何才能不给人"翻拍"、拾人牙慧的感觉？我们决定尝试"以虚写实、重在提炼"，着重从精神、理念等三个维度搭建文章框架：一是从以人为本的角度，反映党中央领导下的抗震救灾与重建工作，是如何彰显生命至上、民生优先理念的；二是从科学理性的角度，反映玉树灾后重建规划先行、环保优先和精神重建方面的做法；三是从民族精神的角度，反映全国各地支援玉树、各级党组织和党员干部身先士卒以及当地群众自强自立的感人事迹。

采访据此而紧锣密鼓地进行。青海分社的同志对玉树抗震救灾和灾后重建的情况十分熟悉，为我们提供了大量线索。担心语言不通，郅振璞社长还特意为我们请了一名藏语翻译，为采访提供了便利。

7月9日晚饭过后，漫步结古镇街头，采访随之展开。从路边恢复营业的小店，到街上散步的普通百姓，细细地看，细细地听，总会有许多惊喜的收获。

在玉树军分区对面的一间帐篷餐馆边，我们遇上了一辆贴有"重建家园党员救助队"字样的小车，采访了一名义无反顾投入抗震救灾的普通党员；在玉树州政府旁一间灾后重建民房的样板间里，我们遇到了渴望搬进新家的众多藏族群众；在举行灾后恢复重建万人誓师大会的玉树县第三完小操场上，我们看到学校老师才拉毛因家园重建启动而流下激动的泪水；在新寨村临时安置点赛马场，我们见证了普通藏族群众遭受灾难后依然乐观向上的微笑；在新寨村路旁一个临时的"儿童之家"，我们听到了来自内蒙古通辽的一位残疾志愿者无私奉献的诚挚心声……

此后的几天中，我们一遍又一遍地走过玉树的城乡，一遍又一遍地为采访中听到的故事而感动。坚强而乐观的玉树人民，在党和政府的带领下，正一步步地走向新生的今天和明天。正是这些，为我们采访报道玉树的灾后重建，提供了无数鲜活生动的事例和源源不断的精神动力。

7月13日，我们从玉树回到西宁，开始了稿件的写作，并补充采访了青海省文化和新闻出版厅等政府部门，以及参与玉树援建的几家单位。整整3天，我们窝在宾馆房间里，最终拿出了接近1万字的初稿。

此时，国内分社社长会议临近，地方部的领导们正为筹备工作忙碌。尽管如此，他们还是挤出时间，挑灯夜战，从文字的打磨，到表述的订正，再到标题的制作，无不用心经营。

  稿件经米博华副总编审阅修改后，7月22日当晚顺利传至总编室夜班。在当晚要闻特别多的情况下，夜班精心安排以"一版出醒目导读＋六版整版"的方式，浓墨重彩推出此篇通讯，也为我们这次"感受玉树新生之旅"画上圆满句号。

  （禹伟良系人民日报社地方部机动采访室主编，颜珂系人民日报社湖南分社记者）

18. 很累，也很幸福

钱伟（2011年3月21日）

>>> 保持饥饿感，常怀进取心，时刻提要求，每天都更新，才能不断充实，不断进步

写下这段文字的时候是午夜两点多，睡不着，失眠是上了10多天"两会"夜班之后最直接的"收获"。所以，可以想象常年上夜班的领导和同事的辛苦。说实话，开始这段夜班之前，是怀着紧张和忐忑来的，曾戏谑地安慰自己好好"打个酱油"就行，然而一旦开始了版面编辑生活，就发现在这个大家都努力工作的环境里，就算是"打酱油"，也要打得给力。

短暂的两会夜班生活转眼过去，对于我这个第一次上版面的新兵来说，说不累是假的。经常到咖啡厅吃夜宵的时候他们问我怎么不带回去吃，我说"不吃点东西的话怕是走不到宿舍了"，常引得大伙儿一顿笑。虽是句笑话，却是当时挺真实的感受。等真正结束了这段生活即将回到分社的时候，又充满了感慨和留恋。

短短的10多天，收获了对于版面更深的理解，感受了版面编辑工作的不易，体会了人民日报办报的严谨和艰辛，还有，就是和主编还有几位同事一起战斗的友谊。昨天晚上和版面几位同事吃饭的时候，说到这段过去的日子，一位同事哭了，那一刹那，我才如此深刻地理解了这段经历的珍贵。想到这些沉甸甸的收获，虽然很累，更多的还是幸福。这里说一点自己的切身感受。

身体是最重要的，没有其他

一直说"身体是革命的本钱"，过去的理解只是字面，然而这次的夜班生活，使我对这几个字有了十分透彻的理解。因为惰性的原因，长期以来缺乏锻炼，过去不经常熬夜也没有明显感受，这次连续10多天的夜班，才让我发现有一个好的身体多么重要。身体好，可以始终保持饱满的精神状态，思维会很活跃；身体跟不上，使不上劲儿不说，脑袋也混混沌沌，影响干活的效率。这点我感受很深。经常到了夜班末尾，同事们仍然精力充沛的时候，我已经感到体力跟不上了。所以回分社的第一件事情，就是在社长"建设活力分社"的要求下，加强锻炼，把好的体格练出

来,这是为人民日报事业努力的最大基础。很惭愧,自己身体的一点小问题,得到了地方部和版面领导同事很大的关心,真心表示感谢。

编辑工作不容易,是真不容易

在分社,行走在新闻工作的第一线,我们常常觉得,做记者太辛苦,风里来雨里去,稿件不好做,采访阻碍多,太难了。而经历了这段夜班生活之后,我也更多理解了做编辑的辛苦。

编辑不仅事先要做策划安排,接到稿子之后首先要核查事实,仔细推敲,经常为了一个数字使出各种方法进行确认。在版面的这两天,我们经常为了一篇稿子一个题目反复修改,一遍不行两遍,两遍不行再来,直到满意为止。常常为了版面能够更加漂亮,把已经排好的版面打翻重来;经常为了求证一些事实,凌晨两三点了还在奋战。在编辑的眼里,没有"差不多",没有"还可以",尤其对于人民日报的编辑来说,所有文字和布局必须达到准确。就算签了最后样式印,编辑还需要认真阅读每一个字,确保不出差错。这段工作,更加磨砺了自己严谨务实的品性和细致踏实的态度,这在以后的新闻采编工作上,是一笔宝贵的财富。

做版面编辑,还要有服从大局的胸襟。有时候,辛苦到一两点之后完成编辑工作,却遇到要倒稿子,本来可以下班休息,但是为了整个报纸大局,就必须临时撤换稿件,这样下班时间就要后推1个小时甚至更多。这时候,版面主编没有抱怨,按照领导的安排细致周到地编辑稿件,虽然时间晚了,但依然认真修改,细致校对,经历了这些,才真切感受到了编辑们识得大体、忍得委屈的胸襟。

在分社的时候社长常讲,做记者要有编辑意识,才能提高稿件质量和中标率。当编辑这段时间,更深刻也更直接理解了这一点,还有了一些新的认识:1. 好的稿件不一定能有好的版面,但粗糙的稿件一定不会有漂亮的位置;2. 发表的稿件被大段大段删除,并不一定代表记者的稿件不行,有时候还有服务版面等原因,所以以后看到见报的稿件被大段删除,我可以聊以自慰。

保持饥饿感,常怀进取心

保持饥饿感,常怀进取心,时刻提要求,每天都更新,才能不断充实,不断进步。两会夜班这段时间,我充分认识到自己各方面知识的缺乏,必须抓紧给自己充电。刀不磨会生锈,人不学会落后,虽然自己是新闻专业毕业,上了版面才知道,自己不明白不熟悉的内容依然很多,这给自己敲响了警钟,再不加强学习和充实,不仅做不到"同台竞技,高人一等",就连与时俱进的基本要求都达不到了。

为什么我的眼里常含感激,因为这段逝去的日子让我体会到太多的支持和鼓励,以及太多为文为人的道理;为什么在这即将离开的时候心怀不舍,因为这段一起战斗过的友谊感情还有收获让我倍感珍惜。夜班最累的时候,也想过再也不想做编辑;然而,回首一路走来的 10 多天,想到每次看到自己编排的版面印成报纸时的喜悦,总有一种别样的自豪感,总盼着还能有机会再战斗一回。告别夜班的时候,我把两会特刊 10 版的每一个大样都打印了一遍,我会把它们带回去,它们将是我在以后的采访和写稿中,时刻高标准严要求鞭策自己的不懈动力。人民日报的编辑记者,分工不同,使命一样,我会努力,做编辑同事们心中那个"让大家放心的记者"。

(作者系人民日报社安徽分社记者)

19. "四勤"跑两会

赵梓斌（2011年3月21日）

>>> 新兵跑两会，感受很多，收获更多，而最重要的是为将来有幸再参战积累了一笔宝贵的经验。如何才能更好完成两会报道任务，我概括为"四勤"，即腿勤、嘴勤、眼勤、手勤

每一年的两会对于记者来说都是一场新闻大战。到报社工作一年多，真正做记者也只有半年，我只能算是报社两会记者大军里的一个新兵。新兵跑两会，感受很多，收获更多，而最重要的是为将来有幸再参战积累了一笔宝贵的经验。如何才能更好完成两会报道任务，我概括为"四勤"，即腿勤、嘴勤、眼勤、手勤。

"腿勤"——多往会上跑，多往驻地跑

媒界同仁们都喜欢把参加两会报道叫做跑两会。回想这十几天里，我最主要的一个感受也在这一个跑字上。2010的两会，我还是一名版面编辑，那时两会对我而言是静止的，是坐在后方编排记者们的一篇篇报道。今年，我作为报社统一抽调的两会记者，独立负责九三、农工、致公三个政协界别的报道，才真正体会到要想写出生动鲜活的文章，站在原地等是绝对不行的，腿脚一定要勤快，要多往会场跑，多往驻地跑。

两会期间，我尽量参加每一次的小组讨论，因为委员们在讨论中经常能碰撞出新观点，如果有价值，现场就可以进行采访，对于记者而言可以说既方便又高效。记得我在参加九三学社的一次小组讨论时，手头正在准备一篇关于科研经费的稿子，本来只是想到现场采访一位已经约好的委员，不曾想在讨论中另一委员就此话题也发表了很好的见解。对两位委员的采访不仅使得文章的素材更加充实，两人不尽相同的观点也为文章打开了又一个新思路。

"嘴勤"——与版面多沟通，与委员巧沟通，与其他记者早沟通

两会开始前，特刊八个版的主编分别就版面的主要特色和主打栏目做了介绍，这为我们这些第一次跑两会的记者提供了极大的方便，使得我们在采访中能够有的

放矢。同时，与编辑的沟通，了解版面稿件的需要，也为我提前了解到的一些委员提案和委员熟悉、感兴趣的话题，找到了稿件的出口。

比如这次两会刚开幕，特刊二版"落地有声"栏目就向我约了一篇关于保障性住房的稿子。去年致公党中央提出了关于加快保障性住房的提案，我此前在准备中也注意到了这一话题，并锁定了几个今年仍带了相关提案的委员。

版面约稿后，我立刻联系了其中一位委员，他对此内容非常熟悉，谈得也很到位，使我在写稿时能一气呵成，毫不费力。

其次，是与委员的沟通。回顾两会，我觉得有两类委员最难采访：一种是"话少"的委员，这类委员在接受采访时过于谨慎，对于记者抛出的问题往往回答只言片语，不作展开。这时就需要记者把问题提得细一点，多问些具体的问题，当然这要求记者提前要做好功课，对话题、对委员都要全面了解才能使采访更加顺利；另一种是"话多"的委员，他们往往喜欢在媒体面前展示自己，对于一个话题能够侃侃而谈，可往往会离题太远。如果任其漫谈，效率不免太低，这时就要求记者要主动引导话题，尽快从采访中找到我们想要的闪光点。

还有，是与其他记者同事的沟通。这次特刊很多版面的头条稿件都是多位记者合写的，大家提前沟通，发挥各自负责领域内代表委员的资源优势，多抓手多渠道采写，交稿不仅速度快，而且稿件质量高。此外，两会开始前，我了解到新闻协调部的施芳老师是去年负责这三个界别的记者，便主动找她请教。施芳老师给了我很多有用的建议，为我十几天的采访中提前扫清很多障碍。

"眼勤"——紧盯现场硬新闻，多盯基层代表委员

谢国明副总编辑在动员会上说，记者要紧盯现场，两会期间信息量大，不要放过会上的硬新闻。在这次政协的一场提案协商会上，人力资源和社会保障部副部长杨志明透露：今年，中央财政将对家庭服务从业人员每人培训一次平均补贴800元的消息。我和同行的孙立极老师都认为这是条"活鱼"，应该抓住，在完成会议侧记的规定动作之外，又据此写了一篇消息发到夜班。稿子见报后，多家媒体进行了转载。

除了盯现场，报社还特别要求记者要多注意来自基层的代表委员。对我来说，整个两会期间的采访，印象最深刻的一次，就是采访一位来自基层的村支书。我当时问他怎么理解幸福，他说："村民们现在住在新别墅里，取暖用的是太阳能，做饭用的是沼气，生活污水实现了循环利用，村民们跟我说'哪都不如咱村好'，我

感受到了村民们的幸福,这也是我的幸福。"听完我觉得很感动,来自基层的代表委员的话语尤其真切、生动,这样的语言也使得稿子多了些泥土的气息,更加拉近了人民日报的两会报道与人民之间的距离。

"手勤"——稿子要数量,更要质量

作为一名两会记者,写稿当然是第一要务。如何又快又好地完成写稿任务,对记者的确是个不小的考验。同时,两会又是国家政治生活中的一件大事,写两会的稿子要求记者要更加细心,认真核对稿子里的各种信息,以免留下隐患。

今年两会我采写稿件十余篇,其中参与采写的《代表关注流动儿童教育:同一片蓝天同一张课桌》、《国力上升提振中国信心》两篇报道还获得两会好报道,高兴荣幸之余,更多看到的是自身的不足。两会报道还有很多地方可以做得更好。

(作者系人民日报社河北分社记者)

20. 永远保持着饥饿感

冀业（2011年3月21日）

>>> 激烈的媒体竞争中，必须随时随地保持着新闻嗅觉、笔下和镜头中始终保持着饥饿感，才有可能得到独家资源，使报道在"快"和"深"两方面高出一筹

第一次跑两会，感触颇多，两周的奔波与忙乱中，有一点最大的体会：激烈的媒体竞争中，必须随时随地保持着新闻嗅觉、笔下和镜头中始终保持着饥饿感，才有可能得到独家资源，使报道在"快"和"深"两方面高出一筹。

一点体会

保持敏感新闻嗅觉，新闻点其实就在身边忽隐忽现。

3月2日，和民族、宗教、特邀界别的政协委员一道入住友谊宾馆后，我即与驻地新闻联络员联系，希望取得想采访的委员联系方式，但是新闻联络员手中也是一无所有。因为当时委员房间还在调整中、最终房间号还未确定，自己只好漫无目的地乱撞，毕竟这强过呆在屋里。在转悠到委员用餐的友谊宫时，发现大堂门外有两个类似世博会中国馆的小亭子，原来是中华慈善总会用于收集委员会议中每天废弃的纸张、报刊的低碳爱心屋，废品变卖善款用于救助贫困家庭先天性心脏病儿童，这是两会第一次设立此类设备。我感觉如能拍摄一组委员低碳献爱心的照片，会是一个不错的"花絮"。"守株待兔"1个多小时后，没有委员前来投入废纸，天色逐渐变暗，我只好放弃；第二天政协开幕，我比登车时间提前半小时又来到小屋前蹲点，终于在发车前捕捉到了满意的委员投放旧报纸照片，配上昨天已写好的图片说明，迅速传回人民网和本报稿库，在网络上和报纸上夺取了对这个小事件的首发权。

事先锁定猎物、打有准备之仗，可以让新闻饥饿感得到最大释放。3月4日、5日是藏历新年的除夕和初一，驻地同屋住着的中新社记者早早就开始准备。但经多方打听，政协和驻地并没有安排活动，4日晚他搜寻未果遂放弃；5日一早，抱着仅剩的一点希望的我再次来到大厅和餐厅做最后一点努力。7时30分许，三名身着藏族服饰的工作人员手捧切玛、卡塞、青稞酒出现在了大厅中站成一排，供来往的藏族委员祈福、祭祀使用，我的快门尽情地释放给了他们；西藏政协的同志看

我忙得满头大汗，邀请我与他们一到享用了藏历新年第一餐。西藏政协领导还特别邀请我晚上参加全体藏族委员的新年晚宴，我爽快答应了。当晚民族特色的欢庆场景果然没有让我的镜头失望，当晚我是唯一受邀参加的汉族人士和新闻记者。由于当天人大开幕和其他因素，相关照片和报道未能上版，但我们通过人民网发出了声音，在相关报道上没有失声。

一点遗憾

作为人民日报的一名新记者、一名第一次上两会的记者，在做到随时随地保持新闻敏感、抢抓独家新闻方面我还是新手。保持强烈的新闻意识、自觉地内化记者角色，需要长期的修炼。

3月12日政协委员参观"十一五"国家重大科技成就展，我以为会像9日参观国家博物馆《复兴之路》展览一样有规定动作，只是抱着参观学习的心态一起看了展览，随便拍了一些照片。直到第二日浏览报纸没有看到相关报道，才知道在现场的自己漏掉了一个很好的自选动作。对新闻的高度敏感、判断，抓抢新闻成为记者的自觉反应，刚刚开始新闻工作生涯的我还有很遥远的路要走。跑两会的经历，是对记者很好的历练和提升，希望下次跑两会能够少一些无法弥补的缺憾，更多一些充实而美好的回忆。

（作者系人民日报社山西分社记者）

21. 让体验贯穿整个活动

罗昌爱（2011年6月14日）

>>> 静静的山谷，静静的夜，伴着不平静的年轻的心。"追寻"小分队队员们在母瑞山革命根据地度过了一个终身难忘的"野"宿之夜。"我们今天偶尔住一次帐篷，感觉很新鲜，也很兴奋，而红军战士们曾长年驻在山间，过着艰苦卓绝的战斗生活，他们真的太不容易了。"大学生队员们第二天醒来如是感叹

5月22日晚，"追寻"桂粤琼小分队的10名队员，不住宾馆睡帐篷，在被称为"海南井冈山"的红色革命根据地母瑞山腹地，度过了一个用队员们的话来说是"终身难忘的一晚"。让学生们在体验中接受革命传统教育，是桂粤琼小分队在海南开展"追寻"活动的突出特点。

海南分社对"追寻"活动十分重视。分社社长陈伟光跟省委宣传部联系，协商活动内容，召开分社会议布置做好准备。根据活动的宗旨，分社通过认真研究，决定在让学生了解海南重大革命斗争历史的同时，着重让学生亲身体验革命前辈当年艰苦卓绝的战斗生活，在体验中接受更深刻的教育。

母瑞山是琼崖工农红军创建的红色革命根据地，以王文明、冯白驹为首的红军指战员在极为艰苦的情况下，凭借崇高的革命理想和坚定的共产主义信念，一面与敌人浴血奋战，一面自力更生，克服了令人难以想象的艰难险阻，保存了琼崖革命的火种，创下了琼崖革命23年红旗不倒的奇迹。

报社要求，"追寻"活动的队员们所到之处，只能住三星级以下的宾馆，不饮酒，吃普通饭菜，目的就是让他们接受教育、锻炼意志。海南分社在安排母瑞山追寻活动方案中，首先想到如何让学生们"吃点苦"，切身体会当年红军生活和今天幸福的来之不易。于是，我们策划了"野外露宿住帐篷"的方案。

静静的山谷，静静的夜，伴着不平静的年轻的心。"追寻"小分队队员们在母瑞山革命根据地度过了一个终身难忘的"野"宿之夜。"我们今天偶尔住一次帐篷，感觉很新鲜，也很兴奋，而红军战士们曾长年驻在山间，过着艰苦卓绝的战斗生活，他们真的太不容易了。"大学生队员们第二天醒来如是感叹。

直到小分队队员们迈着矫健整齐的步伐，生龙活虎、有说有笑地出现在第二天

早餐的餐桌前时，望着那一张张洋溢着青春活力的笑脸，报社领队、分社同志以及县委、农场领导们才长长地舒了一口气："无任何意外发生，野营圆满成功！"

除了"睡帐篷，住野外"，海南分社还组织分队队员们开展了走红军路、吃"革命菜"、接受"红色娘子军"百岁老战士赠红色读物、骑自行车看革命老区"百里百村"新貌等生动活泼、形式多样的活动。队员们普遍反映，参加这些活动尽管累得汗流浃背，但体验深刻，触及灵魂，收获巨大。我们也从这些大学生身上看到了祖国未来的希望，更加深切地体会到报社编委会组织的这次活动高瞻远瞩、意义重大。

（作者时任人民日报社海南分社采访部主任，现已退休）

22. 报道"追寻",体验并记录着

刘志强(2011年6月14日)

>>> 送别了"追寻"小分队,又将重新回到日常报道节奏中的我,将时刻加紧对自身的要求,努力为党的新闻事业奉献出更多、更高质量的稿件!

作为重庆分社记者,我有幸参与了"追寻"川渝贵小分队在重庆的全程报道。整整4天时间,短暂却又充实,留给我的满是收获——与大学生们一道"追寻"革命先辈足迹,体验红色文化,让我这个党龄不到2年的共产党员,受到深深的震撼与教育;马不停蹄地跟进活动、速写稿件,记录所见所感,又让我这个在分社工作还不到1年的年轻记者,得到了充分的锻炼与提升。

重庆,是一座拥有悠久革命历史传统的城市,"红岩"精神便发源于此。渣滓洞、白公馆、红岩村、周公馆等地留下了中国共产党人在革命年代书写的光辉印记,见证了中国人民为争取解放、追求民主而进行的艰苦卓绝的斗争。在这里,周恩来、董必武等老一辈革命家在国民党反动派的监视下,凭借着高超的政治智慧和丰富的斗争经验,将中共中央南方局的工作开展得有声有色,为中国人民最终赢得解放作出巨大的贡献;在这里,杨闇公、江竹筠跟许许多多连名字都没有留下的先烈们一起,为革命而置个人生命于不顾,留下了一段段可歌可泣的英雄故事。在建党90周年之际到此"追寻",其意义便在于缅怀光辉历史,学习红岩精神,从而更好地继承先辈遗志,建设伟大祖国。

几天下来,我跟随"追寻"小分队一起,在这座城市发掘、寻找,学习、体验。最深的感触是:我们本不应该忘却,忘却前辈们斗争环境的艰苦与革命信念的坚定;我们本应该时时刻刻牢记,牢记前辈们为后世幸福所作出的巨大牺牲。

在周公馆,满头银发的87岁老共产党员郭德贤的一句话深深触及了我的灵魂,"我们当时也没什么太复杂的想法,就是想用我们这一代人的努力,让后代不再遭受战争之苦。"朴实的话语,却展现出多么大无畏的革命精神!而对青年一代来说,老人的这句话又是多么的振聋发聩。

老人补充说,"你们要生活在那个时候,也会像我们一样去战斗!"但我却把那看作一种善意的安慰。如今的青年时而困惑、时而浮躁、时而"郁闷",在诸多

私利与诱惑面前，我们还能否依然保持老一辈革命者那种坚定的信念，必须打一个问号。90年沧桑巨变留给我们的不应是淡忘和丢弃，而应该是铭记和传承，应该是珍惜大好时光，为我们伟大祖国伟大民族更加美好的明天奋斗、奋斗、再奋斗！

追寻，永不停歇；奋斗，永无止境。对年轻的分社记者来说，扎实苦干写出好稿，将地方发展出现的新情况、新现象，地方党委政府作出的新举措、新成绩，地方百姓关心的新问题、新焦点，及时准确且有高度地记录下来，传播出去，便是"奋斗"的应有之义。具体到对"追寻"的报道上来，就是要把在跟踪活动中看到的、听到的、感受到的点点滴滴传递给广大读者。

"追寻"是一项大型活动，分社记者既是稿件写作的参与者，也有组织接待的任务在身。重庆市委、市政府对"追寻"活动给予了极大的支持，但同时满满的行程也让我刚开始便觉得颇有压力。一个最大的问题是，什么时间写稿？从早到晚，不是在参观点，就是在去参观点的路上。下午参观完毕，地方接待单位的盛情晚宴又不便推辞，于是只能抽时间，写快稿。四天行程，四篇稿子。第一篇是在宾馆写的，第二篇是专门借了接待方面的办公室在晚餐前写的，第三篇是在座谈会现场边记录边完成的，第四篇则是舍弃了参观的机会在车上写的。"流窜作案，走到哪儿写到哪儿"，对我这个之前对工作环境颇有讲究的记者来说，是极大的锻炼。记者就是要适应在各种条件下工作，不管嘈杂还是安静，只要精力集中，就一定会发挥出最大的能量。

抽时间是一方面，写快稿也是必需的能力。重庆的行程由新闻协调部主任曹焕荣带队，记者李鹤陪同。在整个行程开始之前，曹主任就已经明确了大致的报道重点，遇有意外再行微调。不过整个行程很顺利，每天的报道也按照原计划进行。提前明确报道重点，搞好新闻策划，是写快稿的重要前提。写快稿，不是匆匆忙忙应付差事，而是提高效率、在短时间内完成。我们尽量照顾地方上的热情接待，但如果稿子尚未完成，或编辑得尚未达标，我们还是会坚持修改稿子。每篇稿子都是经过了细致的框架设计、内容完善以及后期加工，可能有些原稿由于版面空间有限而无法在读者面前展现原貌。

几天下来，收获满满。送别了"追寻"小分队，又将重新回到日常报道节奏中的我，将时刻加紧对自身的要求，努力为党的新闻事业奉献出更多、更高质量的稿件。

（作者系人民日报社重庆分社记者）

第十篇

求索应有过人处　国脉民瘼最关情
——如何做有思想的新闻人

1. 我写"驻站手记"

刘成友（2004年4月1日）

>>> 种树要种混交林，记者在写作中不妨多几种笔法，多研究点问题。观察和思考当今中国火热的现实生活及变化是令人难忘的体验。手记作为采访报道的副产品，是我的收获之一

驻站锻炼近一年，断断续续写了一些"驻站手记"，作为自己这段工作和生活经历的一份记录和思考。

常下基层跑来跑去，总有一些见闻、感受和思考，打动人、震撼人，而有些内容并非都适合在人民日报上发表，有些内容也没有必要发表。但它们反映的也是一种社会生活真实，是自己工作和思想状况的另一种真实。我珍惜这段难得的锻炼经历，也就注意把这些经历和感受以随笔的方式记录下来。眼睁睁看着一些鲜活的素材在时间的河流里流走，任由一些灵感的火花转瞬即逝而不去捕捉住，可惜了！锻炼即将结束，看着这些手记一篇篇多起来，心里竟有些喜悦。

"驻站手记"的写作，使我慢慢开始接触和了解真正的社会现实。我始终认为，一个人与社会现实的联系程度，在一定程度上体现着他生命状态的真实程度。当我去农村采访的时候，闻着江南空气里的泥土芳香，让我倍感亲近。有时候即使没有什么任务，我也喜欢在住所附近到处转转看看。经常看到政府大门前的上访者，我写了《被遮蔽的上访者形象》。去年治理报刊散滥，我写了《一家县报和它的最后一期》，客观记录一家县报的谢幕。在农业大县监利采访后，我写下了《去监利！去棋盘！》，记录自己所看到的这个为全国关注的地方的成绩和不足，不知不觉竟写了近5000字。

"驻站手记"的写作，锻炼了我研究和思考问题的眼光。由于有评论部工作的经历，我在采访和写作过程中也喜欢多问几个为什么，喜欢探讨现象背后的实质性问题，进而把它写成一些并不规整的言论或随笔。我无意要写长篇的学术研究论文，而是尝试用简短通俗、深入浅出的文字，力所能及地表达自己对一些问题的研究和思考。采访过一心教学和助学的女教师胡安梅，了解过一心助学的退休干部江诗信，想到因拍摄苏明娟照片而推动希望工程的解海龙，我写了《江诗信难题、胡安梅基

金和解海龙效应》。去年秋去十堰跑发行，十堰人正笼罩在东风汽车外迁的巨大失落和痛苦中，我思考其中的种种因素，写了《东风不与十堰便》。在发表了关于监利教改的一篇"热点解读"文章后，我又写了《监利教改的两难困境》、《弗里德曼到监利》等短文，思考监利教改背后的深层问题。

"驻站手记"的写作，可以让我多角度、多层面地挖掘新闻资源。表面看，这类文章不为发表而写作，时间一长，新闻成了旧闻，这些文章似乎也就失去了它们的时效性，变得没有价值了。其实，我写作这些手记，不是为了一定要发表而写作。但我相信，很多生活内容是需要思考和沉淀才能显露其价值的。像王慧敏同志以前写作"下乡手记"，到现在读仍然有很强的思想性和针对性，耐人寻味。

在我们下站前的欢送会上，梁衡副总编辑语重心长地说：种树要种混交林，记者在写作中不妨多几种笔法，多研究点问题。很多同志其实也在有意识地这样做着。一些记者出书，其中就收录了不少未发表过的随笔等，这都是平时辛勤耕耘的结果啊。记者部编辑的《感悟与探索——新闻采编笔谈》，从某种意义上说是记者们在新闻业务领域里的一些随笔和"手记"。他们都为我做出了榜样，督促我不断地读书、思考和写作。

有一次给总编室朱竞若老师打电话，她鼓励我说：少发几篇文章没什么，多研究和思考点问题才是最重要的。这些话让我记忆犹深，也颇有同感。比如说监利吧，这是一个有140万人口的农业大县，我跑那里很多次，光采访笔记就记录了好几本。了解越多，我越觉得监利几乎就是整个中国农村的缩影，"三农"问题在这里最集中、最典型地体现着。懂得了监利，也就懂得了整个中国农村社会。观察和思考当今中国火热的现实生活及变化是令人难忘的体验。手记作为采访报道的副产品，记录了我的下站体验和粗浅思考，是我锻炼近一年的收获之一。

（作者系人民日报社山东分社采访部主任，时任人民日报驻湖北记者站记者）

2. 责任与热情

辛阳（2004年6月7日）

>>> 刚刚走入报社，感觉头条高不可攀，评论深不可测，内参不知如何驾驭，典型报道不懂如何挖掘。这可能是每个驻站记者都会遇到的问题。在其中学习、实践，再学习、再实践，是每位记者必经的阶段

坐在返回呼和浩特的火车上，热情激荡着我，夜不能寐。渴望马上奔回记者站，把参加"三项学习教育活动"的心得体会融入到采访工作中去。

"三项教育"学习生活短暂温馨，受益匪浅。对于我这样一个刚刚走入报社、从未学过新闻的驻站记者来说，头条高不可攀，评论深不可测，对内参不知如何驾驭，对典型报道不懂如何挖掘。通过这次培训，我对这几方面有了初步了解，得到不少启发。

听杨振武主任讲解"怎样采写头条"，我明白一名人民日报记者除了要"站在天安门上看问题"，掌握国家的大政方针，坚持正确的舆论导向，还要"站在田埂上找感觉"，深入人民群众中。听马利主任讲人物典型的报道，我知晓了报道典型人物是新闻而不是传奇，要有一种平等的对视，而不是仰视……每一位授课的老师，在授课过程中都一再提到深入、深入、再深入。也就是说，作为党报记者，要有强烈的责任心，对新闻事业有极高的热情，才可能在新闻实践中自觉地做到深入生活、深入群众、深入实际。

写到这里，我不禁汗颜。驻站已经半年，在广袤的内蒙古草原上留下我多少足迹？但就是这屈指可数的几次基层采访，却给我留下难以忘却的印象，让我对作为人民日报记者的自豪感和责任感有了初步的认识。

我清晰地记得那次到锡林郭勒盟地震灾区采访时的情景。当我第一时间抵达位于地震中心的翁根苏木时，一名当地干部听说是人民日报记者来了，放下饭碗，主动陪我到牧民家中采访。由于我听不懂牧民的蒙古语言，这位不善言辞的老兄，临时充当起翻译，把牧民的每一句话翻译给我，往往一句话要翻译好几遍。天有不测风云，在去苏木小学采访的途中，霎时间昏天黑地，沙尘暴骤起，顿时飞沙走石，眼睛被沙子吹得睁不开，身体被大风吹得不由自主。多亏了这位老兄，拉着我摸黑

顶风顺着他谙熟的路回到了他家。端盆、倒水、递毛巾,无微不至,还嘱咐妻子为我做了一碗热腾腾的面条。

　　脑海中又显现出嘎查长憨厚的笑。我随嘎查长走访他所在嘎查的灾民,期间,我们没有休息片刻,即使这样,我们也只走了不到十户牧民家。夜幕降临,我的采访也结束了,嘎查长拉住我的手激动地说:"我从未见过一位记者深入到我们牧区牧民家挨家挨户地采访,你们才是我们老百姓的贴心人!"一席话说得我眼涌热泪。牧民是多么可爱,多么纯朴!临别,嘎查长送给我他亲手酿制的嚼克(一种奶制品),听同行的人说,只有最尊敬的人,嘎查长才会送给他亲手酿制的奶制品。

　　正是因为有了这次深入的采访,后来,我和吴坤胜站长合写了通讯《草原高奏抗天歌》。此时的我,第一次感到了作为一名人民日报记者的光荣和责任!学习,实践,再学习,再实践,才能担当起责任,才能无愧于使命。

(作者系人民日报社内蒙古分社记者)

3. 学然后知不足

周志忠（2004年7月1日）

>>> 一个记者自身具有的才学是有限的，而所要报道的新闻是无限的。要做一名合格的记者，就要投入到无限的学习中去，不断地充实自己

"学然后知不足"，这是我参加新闻采编人员业务培训班后最强烈的感受。一个记者自身具有的才学是有限的，而所要报道的新闻是无限的。要做一名合格的记者，就要投入到无限的学习中去，不断地充实自己。

自己已届知天命之年，但做记者工作却是个新兵。从2002年踏进驻站记者队伍至今，每年的报道任务都能够完成，一些稿件和摄影报道也曾获报社好新闻的一、二等奖。但进入今年以来，突感发稿很难，心中无底了。参加培训后，我又在记者部编辑组值了一个月的班。期间，我有机会进一步学习采编业务，并对自己两年来的记者工作进行反思。

自己对学习还是不敢稍有懈怠的，工作33年来，始终坚持每年读几本书。参加了培训班之后，我才感觉到，无目的地学，其成效远不如有针对性地学习。5天的业务培训，几位报社编辑部门领导对新闻业务的精辟讲解，使我受益匪浅。不但对新闻和通讯的写作、图片的拍摄以及版面风格等有了新认识，同时也明白了要在人民日报当好记者不是一件容易的事。

此前我曾以为，凭借自己在北京市委宣传部和进入报社后在机关党委岗位上笔耕不辍的努力，做个记者不应成问题。驻站以来，却往往因写出的稿子见不了报，感到很痛苦。今年2月至5月间，我采写了130多条稿子，但见报者甚少。现在我明白了，当记者，不但要能写，还要会写。所谓会写，就是要实现从了解信息、掌握事实到完成采访，从梳理素材、构思行文、提炼主题到完成写作，从与编辑做必要的沟通、听取意见到修改完善的全过程。当然，并非所有的稿件都要完成这一全过程，但重点稿件尤其是要下力气经营的稿件往往是要有这个过程的。在记者部值班的一个月间，我深切感受到，一篇好的稿子，往往是记者与编辑反复沟通，前方与后方密切协作共同努力的成果。而我恰恰缺少与编辑沟通这一环节。自己曾经以为当记者只要一心写稿子就行，不必太在意人家怎么说怎么看。现在看来，这种"埋

头写稿"的认识是不完整的。如果我们对这张报纸到底需要什么样的稿件，每一时期有哪些方面的报道重点都搞不清楚，就很难做一个合格的记者。培训和值班期间，对比自己过去懵懵懂懂的状态，我意识到了差距，特别是对"站在天安门上看问题"、"站在田埂找感觉"有了更深刻的认识。对头版头条怎样采写，评论如何写，典型人物和深度报道如何把握内涵，内参采写如何准确及时，照片如何注意抢拍出精彩佳作等，都有了较深的认识。

学问学问，既学也问。实践中的学习要从不断的"问"和沟通中来理解领会。生活本身就是本读不尽的无字书，我们当记者，每天都要面对千千万万新发生的事实，更不可一日不学。培训班的收获不是这一篇短文能容纳下的，还是让今后的实践来检验吧！

（作者系人民日报社宁夏分社记者，时任人民日报社宁夏分社采访部主任）

4. 软新闻硬新闻都是新闻

万秀斌（2004年12月12日）

>>> 提供了"硬新闻"而不受欢迎，就需要反思：究竟是读者不需要硬新闻，还是我们的"硬新闻"在符合新闻的基本要求方面并不过硬？

之所以强调"纯粹的新闻"、"地道的新闻"、"价值高的新闻"、"时效快的新闻"、"吸引人的新闻"，我觉得，在某种程度上可以理解是针对那些虽占据新闻版面，却没有时效性、缺乏新闻价值、受众不感兴趣的工作总结、文件转述等等而言的。

软新闻，硬新闻，是我国新闻界使用概率很高的词汇，也是今年报社加强和改进新闻宣传报道中，大家较多提及的。仔细探究其含义，除却诸如"似新闻不是新闻，不像广告实乃广告"的"软新闻"之外，大致有三个层次。

从新闻题材讲，即从新闻报道内容或报道对象来讲，"题材较为严肃，着重于思想性、指导性和知识性的政治、经济、科技新闻"谓之"硬新闻"（甘惜分主编《新闻学大词典》，河南人民出版社，1993年，第11页）；而那些人情味较浓的社会新闻（社会花边新闻、娱乐新闻、体育新闻、服务性新闻等）则归之于"软新闻"。上世纪80年代初，针对当时一些媒体"官腔十足"的特点，以"软些，软些，再软些"为口号的周末类报纸开始借助人情味浓的文化娱乐新闻走出一片新天地；而近年来，都市类报纸提出通过"新闻硬化"来进行"二次创业"的口号，则表明晚报、都市报借助社会"软新闻"赢得一定市场后，又重新关注那些严肃题材的"硬新闻"，以此提升品位，向"主流媒体"进军。

从新闻体裁讲，即从报道形式和写作方式来讲，"硬新闻有一定之规（在大多数情况下沿用倒金字塔结构）；软新闻则不拘一格。硬新闻直截了当，简明扼要，形式简练，具有直接性；软新闻样式复杂，细节描写和记者感情色彩占据重要地位，具有间接性。硬新闻形式上基本是动态新闻，软新闻则有软消息和特写之分。"（张威：《硬新闻和软新闻的界定及其依据》）依这一分类标准来讲，除了动态性新闻，我国报刊实践中形成的新闻特写、评述性消息、经验性消息、综合消息、人物消息、典型报道和通讯等，都可归入"软新闻"之列。

从新闻时效讲，"硬新闻"是易碎的，时间性是第一位的，重在迅速传递信息；

"软新闻"则对时间要素有所回避,而将重点放在对新闻的解释、阐述和背景介绍上。

事实上,这种学理或逻辑上的分类在实践中只具有相对意义。一条时政新闻,从题材上讲是"硬新闻",但如果采用通讯的形式,重在介绍事件发生的前因后果,它就成了"软新闻";而发生在文化娱乐领域里的"爆炸性"事件,则可能以动态消息的形式成为"硬新闻"。即便是题材、体裁和时效三方面都契合的"硬新闻",其传统写作方式也正在与电视、网络等电子媒介的竞争中"变形":开门见山、一语中的的导语趋于"软化",更多地使用细节和富于人情味的渲染,寻找更吸引人的角度。一些主流媒体所倡导的"将硬新闻写软些",正体现了这一追求。

眼下,部分主流媒体面临读者不爱读的尴尬,有人据此以为是"硬新闻"不受欢迎。事实并非如此,"广大受众,除了老人和儿童以外,都有他们的职业和事业。职业和事业构成了他们社会实践以至人生的主要内容,构成了他们同整个社会相联结的基本纽带。于是,和他们的职业或事业息息相关的社会、国家以至世界的政治、经济、文化诸方面的硬新闻,必然是多数受众最基本、最主要的信息要求。这些硬新闻关系到他们工作的得失、事业的成败、生存的安危,关系到他们对周围环境的及时了解和正确反应。这些硬新闻是任何再有趣味的软新闻都不能替代的。"(引语出处同下)提供了"硬新闻"而不受欢迎,就需要反思:究竟是读者不需要硬新闻,还是我们的"硬新闻"在符合新闻的基本要求方面并不过硬?"我们日复一日、不辞辛劳地塞给受众的是受众真正渴求的新闻信息呢,还是一些虚有新闻之表、毫无新闻信息之实的空话、套话、废话、应景话、奉承话、遵命而说的话、得了好处不得不说的话呢?"(张允若《要以优质的硬新闻取胜——从奥克斯办<纽约时报>说起》)张允若的这段议论表明,有些"硬新闻"从"信息"角度讲,空有其表,不具其实,并不是真正的硬新闻。

因此,所谓软新闻、硬新闻,更多的是一种相对的概念,其必要条件则是其新闻属性。只要遵循新闻规律,具备新闻信息,不管是硬新闻还是软新闻,都有相应的受众。

2004年,本报提出要进一步加强和改进新闻宣传报道。7月10日,王晨社长在人民日报宣传报道工作务虚会暨2004年第5次总编办公会上指出:"要强调抓新闻,多发纯粹的新闻,地道的新闻,价值高的新闻,时效快的新闻,吸引人的新闻。"这里提到的"纯粹的新闻"、"地道的新闻"、"价值高的新闻"、"时效快的新闻"、"吸引人的新闻",我觉得,在某种程度上可以理解是针对那些虽占据新闻版面,却没有时效性、缺乏新闻价值、受众不感兴趣的工作总结、文件转述等等而言的。

2004年第6次总编办公会指出："新闻要成为新闻版的主体。要大力加强经济、政治、文化新闻的报道力度，适当加大社会新闻报道力度。要闻版和新闻版头条要是地道的新闻，并多抓独家新闻，当日新闻要占版面篇幅的一半左右。要更加重视国际新闻的报道。"这里更清晰地明确了一点：无论是政治、经济、文化新闻，还是社会新闻、国际新闻，都要是"地道的新闻"，并且要力争是当日新闻。

"他大舅他二舅都是他舅，高桌子低板凳都是木头"，套用这首关中童谣，我们可以说"软新闻硬新闻都是新闻"。作为记者，不管是硬新闻软新闻，关键是要抓住货真价实的"新闻"。至于什么是"新闻"，新闻学教科书上有各种表述，梁衡副总编认为"至少三个条件：一是事件，二是时效，三是受众。新闻定义讲'受众所关心的新近发生的事实的信息传递'。受众、新近、事实、信息、传递，共五个要素，我们择要取其三，再不能少。"我们当以此"再不能少"作为加强和改进新闻采写的前提之一。

（作者系人民日报社地方部副主任，时任人民日报记者部网络新闻组组长）

5. 必须重视和发掘稿件源头的潜力
——两篇独家新闻采写后记

郑德刚（2006年1月9日）

>>> 新闻改革，其最主要的目的是要提高报纸的核心竞争力。这种改革必须重视和发掘稿件源头的潜力

年末，网络中心评出的2005年度驻地记者采写的好新闻中，有我采写的两篇调查性报道——《成都火车站派出所多名警察涉嫌勾结小偷被查处》及《四川公车车牌"变脸"想干啥？》。这两篇报道分别于2005年5月19日、7月25日在人民网主页突出位置刊登，引起广泛反响，各地媒体纷纷转载，各种评论、言论频见报章，其中本报就刊发了三篇评论。

据不完全统计，国内各类传统媒体和网站转载和评论这两则报道的有上千家。中央电视台先后有三套节目的记者专程到成都，采访包括本人在内的一些当事人，并制作了专题节目。新华社在第一时间转发了这两篇稿件，《经济日报》、《工人日报》、《法制日报》以及中央人民广播电台等单位也派出记者跟踪采访、报道。两篇稿件在人民网上刊出后，中纪委、铁道部、公安部等有关部门还召开专门会议，研究处理稿件所披露的腐败现象；四川省纪委、省公安厅等部门高度重视，召开专题会议，并要求限时解决和澄清。

应该说，两篇报道引起社会的广泛关注，并促进类似腐败现象的整治，说明报道事实、主题不仅立得住，而且切中时弊、弘扬正气。然而，这两篇报道未能在人民日报的版面上刊登出来。

版面有版面的尺度把握或是难处，这能够理解。但令人有所不解的是，这两篇稿件在人民网刊出后不久，本报"读者来信"、"党建周刊"版以及《华南新闻》"时评·观察"等先后刊出3篇有关评论，并称消息来源是"据报道"。本报记者在第一时间采写的独家报道未用，却用了"出口转内销"的"报道"，毕竟让人遗憾。看到这样的新闻经其他媒体广泛采用，证明没有"风险"后，以"评论"形式炒别人的冷饭，这不应该是人民日报的水平，更何况这份"冷饭"本来是记者专为自己的报纸提供的"鲜活饭菜"。

这里面有一个新闻价值取向问题。报社领导多次强调,记者要坚持"三贴近",要采写"鲜活"的稿件,要多写读者关心的题材,要捕捉"独家新闻",等等。这些要求对驻地记者来说具有重要指导意义,这些要求所提供的新闻价值取向,是记者也是编辑所应该遵循的。上述两篇调查性独家报道在版面吃了"闭门羹",而事后却又炒"冷饭",依据的是什么?这两篇稿子在本报版面无立锥之地,我认为,并不符合我们加强和改进新闻报道的要求。

任何意义上的新闻改革,其最主要的目的是要提高报纸的核心竞争力,而不是削弱它。这种改革必须重视和发掘稿件源头的潜力。就像餐厅做饭,如果大家只注重在菜单上下工夫,却对菜品的原料很少过问,做出来的菜就会"有其形而乏其味,有其色而匮之实"。

感谢人民网这个阵地,在我手持独家新闻而无处传递之时,提供了一个巨大的舞台,让与版面"失之交臂"的报道得以与读者见面。

(作者系人民日报社企业监管部主任,时任人民日报驻四川记者站站长)

6. 培养"拨云见日"的能力
——对人民日报驻站记者职业特点的点滴思考

宣宇才（2008年4月22日）

>>> 人民日报的记者，应该培养"拨云见日"的能力，要想政治，想大事，看大势。想中央之所想，想群众之所想，研究人类社会发展规律。思考、观察、真实地传递信息

越来越感到做记者之难，难在发现新闻事实真相越来越难，惟恐出一点差错。尤其作为人民日报驻站记者，报道上稍有差池，后果不堪设想。所以，总是战战兢兢、如履薄冰。总在琢磨，怎样才能提高发现新闻事实的能力，拥有拨云见日的本事？于是，运用科学发展观，结合本职工作的职业特点，总结了点粗浅的心得体会。

"三位一体"的新闻价值坐标系

作为记者，首先要明白自己的工作性质。所谓工作性质，就是为谁工作，为谁服务。人民日报是党中央机关报，人民日报记者，是党的耳目喉舌，是人民群众的代言人。

为了做好本职工作，我们就得会想政治，会想大事，会看大势。

想什么，怎样想？

想中央之所想。要解读中央领导同志的讲话，琢磨其中的信息。中央领导的讲话，都是有目的性、导向性的，内涵丰富，信息量大。

想群众之所想，看广大人民群众需要什么。从民心，看政治。任何政治家，都得关心民心。决策的时机，主要看民心取向。中央最想知道，群众关心什么，需要什么，中央政策在下面执行情况如何，还有哪些需要完善的地方。

要研究人类社会发展规律。从社会正常的进程中，从规律的角度，从促进良性发展角度，从和谐发展角度，从有利于民生角度，需要哪些经验做法，需要注意哪些问题。从国际范畴看，中国需要什么。

以上三个方面，辩证统一，相互印证，构成衡量新闻价值的坐标系。一个好的东西，一定具备符合中央决策、群众利益和历史发展规律的三个条件。三者缺一，都需要谨慎。

三个"-ing"的状态

我觉得，人民日报驻站记者的状态应该是：思考着、观察着、真实地传递信息着。"着"（-ing）是现在进行时，是个动态的常态。也就是说，每天都这样过，这样干，这样活。

为什么要"思考着"？思考，是抽象思维。政治工作是智力工作，是脑力劳动，不想，不琢磨，就不知道干什么。不想，不琢磨，好消息也会错过。做新闻工作，错过不得。

为什么要"观察着"？处处留心皆新闻。一切事物，都以现象而存在。观察，是形象思维。要睁开"眼睛"，观察现象，观察周围的一切。不睁开"眼睛"，是睁眼瞎。要善于观察，能见微知著，看得深刻，看得长远，有预见性。

为什么要"真实传递信息着"？记者的产品是，将及时、准确、真实的信息源源不断地传递给中央或者公众。传递的信息必须真实。

但是，思考，不能胡思乱想；观察，不能六神无主；传递信息，不能半真半假。思考需要理性，观察需要敏锐，传递信息需要真实。

"三观"统一的"圆心式思维方式"

真实是新闻的生命，真实是记者的生命。实事求是，谈何容易啊！

为准确把握理、事、人之间的内在关系，我琢磨尝试一种"圆心式思维方式"——

首先正己位，定准圆心。实际上，只有站在正确的圆心位置，才能左右逢源，一目了然，进退自如。"圆心式思维方式"的特点是，处处体现集宏观、中观、微观于一体性，虚与实、大与小、好与坏等相互映衬，平等存在。真实性一定具有宏观、中观、微观统一的特点，恰如一碗米饭，第一颗米粒与最后一颗米粒是完全一个味道。

如何理性地思考？

1.以正确的理论奠定思想基础。正确的理论，就是见到事物本来面目，如实地解释。以此来分析问题，所得出的结论，一定会体现系统性、全面性、全息性的思想特点，清晰展现因果逻辑演绎关系。

全面性，犹如一棵树的横断面，可以揭示整棵树的一切，代表宏观。

系统性，犹如横断面上年轮，年轮间的联系揭示成长变化，代表中观。

全息性，整个宇宙特别是树所在的特定时空的元素，都可以在这里找到典型性、代表性的答案，代表微观。

大道理能够帮助树立正确的世界观、人生观、价值观，有利于建立正确看问题的方法论。心明眼亮，看问题才能透彻。

2. 培养正确的思维方式。辨证统一地看问题，可以如实地分析其中矛盾，淡化主观色彩，从而不偏不倚，客观公正。

3. 树立正确的思维对象。思维大事，学习党的路线、方针、政策，思考中央要求，思考自己的工作目标，思考眼前发生的情况。思考哪些事对群众有利，给历史一张符合良心的答卷。学习专业知识，避免因无知而出错。从以上三个方面，把事情分析透，就能透过具体小事，看到重大的社会意义。

4. 有强烈的责任感。有责任感，才有激情，激情是思考的动力。对工作不上心，对一切麻木不仁，得过且过，不求上进，就会懒得思考，无所用心。当记者，就得像雷达全天候作战。

如何敏锐地观察？

1. 心中有数。有目的地干事，知道自己要干什么。

2. 胸怀万象。说与不说、说了又不说和不说又说等态度，都是外在现象的显现。不能自我封闭，自以为是会造成信息不全，因为一切事情都有可能发生。善于在微妙变化中发现新情况，变化中往往有宝贵的新经验。

3. 气定神闲。一团和气，让你所在的时空，由于你的到来而舒适、放松、愉快。手忙脚乱，难以发挥观察力。乱了方寸，瞳孔会失真。

4. 捕捉典型。读者最需要的，往往是能折射太阳光辉的一滴水。通过典型事件分析，带出普遍性结论。

如何真实地传递信息？

能否及时提供真实的信息，决定一位记者的政治生命和职业生涯。

发现事实是记者的能力。判断事实的价值包括几个方面：在历史的坐标中，对社会的进程有多大影响力？在政治的变化中，这个典型有多大作用？读者有多大兴趣？这个事实新鲜与否？这个事实，蕴涵着、预示着什么？

尊重事实是记者的品格。传递真实的信息，必须要有充分尊重事实的职业道德。决不能私欲作祟。

总而言之，以科学发展观为世界观和方法论，习惯性地利用政治意识、大局意识、责任意识和道德意识，不断培养记者的发现事实的能力，才能更好地胜任人民日报驻站记者工作！

（作者系云南省委宣传部副部长，时任人民日报驻云南记者站站长）

7. 从"爬格子"到"趴桌子"
——从记者到编辑的点滴感受

宋光茂（2008年12月3日）

>>> 编辑的任务——"提炼精华，去除糟粕，沟通记者，澄清疑惑。"每当趴在桌前，端详着那一行行的文字，脑海里就闪现出记者奔波的身影，遂不敢懈怠，不能马虎，甚至不忍轻易删掉一句话、一个词

往年这个时候，或许正在奔波。大地为纸，身躯作笔，稿子是留下的足迹，订阅数字是奔波的印记。每到一地，忙碌之后，回到宾馆，关起门来，打开电脑……那是驻站记者"爬格子"的生活。想必我们所有驻站的同志，在这个时节基本都是这样生活着。

今年的10月，改变了我的10年。从山东站到部机关，从记者到编辑，从"爬格子"到"趴桌子"。用李庄同志的话说，就是放下"蓝笔"拿起"红笔"，干起"为人作嫁"的营生。以前的"战场"是15万平方公里，如雄鹰，现在天天趴在一张1.5平方米的桌面上，似困兽；以前的日子过得酣畅淋漓，如激流飞瀑，现在做编辑工作，耐心细致，如静水流深；以前，时时都感受到压力，每天都经受着挑战，现在，压力顿释，每天都按部就班，严格按程序行事。

不经意间，"趴桌子"也一个多月了。自己越来越感到，上述变化还是表面的、浅层的。编辑这活儿也不简单、不轻松、不容易。每当趴在桌前，端详着那一行行的文字，脑海里就闪现出记者奔波的身影，遂不敢懈怠，不能马虎，甚至不忍轻易删掉一句话、一个词。虽说达不到"语不惊人死不休"的境界，但也还是力求给稿子"磨光添彩"。每当看到磨出来的那点光彩，得到了后续环节的认可，闪烁在了版面上，自己也有一丝成就感。做编辑工作，就要甘当无名英雄，要有公心、耐心、奉献之心。

人民日报的采编业务也是一条长长的"产业链"，记者部的编辑工作是这个链条上不可或缺的环节。个人初步体会，在这个环节上要完成四句话的任务："提炼精华，去除糟粕，沟通记者，澄清疑惑。"稿子走出记者部，就相当于从美容院里走出来的待上轿的新娘。这四句话中，后三句应是对记者部编辑的基本要求，完成

了后三句话的任务,即是记者部的合格编辑。

"最是难得好编辑",提炼精华,或许是衡量记者部编辑工作好不好、水平高不高的重要标准。在合格编辑的基础上,做到了第一句话,才算得上记者部的优秀编辑。精华是稿子中的闪光点,原稿中或许闪光点被一层浮尘遮盖,需要编辑拂去尘埃,将其擦亮;闪光点或许被深埋地下,需要编辑挖掘出来;闪光点或许不在应有的位置发光,需要编辑移位或调整发光角度。编辑的这些工作,如孔雀开屏,放大了它的美丽,给稿子增色。

在一个多月的夜班编辑工作中,本人经手编稿近千篇,各类稿子都遇到过,其中不乏好稿,但被直接删掉的也有几篇。有这样三篇稿子,自己的编改印象较深。在一篇保障四川地震灾区群众安全过冬的通讯稿中,稿子的闪光点没有被凸显出来,2000余字也没有小标题。本人根据文中内容提炼出"决不让一名受灾群众挨饿受冻"和"温暖来自中南海,来自全中国"两个小标题,使文章主题更加清晰,文章结构呈现出层次性、递进性。这可算是提炼稿件精华、调整发光角度的尝试。

新疆一篇报道深入学习实践科学发展观活动的消息,原稿题目是"新疆弘扬求真务实精神 开辟调查研究新风"。在编改此稿时,遂将稿子中比较出彩的东西提出来,改为"新疆干部'走出去、走下去、走进去',突出了新疆学习实践活动的特色。这可算是拂去浮尘,突出精华的例子。

在一篇内蒙古经济形势的报道中,本人根据稿件中投资、消费、出口三大需求增速数据和农业、工业、服务业的发展情况,提炼出"三驾马车均衡拉动 三大产业协调运行"的肩题,挖掘了稿中的闪光点。此稿虽然压了十多天,但还是在一个最佳时机在头版见报。

自己的编辑工作刚刚开始,按现在的工作量计算,今后每年要编近万篇来稿,有生之年还要编约10万篇稿子。路漫漫,其修远兮。

(作者系人民日报社计划财务部副主任,时任人民日报记者部副主任)

8. 珍重，并期待再相逢

郑盛丰（2010 年 8 月 7 日）

>>> 期待在合适的时候，将近年先后退休的驻地老记者约请到京，一起"温暖"一下，畅谈一番，回顾以往，激励将来，必能产生"难忘"，激发"团队"……

参加龚永泉、李战吉作品研讨会——其实也是两位老记者退休后的别离会和欢送会，于我是第一次。印象中，对于人民日报驻地方记者来说，这样被欢送，被研讨，也应当是第一次。

因而，感到很新鲜，很"人本"，很有意义，当然很开心。

为能参加这个研讨会，我改签了机票。以能到会上听听被研讨者说什么，也想到会上说点什么。

今天研讨的是龚永泉和李战吉。他们俩，一个长驻江苏，从上世纪初恢复派驻记者，到成立记者站，再到改建分社，直到退休，将个人的全部工作生命，都完整地全部地奉献给了党报事业；一个主动从总部，从京城，到工作生存条件有巨大反差的甘肃，远离家庭，孤身一人，年复一年地唱着"陇上行"，整整唱了 13 年！

龚永泉和李战吉，一东一西，相距数千里，但所展现的，都是一种执着，一种坚韧，一种奉献。

当然，他们绝非仅是对生命的低效能消耗，更不是消极的生命打磨。不管是龚永泉还是李战吉，都在他们的岗位上释放出灿烂的火花。他们所获的众多奖项和社会对他们的口碑，就是明证。

倒是在他们俩退休之后，我有一个担忧：今后面对闹市街头的擦鞋者，我们还能如同龚永泉那样具有一双新闻慧眼么？如果有，又能如同擦鞋者擦出名堂一样写出名堂么？在今后的地方记者年度会上，还能如同李战吉那样话到深情处，总会在爱憎分明的话语中泪花闪闪么？

这个体现人文关怀的研讨会，很是让人感动和感慨。这样做，既能温暖离岗人，又能激励在岗人；既能给了离岗人自豪与尊严，又能为报社留下宝贵的经验与财富。

故而想到：如能在合适的时候，将近年先后退休的驻地老记者约请到京，一起"温暖"一下，畅谈一番，回顾以往，激励将来，必能产生"难忘"，激发"团队"，张扬以人为本的旗帜，展现人民日报的形象。

又说到龚永泉和李战吉，此次握别，何时再见？念及于此，心头涌起一首歌，一首借用现成词曲略加改写的歌：

送战友，踏归程／默默祝福话别情／耳边又响号角声

战友啊战友，亲爱的弟兄／别后要珍重，要珍重／期待再相逢！再相逢！

（作者系人民日报社广西分社社长）

9. 把文章写在大地上

王方杰（2010年8月8日）

>>> 当记者的良知与报道对象的要求发生冲突时，该怎样抉择？老李不怕得罪几级党委、政府的某些领导，不怕揭穿几级调查组弄虚作假的真相，"群众的鲜血不能白流，有关责任人不能逍遥法外"。这样的记者和那类的报道会渐行渐远吗？

有幸在李战吉站长领导下的甘肃记者站工作两年多。战吉站长，是领导，是老兄，更是朋友。对于老李的为人和为文，写下一些最深的印象吧。

一个记者该如何坚守职业品格？

作为人民日报驻站（分社）记者，记者站长（分社社长），一方面，是党中央机关报派驻地方的工作人员，而不是地方派驻人民日报的工作人员；另一方面，为了完成报社赋予的发稿、发行、发展任务，又离不开地方党委、政府的支持。当地方领导的个人意见（甚至是集体决定）与记者经过深入调研之后的判断发生冲突时，当记者的良知与报道对象的要求发生冲突时，该怎样抉择？这是每个记者、每个分社社长都会面临并必须得解决好的问题。只是，每个人选择的方式方法不尽相同。

老李的选择是什么呢？

当初，甘肃省提出了"再造河西"的发展战略。老李在与当地广大干部接触中，在深入的调研之后，发现这是一个不符合甘肃实际的决策，将会在更大程度上破坏当地的生态环境。地方领导提出想在人民日报上报道这一做法，但老李不为所动，两年时间，他没有写过一篇相关报道。

一座大桥垮塌之后，造成多名群众无辜死亡，老李据实写了报道。当地却向上汇报说，垮桥不是责任事故，是人民日报报道失实。省、市、县调查组分别拿出了类似的结论。

"群众的鲜血不能白流，有关责任人不能逍遥法外"，老李不怕得罪几级党委、政府的某些领导，不怕揭穿几级调查组弄虚作假的真相，他以"人民日报甘肃记者站站长"的名义，向中办和国办进行了实名举报。很快，中央派出调查组，经过深入调查，查清了事实真相，坚决处理了有关责任人。事后，当地群众给甘肃记者站送来了大红的锦旗。

我在甘肃记者站工作期间，曾应编辑部之约，写了一组关于"黄河边只能卖黄河啤酒"的系列报道，批评了兰州市黄河风景线管理区无视市场原则、搞地方保护的做法。黄河啤酒厂上门威胁说："再写下去，决没有好果子吃。"我坚决斥退了他们，但也担心，万一兰州市的领导护短，是否会给记者站的工作带来麻烦。老李听汇报后表示坚决支持，他说："为了维护正义，我们不怕血染黄河、泪洒甘肃。"

因为类似的报道，老李赢得了群众的信赖，却也因此得罪了许多人。但老李初衷不改。说实在的，我知道当地一些领导并不待见老李。我知道老李有时很苦闷，也知道老李在挣扎，更知道老李在维护什么、坚守什么。他常说："小瞧我李战吉不算什么，但你不能小瞧我身后的'人民日报'四个大字。"

我打心眼里佩服老李的勇气和选择。紧要关头，非常时刻，能够站得出、挺得住。当然，这里牵涉到驻站记者的社会环境、工作体制和机制的变化。怎样在体制机制上保障驻站记者的相对独立与超脱，是一个仍需考虑和解决的课题。吴兴华、李战吉这样的记者和那类的报道会渐行渐远吗？

一个记者如何把文章写在大地上？

老李对自己要求严格。他用"三不"要求自己：不写信不过的文，不进长不了的门，不交靠不住的人。在写稿时也是轻易不出手，动手就力争出精品。《庄浪人的骄傲》、《泾川人的自豪》，可说是姐妹篇，都是老李的力作。

两篇报道发表后，在甘肃省内外产生了很大影响。标志便是，当地人分别将两篇报道刻在了石碑上以志纪念。老李写《泾川人的自豪》时，我在甘肃工作。我亲眼看到了一座大山上竖立着刻有那篇报道的石碑。大山紧邻着陕甘国道，山头临路的一面雕刻着另一行大字：人民日报记者林。我觉得，那是对记者的最高奖赏，也是许多媒体人一辈子难以获得的殊荣。

《泾川人的自豪》是老李的自选动作。他发现典型之后，整整跑了一个多星期，走遍了泾川的沟沟峁峁、山山水水。回到兰州后，又写了一个星期。然后字斟句酌，反复吟诵、修改。他一丝不苟，他精益求精，不仅写了长篇通讯，还主动配发了本报评论员文章。他的努力得到报社和编辑部的高度认可，一路绿灯，发在了一版头条。

当报纸送到泾川时，当地人敲锣打鼓，像庆祝节日一样，庆祝党中央机关报如此隆重地发表了对他们工作的报道。

记得当时，记者写稿，基本上都是自选动作。写什么，不写什么，选什么体裁，都由记者根据对中央精神的把握、对编辑部的要求的理解、对当地实际情况的认识，自己决定。现在，报道任务多了，但记者自我选择的余地仍然很大。

人们常说，新闻是易碎品。

新闻易碎，有时效易逝之意，更有时过境迁、事过境迁、很快不合时宜之意。怎样把握事物的本质真实，让新闻成为时代的记录、甚至是未来的历史？我们在岗时，写一篇稿子，会被印刷在发行 240 多万份的报纸上。当我们退岗时，反躬自问，有多少稿子是过眼烟云的？有多少稿子是应景应人的？有多少稿子是自己满意的？有多少稿子会让自己脸红？有多少稿子会成为折射大时代的节点记录？

网络时代，时效为王。采访的环境变了，采访的条件好了，怎样戒除浮漂、浮躁、穿透表象、直逼真相？怎样让报道不游离实际、不脱离群众？怎样把稿子写在大地上？老李逼着我们认真地思索。

（作者系人民日报社河北分社社长）

10. 不放过一处疑点
——编辑室值班一月感悟

卞民德（2010年9月13日）

>>> 白璧微瑕也是瑕。一篇稿件，纵使有说不尽的优点，但只要留下稍许破绽，就会给读者和当事人带来不小的麻烦。因此，在采编工作中，必须认真认真再认真，细致细致再细致

到报社两年了，我一直在分社工作，从未接触过编辑工作。8月份，有机会回京在地方部编辑室值班一个月，时间虽然不长，但对于我这个"门外汉"来说，还是有一些切身的感悟。

当编辑，要坐得住，耐得住"寂寞"。在分社当记者，天天都要走出办公室，面对不同的采访对象。毕竟，一篇稿件的成败，关键要看前期的采访充不充分。当然，写稿的时候要沉下心来，一坐可能也得大半天。但是，总体来说，"动起来"的时间要远远多于"静"的时间。外出采访，辛苦是难免的，但生活内容丰富，倒也乐趣不少。

编辑则不然，必须"坐班"。驻地记者来稿的时间往往不固定，有早有晚。所以，编辑们一直要坚守在办公室，随时准备处理稿件。比如甘肃舟曲遭遇特大山洪泥石流灾害后，前方记者的来稿每日不断，尤其是到了晚上，大量的稿件不断回传到稿库。为了及时处理并转送相关版面，地方部的编辑们在电脑前一坐就是几个小时。值班的头几天，一个下午加一个晚上下来，习惯了在外面"跑动"的我还真是有点不太适应。

做编辑，要严谨细致，不放过一处疑点。回想自己采访写稿时，往往为了赶时效，对一些细节性的问题并不是太重视。再加上打字时偶尔的疏忽，难免会在稿件里留下一些瑕疵。此外，对于一些特定的说法和词汇，记者在采访时自认为清楚了，便不做解释地直接写入稿件，没有多想想读者是否也能理解看懂。

一般来说，编辑稿件时辨析错别字、标点符号之类技术性的错误并不难。最难的应该是对于新闻事实的把关。这是一种能力，并非一日之功，既离不开编者平时

的知识积累和经验，更要有一种不怕麻烦、严格细致的作风。必须认真认真再认真，细致细致再细致。这一点，可以说是我在地方部值班期间最大的收获。

一个月的值班经历，让我开始重新反思。目前，采编分开已经成为多数媒体的工作模式。作为记者，首要的是把新闻事实了解清楚，不留隐患，然后就是在尊重事实的基础上尽量把稿件写得"漂亮"些。但稿件如何编发，如何变成读者眼前的"成品"，则取决于版面的定位和风格。人民日报现在有24个版，可以说各有各的要求。再好的记者，也不一定总能写出完全符合版面需要的稿件。编辑天天跟版面打交道，在稿件处理上更具有发言权和决定权。要成就一篇好的稿件，离不开编辑和记者的密切配合。

我想，每一个记者都希望自己能写出可以广为传诵的好文章。实行采编分开机制后，如何加强采编互动，是一个值得思考的问题。在报道选题方面，能否建立一个公共平台，把记者报的选题和编辑的策划都同时展示出来，避免"各说各话"。同时，记者定期回编辑部轮岗应形成制度，以促进采编交流，加深相互了解。这样可以使采编衔接更为顺畅，稿件采写更有针对性。

（作者系人民日报社山东分社记者，时任人民日报社江西分社记者）

11. 坚守也是一种魅力

王楚（2010年12月15日）

>>> 长年奔波一线记者的辛勤和汗水，不能与家人团聚的遗憾等等，都是无法用数字来衡量的，但对党报的忠诚度是可见的，长江韬奋奖也足以说明这分量。真的，我是代表驻地方的记者们去领这个奖的

说实话，第11届长江韬奋奖长江系列的获奖名单一公布，我心里就"嘎巴"了一下，尽管是刹那间的微妙。正如在颁奖前，我真诚地告诉同届获奖的《中国安全报》的一位小伙子，我说，"我入行在人民日报写新闻稿时，你才1岁，我比你大19岁，你比我优秀"。

我到人民日报从事新闻工作已35年，其中驻站就达27年，是人民日报驻站时间最长的。坚守党报基层阵地，坚守一线，这本身就是党报记者的一种魅力。

要去京西宾馆领奖了。手机传来信息获奖者比与会者提前1个小时到达。初冬的北京，已有几分寒意。记得当年第一次挤公共汽车去采访，也是去京西宾馆方向。我拦辆出租，开车小伙要从三环走，还说没有红绿灯。我告诉他从长安街走。其实，我已20多年未到京西宾馆了。我20岁大学毕业分到人民日报，上夜班，编内参，28岁开始驻站，先在湖北，再到广东特区驻守，后调广东站，又与华南分社合并去编地方版，为更名后的广东分社分流规范而努力，27年驻站就这样过去了，终日在琢磨头条、消息、通讯、言论中记录着历史，历练着人生，见证了中国改革开放的全过程。35年所经历的大大小小的事，就像昨天发生的一样。

人民日报驻地方的记者能拿到长江韬奋奖，在人民日报社是头一回。要感谢报社编辑部门的支持，要感谢编委会领导奋力推举。这个奖，既是对我在人民日报35年新闻实践的认同，更重要的是对长年坚守在基层的记者们工作的认同。尽管长年奔波在一线记者的辛勤和汗水，不能与家人团聚的遗憾等等，这些都是无法用数字来衡量，但对党报的忠诚度是可见的，长江韬奋奖也足以说明这分量。真的，我是代表驻地方的记者们去领这个奖的。

在颁奖会场，见到很多人民日报的老同志，握手祝贺是那样的真诚，是那样兴奋，他们为党报记者这个崇高的职业，奋斗坚守了一辈子，有的拿到这个荣誉，有

的也没有拿到，但坚守党报阵地仍旧是那样的执着。

  颁奖仪式按部就班，参会同志也依依留下联系方式。当我拿着奖杯离开京西宾馆，京城已是万家灯火。出租车走走停停，我望着如火如流的长安街，犹如完成一次重要采访任务。我打开车窗，凉风阵阵，鲁迅在《小草》一文中描述又呈现在我的眼前。面对一株小草，有人看到了柔弱，有人看到了绿色，有人看到了无用，而鲁迅看到了生命和抗争。的确，山有山的雄奇，水有水的灵秀，雨有雨的缠绵，雾有雾的朦胧，遇到四美俱显，当然奇绝景色。但是，只要把目光投向任何一处，善于发现，真的，美无处不在。

（作者系人民日报社广东分社社长）

12. 先有热爱，后有新闻

王汉超（2011年8月15日）

>>> 记者，是记录，还是参与？情感与客观真实的边界划定在哪？新闻，到底需要一个冷酷的旁观者，还是深情的融入者？

结束在藏报道返京，听到最多的发问是："那里安全吗？民族关系紧张吗？"回答这个问题，我会讲一点切身体会，离开西藏的前一晚，还被一群本来素不相识的藏族年轻人拉去喝酒长谈，直到凌晨4点多，在下着雨的大街唱歌告别。在乡间，在街巷，在寺院，没有遇到过有人想像中"可怕"的事情，反倒收获无数真情和感动，看来该恐惧的，是内心制造出来的"恐惧"本身。

在西藏，感受最多的是友善与融洽，以及随之而来对破坏这种融洽的忧患。藏民族和藏文化，善良、纯粹，充满赤诚。车驰骋在广袤大地，不经意间会看见男人、女人、孩子、老人在向你的汽车挥手。有次问路，那个阿妈不会汉语，急得满头大汗。酒吧里凌晨还在喝酒高唱的大妈们，盛情邀我们加入。这里但凡吃饭，兴至便要唱歌，不唱何以抒怀？

从扭扭捏捏，到融入其中，我加深了一个体会，记者是需要投入的，新闻是要讲感情的。这感情无碍客观，是贯通文字之间的血与肉，气与魂。以前也常想，新闻，到底需要一个冷酷的旁观者，还是深情的融入者？

参加"重走进藏路"在拉萨采访，我拿到的是一堆最新的数据，在同行的很多记者大呼材料"太硬"的时候，我在拉萨看到的一幕幕情景却在眼前回放，通透的蓝天，倾泻的阳光，云气变幻下气韵流动的城市，江南暮春一般的龙王潭公园，布达拉宫脚下恬然转经的人群，围着音乐喷泉跳"锅庄"的群众，围坐街边草地放声开唱的姑娘……在这些情节的涌动中，我面前一堆原本枯燥的数据自然汇成一篇《日光城的幸福生活》，写这里幸福是充溢的，奔淌的，需要歌之舞之来表达的。

在西藏，我常回想起另外一段经历。毕业前去台湾交流，隔着高雄爱河，听到河对岸唱着我最不耐听的家乡戏豫剧，然而此时此地，此情此景，让我听得几乎潸然。血脉相通，情感不可能割断。在台北，一个开出租车的老先生得知我是大陆来的学生，丢下晚上的生意，拉我到街角咖啡店聊了一个通宵，谈家史，谈乡情，谈阅历，谈政局，谈两岸。那种遇合，那种情感，与当下多有契合。

采访不是问讯，需要的是心与物，心与心的"同频共振"。总有一些更永恒的东西，超越于"技巧"之外。记者身心"代入"，才能对物"最大还原"，对事"感同身受"，才能让环境"开口说话"，才能让采访对象"敞开心扉"。感情，不是手段，而是前提，不是技巧，而是品德。

和独自坚守过高原的记者前辈谈起那片高天厚土，都是无限怀想，都是如数家珍，像谈起共同的故乡。一次晚饭，我无意中用了一个藏族"亚文化"的词汇，不料引起了张帆社长一通极其认真的"争吵"。我从这种近于"抗议"的方式里，听懂了他对民族文化的珍视和深爱。

久坐夜班，第一次在分社这么长的时间，还有幸在一个可以沉下去，深爱进去的地方。可以像分社的同志一样，白天采访，夜里写完稿，抱上一本西藏历史文化的书去啃。真是越看越有意思，不忍释卷，大呼过瘾。在日喀则反复听到"萨迦寺"，觉得似曾相识，回去翻书，原来流放南宋最后一个皇帝赵㬎的正是此处。在哲蚌寺，看到一块汉书的大匾"穆隆元善"，仔细辨认，落款竟然是鸦片战争中的琦善。"善后章程二十九条"与磨盘山，驻藏大臣与琉璃桥……处处新奇又处处熟悉。

电影《孔繁森》结尾有一段孔书记穿上藏袍边舞边唱藏歌的情节，堪称传神之笔，那是很多援藏干部真实的状态，深爱与投入。最近到过西藏分社的人，几乎都学会一首藏歌《我们好好爱》，这已经成了分社的社歌。而前面说到那群藏族年轻人对我大有好感，也缘于我现学现卖用藏语唱了首歌。藏族朋友的精神状态，生活心态，表达的方式，让我觉得胸无纤尘，让我觉得至情至性。

一天晚上，在拉鲁湿地的树林散步，张帆社长说，西藏会让人想扑进去，想投入大地，想让生命放歌。那天，蓬勃的西藏蒿草像诗一样铺展在面前，雨后的山顶雪雾弥漫，我们对着水草沼泽放声高唱。我写到，雨歇止林下，放歌对蒿蓬。各念意中人，渺渺雪满峰。身处此地，会纯粹到只剩下情感和使命。不论与家重重阻隔，这里有着无限的坚持，无限的感情。

记者，是记录，还是参与？新闻真实的边界到底划定在哪？我想，新闻，说到底在于一种实际而非空泛的人文精神，只有对世事、对生民、对一切关乎百姓身家性命的问题保持足够的敏感与情感，人文精神才不会成为一个空洞的字眼。去投入、去热爱这一切，而后再谈新闻，新闻才有可能具有高度、锐度和温度。

（作者系人民日报社地方部编辑）

思想的劳动是美丽的

米博华

地方部有个传统,是把分社记者的采写体会以"业务研讨"活页版形式不定期刊发,已持续多年。文章多是就采写某报道而引发的观察与思考,由此我们可以看到新闻背后的生动甚至曲折故事。因为是内部研讨交流,所以展现出记者鲜明的个人风格和独特见解。久之,"业务研讨"渐有影响,渐成规模,成了一个很有局面的"记者论坛"。社长、总编辑经常也热情地加入研讨,或在见报稿件上写下批语,或在"业务研讨"的文章上发表意见。这极大地推升了分社记者业务研讨的热度,形成钻研业务的浓厚氛围,成为人民日报文化的一道独特景观。

本书汇集的论文,有的早已看过,不少是第一次拜读。因为工作关系,与分社记者都比较熟悉,常有见文如见其人的亲切之感。每有会意,有时击节拍掌,有时忍俊不禁,有时沉思默想,常有"不识颜回"的感叹。当然,更多的时候是油然而升起的敬佩和自豪。

敬佩是说,这些论文背后其实都讲述着一段不一般的故事。在抗震救灾的现场,在冰天雪地的边陲,在人迹罕至的深山……哪里有新闻,哪里就有人民日报记者。我们看到的是一条条鲜活生动的新闻,却无从知道这些新闻是用怎样的辛劳"抓出来"、"抠出来"的。上夜班时常常因删改稿件而颇费思量,深知这一笔下去就可能删去了几百公里的奔波。当然,分社记者都具有职业精神,从不计较。他们懂得,辛苦是记者生活的一部分。

自豪是说，新闻是媒体的血肉，记者是报社生产力的核心。报纸的面貌如何，影响力如何，在很大程度上取决于记者的工作质量。这部专著从一个侧面展示了人民日报记者的整体实力。在媒体激烈竞争的当下，人民日报记者已经不像几十年前那样可以享有采访的优先和主导权，信息公开、机会平等，拼的是实力。人民日报为什么能够在突发事件报道和深度报道方面始终保持高出一筹的水平，主要是拥有一批高素质的记者。相信读者可以从这些论文中一窥分社记者良好的学养和不俗的才华，这是人民日报代有传承的文化底蕴。

本书叫"做有思想的新闻"，观之不免眼前一亮：真是绝妙的好词！似乎想不出更好的书名，不仅高度概括了人民日报记者的特质，也表明了我们的新闻追求。记者是一种职业，但人民日报记者从来就不把它当作是愠食的饭碗。正像论文呈现的那样，国家的发展，民族的命运，群众的疾苦，和我们的工作息息相关。长歌当哭，慨当以慷，豪迈激越，睿智清醒，所有这一切都化作我们的责任担当。记者是一种工作，但又极富挑战性，求变求新，拒绝平庸，追求卓越，彰显个性。一样的题材，不同的作者，高下立现。这样的竞争犹如每天都在打擂，和兄弟单位比，也和自己的同事比：比谁的反应更迅捷，比谁的采访更扎实，比谁的视角更独特，比谁的思考更深刻，比谁的构思更巧妙，比谁的文字更生动……也正是在这种"比学赶帮超"的业务氛围里，老一茬的记者从不敢懈怠，新生代的记者更不敢松劲，在出力中悄然长力，在打磨中更加锋利，在耕耘中收获果实，在八面应对中积累着生活和工作的经验。人民日报是党中央机关报，不敢说也不能说人民日报是记者中的国家集训队，但是情势和氛围使得我们必须以国家队的训练水平和工作成果从事每一天工作。天外有天，强中有强，焉知不是人生旅途的一种幸运。

作为联系地方部和国内分社的编委，对记者生活有着更深的了解。绝大多数记者都是远离故乡，远离家人，在外地工作。尽管国内分社记者的生活条件有了一定改善，但他们在工作和生活中遇到的困难，总社的同志还是难以想象：突发事件面前，他们要连夜赶往现场；重大任务中，他们要随时听从调遣；节日假日，他们要值守岗位。而更多的时候，他们要独自一人，背着简单的行囊，奔走于城市与山乡。然而，这何尝不是工作和生活的一种独特赐予。他们耳聪目明，见多识广，阅人阅事无数，体验豪迈，穿越悲怆，亲历悸动，品味幸福，温习感动。经历是成长的维他命，经验是成熟的蛋白质。他们的思想因生活的丰富性而变得丰满，也因之在大时代获得大眼识、大境界、大胸怀。每念及此，就更深刻地体会到，思想的劳动是美丽的。

（作者系人民日报社副总编辑）

编后记

有很多心得创见,是在一线工作中启发收获的。也有很多经验教训,是经由实践深化印证的。这样的思考,已经铭记在心,浓缩成我们手中这样一本书。

多年来,人民日报社地方部、国内分社(前身记者部、记者站)有一项好传统,把一线采编中的收获留下来,因及时整理而完善,借分享交流而深化。在一线长年奔忙的状态下,坚持这项传统难能可贵。得益于日积月累,也有赖记者编辑思考记录之勤。翻阅8年以来的业务研讨,竟已达到了500多篇,我们仿佛徜徉在一座宝库中,最一线的经历、体悟、追问、思索,不仅对从业者有其价值,对学界亦当有所裨益。

这些研讨里,我们看得到,为了一篇稿件,有记者跑遍了山乡梁峁,有记者盯住一条线索跟踪两年,为了坚持舆论监督,有记者挺身实名举报,不乏资深记者推倒重写两三遍,还有年轻记者不惜推倒五六遍之多……有的稿件被当地刻上了石碑,有的被群众复印发放。有的多年后还被群众记在心里,有的成为新闻史中的案例。

研讨文章角度多样,内容精彩,一本书的容量显然不够,最后我们选取有代表性的百余篇,依其思考方向分为十个篇章,依时间先后为序,配以作者采访照片。书稿在手,仍是沉甸甸的。以书在手中的舒适计,已是超载。但若为还原这8年来一线采编的心路记忆,却仍嫌太薄。

我们记录的同时,也紧贴时代的脉动。"做有思想的新闻"是我们的追求,也是我们的方向。而路只有一条,像书中文字和图片表达的那样,在一线、在基层、在群众中间。我们将继续这样走下去。

社长张研农、总编辑吴恒权和副总编辑米博华等各位领导，历来都是这些业务研讨文章的忠实读者。很多篇章，都经过他们圈划、批示、指导，或褒扬鼓励，或阐发见解，引领着大家的思考，见证着大家的进步，激励着大家的追求。书稿草成，三位领导又欣然写序作跋，令书增色生辉。阎晓明秘书长曾是业务研讨阵地的主力队员，成书中又寄语指点。原地方部主任龚达发对业务研讨工作悉心呵护。本书从构想到实现，地方部主任牛一兵是马力强大的引擎，每一步进展，都能从他那里得到动能。原地方部副主任张忠富有建设性的意见也汇聚书中。地方部综合室主任崔仁志承担后勤保障，使编辑后顾无虞。出版社社长董伟、本书责编曹腾，都是鼎力相助，还有很多未能一一提到名字的朋友，在此一并致谢。

地方部副主任万秀斌、编辑室主编王玅带领张凤来、田丰、魏贺、王汉超、李波，在半年多来繁杂的工作之余，承担了大量的劳动。总编室美术编辑宋嵩，从总体设计到细节打磨，都倾注了心血，成为团队不可或缺的一分子。

最后，向文章的作者们致敬！感谢多年来分社社长、同仁们对业务研讨工作的支持。他们常年星散全国，奔忙一线。但这里，是他们思想的交响，经历的合唱。他们是本书的主角！成书过程中"在所难免"的偏漏、谬误，万望得到作者、读者的谅解、指正。

本书编辑组

图书在版编目（CIP）数据

做有思想的新闻／人民日报社地方部主编．—2版．—北京：人民日报出版社，2012.5

ISBN 978-7-5115-0984-0

Ⅰ．①做… Ⅱ．①人… Ⅲ．①新闻报道－文集 ②新闻写作－文集 Ⅳ．① G212-53

中国版本图书馆 CIP 数据核字（2012）第 075486 号

书　　名	做有思想的新闻
主　　编	人民日报社地方部
出 版 人	董　伟
责任编辑	曹　腾　梁雪云
封面设计	宋　嵩
出版发行	人民日报出版社
社　　址	北京金台西路 2 号
邮政编码	100733
发行热线	（010）65369527　65369512　65369509　65369510
邮购热线	（010）65369530
编辑热线	（010）65369523　65369514
网　　址	www.peopledailypress.com
经　　销	新华书店
印　　刷	北京朝阳印刷有限公司
开　　本	710mm×1000mm　1/16
字　　数	420 千字
印　　张	23.5
版　　次	2012 年 5 月第 2 版　2012 年 5 月第 1 次印刷
书　　号	ISBN 978-7-5115-0984-0
定　　价	48.00 元